원효·설총·일연

삼성현三聖賢의 생애와 사상

원효·설총·일연

삼성현三聖賢의 생애와 사상

펴낸곳 / 이문출판사
(변경등록: 2012. 6. 22. 제2012-9호)
발행인 / 지경원
지은이 / 조수동
초판 발행 / 2019년 3월 12일

주소 / 42425 대구시 남구 중앙대로40길 11-14 101호
/ 03728 서울시 서대문구 모래내로24다길 15-5
전화 / 02) 359-8250, 053) 624-3113
팩스 / 02) 359-8251

값 12,000 원

ISBN 978-89-7334-172-6 03220

원효 · 설총 · 일연

삼성현三聖賢의 생애와 사상

조 수 동 지음

이문북스

머리말

경상북도 경산시에 있는 삼성산(三聖山)은 이 산 아래 지역에서 원효(元曉), 설총(薛聰), 일연(一然)이라는 세 분의 성현(聖賢)이 태어났다고 해서 붙여진 이름이다. 원효(元曉), 설총(薛聰), 일연(一然)을 삼성현(三聖賢)이라 한다. 원효는 한국을 대표하는 위대한 불교사상가이다. 원효의 아들인 설총은 한국유학의 종주로 추앙받고 있으며, 고려 시대의 일연은 『삼국유사』를 저술하여 우리 민족역사의 유구함과 민족문화의 우수성, 그리고 민족의 주체적인 자주정신과 자긍심을 고취시켰다.

신라 3대 문장가의 한 사람인 최치원은 「난랑비서문」에서 나라에 현묘(玄妙)한 도(道)가 있는데, 그것을 풍류(風流)라 한다고 하고, 그 내용을 살펴보면 유교, 불교, 도교의 원리가 모두 포함되어 있다고 하였다. 최치원은 이 현묘한 도(玄妙之道)의 내용은 『선사(仙史)』라는 책에 상세하게 설명되어 있다고 하였는데, 이 『선사』가 전해지지 않아 정확한 내용을 알 수는 없다. 그러나 우리 민족의 고유사상을 전하고 있는 이 『선사』는 단군신화의 재세이화(在世理化), 홍익인간(弘益人間)의 사상과 관련되었을 것으로 추정할 수 있다.

단군과 관련한 우리의 고대사상이 왜 전승되지 못했을까? 그것은 삼국시대에 우리나라에 전해진 유학이나 불교 등의 영향이 컸던 것으로 추정할 수 있다. 즉 유학이나 불교가 전통사상과 전통문화를 대체했기 때문이다. 아울러 김부식(金富軾)이 『삼국사기(三國史記)』를 저술하면서 우리나라의 기원을 신라 시조 박혁거세로 하여 단군에서부터 시작하는 우리 고대의 역사와 문화를 부정한 것에도 원인이 있다.

불교, 유교, 도교는 우리나라에 들어와 한국화되었다. 인도에서 발생하여 중국을 거쳐 우리나라에 전래된 불교는 민간의 전통신앙과 큰 갈등 없이 전통사상과 조화를 이루면서 수용되었다. 그런데 불교가 한국인들의 가슴에 수용되고 학문적으로 꽃을 피운 것은 원효에 의해서이다. 원효는 민중들에게는 정토신앙을 전하여 불교를 민중이 마음에 정착시켰고, 중국 종파불교의 영향으로 인해 대립과 갈등을 겪고 있는 불교계를 융합 화회시키려고 노력했다. 즉 원효는 방대한 불교사상을 부처님 본래의 가르침으로 되돌리기 위해 노력하였고, 그의 이런 노력의 결과로 나온 것이 일심(一心) 화쟁(和諍)이다.

원효의 아들인 설총은 한국유학의 종주(宗主)로 추앙된다. 그는 강수(强首), 최치원(崔致遠) 등과 더불어 신라 3대 문장가의 한 사람으로 일컬어진다. 설총은 유교경전을 이두문자로 번역하여 보다 쉽고 정확하게 읽을 수 있게 하였다. 그리고 국학(國學) 설립에 주도적으로 참여하여 유학을 통해 인재를 양성하고, 유학을 통치의 원리로 정착시켰다.

일연이 활동하던 시기는 무신의 난과 몽고 침입 등으로 국가가 피폐하던 시기였다. 즉 대몽 항쟁과 그 이후 원의 지배로 인해 고려 민족의 주체성이 극도로 위기상황에 처해 있었다. 고려가 처한 이러한 상황을 극복하기 위해 민족의 통일된 저항의식과 자주의식의 고취가 필요했다. 일연은 『삼국유사』를 통해 국가의 유구성과 민족문화의 우월성을 나타내고, 전란으로 피폐된 국가와 민족에 자주적 민족의식을 고취시켜 민족의 정통성과 주체성을 주장하였다. 그리고 동시에 정토신앙을 통해 민중의 마음을 편안하게 할 수 있는 적극적인 불교 실천신앙을 강조했다.

이 책의 내용 중 원효의 사상이나 일연의 『삼국유사』에 관련된 부분은 필자의 연구를 근본으로 하여 작성한 것이다. 필자는 원효에 대한 여러 편의 논문을 작성하였다. 즉 「원효의 불성이론과 화쟁」, 「원효의 교판설과 일승설」, 「원효의 열반사상」, 「원효의 본각과 여래장」 등 다수의 원효 관련 논문을 발표했다. 원효의 사상 편에 언급된 내용은 필자의 이러한 연구 결과를 요약 정리한 것임을 밝혀둔다. 그리고 일연의 『삼국유사』에 대한 연구는 삼국유사에 대한 학제적 종합적 연구를 기획한 연구팀이 연구재단의 연구비 지원(2000년)을 받아 연구한 결과물인 『삼국유사의 종합적 연구』에 수록된 필자의 연구 및 『삼국유사』에 대한 다른 연구업적, 즉 「『삼국유사』에 나타난 불교사상에 관한 연구」, 「일연의 화회사상」, 「삼국유사의 정토신앙」 등을 요약 정리한 것이다. 이외 김영태 선생님의『역사로 읽는 원효』, 정호완, 이동국, 김종국 공저의 『삼성현(원효·설총·일연) 스토리텔링연구』도 이 연구에 많은 도움이 되었음을 밝혀둔다. 지면을 빌려 감사의 마음을 전합니다.

삼성현에 대한 연구는 어느 특정한 지역에 대한 연구를 넘어 우리나라의 역사에 큰 족적을 남긴 세분의 사상가들에 대한 연구라 할 수 있다. 이들 세 성현의 삶의 자취와 사상을 통해 우리 문화의 정통성과 자주성, 우월성을 살펴보는 계기가 될 수 있을 것으로 기대된다.

목 차

1 장

원효(元曉)의 생애와 사상

1 원효의 생애

1) 원효의 생애

원효(元曉)는 우리 역사에 있어서 가장 독창적인 위대한 사상가이며, 우리나라에 불교를 정착시킨 인물로 평가된다. 원효(元曉)라는 법명에는 불교의 첫새벽이 열렸다는 의미가 있다. 즉 우리나라의 불교를 처음으로 빛나게 하였다는 것이다.

원효는 신라 진평왕 39년(617년) 현재의 경산시 자인면(당시 압량군)에서 태어났다. 이 시기 신라는 백제, 고구려와 끊임없는 전쟁을 하고 있었다. 『삼국유사』 「원효불기(元曉不羈)」 조에 의하면 "원효의 속성은 설(薛)씨이다. 조부는 잉피공 또는 적대공이라고도 한다. 지금 적대연(赤大淵) 옆에 잉피공의 사당이 있다. 아버지는 담날내말(談捺乃末)이다. (원효는) 처음에 압량군의 남쪽 불지촌(佛地村) 북쪽인 율곡의 사라수 아래에서 태어났다. 그 마을의 이름은 불지(佛地인데, 혹은 發智村, 속언에 弗等乙村이라 한다)라고도 한다."[1]라고 하고 있다. 즉 원효의 세속의 성은 설(薛)씨이며, 원효의 아버지는 신라 11관등(官等)이었던 담날내말(談捺乃末)이다.

설씨는 유리왕이 명활천 고야촌을 습비부로 개편하면서 촌장 호진에게 준 성(姓)으로 17관등 중 6품인 아찬(阿湌)까지 진급할 수 있었던 육두품(六頭品)이었다. 원효의 어머니는 별이 품속으로 들어오는 꿈을 꾸고 원효를 잉태하였다고 한다. 그리고 원효의 어머

1) 일연, 『삼국유사』, 「원효불기」, 한국불교전서 6, 동국대학교출판부, 1994,

니가 출산을 위해 불지촌의 밤나무 아래를 지나다가 갑자기 해산 기미가 있어 집으로 가지 못하고 사라수 아래에서 원효를 낳았는데, 이 때 오색구름이 땅을 덮었다고 한다. 그의 어릴 적 이름은 서당(誓幢)이며, 자라면서는 신당(新幢)이라 하였다. 원효는 법명이다.

그런데 「원효불기(元曉不羈)」에 보이는 원효의 탄생설화는 석가모니부처의 탄생설화와 유사한 점이 있다. 불지촌(佛地村)은 부처님의 탄생과 탄생지를 뜻하고, 어머니가 사라수 아래에서 원효를 낳았다는 것, 자신이 살던 집을 초개사로 한 것, 태어난 곳에 사라사를 세웠다는 것 등도 석가모니 부처님의 일대기에 맞춘 것으로 보인다.

원효의 출가시기에 대해서는 정확하게 알 수 있는 자료가 없다. 그는 대략 15세경에 출가하였고,[2] 31세에 황룡사에서 구족계(具足戒)를 받았다. 「원효불기」 조에 의하면 원효는 매우 총명했고, 특별한 스승 없이 혼자 스스로 공부하였다고 한다. 『삼국유사』에서는 그가 때때로 가르침을 받은 스승으로 혜공(惠空), 양지(朗智), 보덕(普德) 등을 언급하고 있다. 원효 당시 신라의 지식인들은 당나라의 선진문물을 배우려는 꿈을 가지고 있었다. 그래서 원효도 34세 때 의상(義湘)과 함께 육로로 당나라 유학을 떠났지만 고구려의 요동에서 순라군에게 잡혀 감옥에 갇혀 있었다. 그 후 탈출하여 신라로 돌아왔다. 그로부터 10년 후 백제가 멸망하고, 원효 나이 45세 때인 661년 다시 의상과 함께 당나라로 구법(求法)의 길에 올랐다. 그러나 당나라로 가는 도중 하룻밤 머문 토감(土龕)에서 크게 깨달음을 얻어 당나라 행을 포기하고, 신라에서 학문연구와 수행,

2) 찬녕의 『송고승전』에서는 원효의 출가시기를 "丱槳[髟/采]之年, 惠然入法"이라 하고 있다.

불교 대중화를 통한 국민교화에 노력하였다.

원효가 깨달음을 얻은 것은 45세 때이지만 그 이전 첫 번째 당나라 구법여행에 실패하고 돌아온 후 약 40세 전후에 환속(還俗)하여 요석공주와 결혼한 것으로 추정된다. 즉 원효는 아들 설총(薛聰)을 얻은 후 2차 당나라 구법여행을 떠났으며 그 때 깨달음을 얻었다. 그 후 그는 소성거사(小姓居士)라 칭하면서 대중들을 교화하다가 신라의 삼국통일이 완성된 10년 후인 신라 제30대 신문왕 6년인 686년 3월 30일에 70세로 혈사(穴寺)에서 입적하였다. 혈사는 경주 인근의 사찰로 추정되지만 정확한 위치는 알 수 없다.

원효가 입적한 뒤 아들 설총은 원효의 유해를 갈아 생전의 얼굴(眞容)을 만들어 분황사에 봉안하고, 아버지를 영원토록 공경하고 사모하는 뜻을 나타내었다. 설총이 아버지의 상에 예배를 하면 그 때마다 원효의 소상이 고개를 돌려서 보았다고 한다.[3] 그래서 이 소상을 고상(顧像)이라 불렀다. 분황사에 모셨던 이 소상은 일연이 『삼국유사』를 쓰던 고려 시대에도 있었다고 한다. 그러나 지금은 그 흔적이 남아 있지 않다.

원효의 생애와 사상에 대해 알 수 있는 자료로는 『삼국유사(三國遺事)』의 「원효불기(元曉不羈)」조, 『송고승전(宋高僧傳)』의 「당신라국황룡사원효전(唐新羅國黃龍寺元曉傳)」, 「고선사서당화상비(高仙寺誓幢和上碑)」, 분황사의 「화쟁국사비(和諍國師碑)」, 고려 김부식(金富軾)이 찬한 『화쟁국사영찬(和諍國師影贊)』, 범해 각안(梵海 覺岸)의 『동사열전(東師列傳)』의 「원효국사전(元曉國師傳)」, 일본 승려인 명혜 고변(明惠高辨, 1173~1232)의 『화엄조사회전(華嚴祖師繪傳)』의 「원효전」, 송 영명연

3) 『삼국유사』, 「원효불기」.

수(永明延壽, 904~975)의 『종경록(宗鏡綠)』, 북송 혜홍각범(慧洪覺範, 1071~1128)의 『석문홍각범임간록(石門洪覺範林間綠)』 등이 있다.[4)]

「고선사서당화상탑비(高仙寺誓幢和上塔碑)」는 원효 입적 후 약 120여년이 지난 애장왕(800~808) 때 건립한 것으로 추정된다. 현재 비문의 단편이 남아 있는데, 원효에 대한 기록으로는 가장 오래된 것이다. 이 시기 신라에서는 원효에 대한 추모사업을 추진하였는데, 남겨진 글을 수집하고, 원효의 소상을 조성해서 고선사[5)]에 봉안하고, 비를 건립하였다. 김언승(金彦昇)이 원효의 행적을 널리 알리고 전하기 위해서 비를 건립하였다고 하는데, 비문의 작자는 알 수 없다. 여기에는 원효의 출생, 고선사명, 손자 중업의 이름이 기록되어 있다. 그리고 원효의 대표 저술인 『십문화쟁론』을 언급하고 있고, 원효의 입적연대와 입적한 장소인 혈사도 기록되어 있다. 세월이 지남에 따라 비는 파손되었지만 1665년(조선 효종 6년)에 간행된 『금석청완(金石淸玩)』에 이 비의 탁본 일부가 수록되어 있다. 1915년에 고선사 인근의 내동면 암곡리 개울가에서 이 비의 하반부 세 편이 발견되었고, 1968년에는 상반부의 왼쪽 부분에 해당되는 비편이 발견되었다.

「화쟁국사비(和諍國師碑)」는 12세기 후반에 분황사에 세워졌

---

4) 이외에도 『신수과분육학승전(新修科分六學僧傳)』, 원 나라의 보서(普瑞)가 편집한 『화엄현담회현기(華嚴懸談會玄記)』, 청 나라 서창치(徐昌治)의 『고승적요(高僧摘要)』, 청 나라 주진(誅震)의 『금강삼매경통종기(金剛三昧經通宗記)』, 명 구여직(瞿汝稷)의 『지월록(指月錄)』, 『석씨몽구(釋氏蒙求)』 등에도 원효에 대한 기록이 있다.

5) 고선사는 경주시 암곡리에 있던 사찰로 귀부 일부와 3층 석탑이 남아 있었다. 덕동댐 건설로 인해 1975년에 3층 석탑을 현재 경주 박물관으로 옮겼다. 이 사찰은 원효가 오랫동안 수행했던 사찰이다.

고 조선 초까지 분황사에 있었다고 전해진다. 『동국여지승람(東國輿地勝覽)』에는 한문준(韓文俊, ?~1190)이 비문을 지었다고 하고, 『금석청완』에서는 명종 때의 최선(崔詵, ?~1209)이 비문의 작자라 하고 있다. 그리고 「최유청묘지명(崔惟淸墓誌銘)」에는 최유청(1095~1174)이 비문을 지었다고 하고 있다. 이같은 기록의 불일치에 의해 누가 이 비문을 지었는지 정확하지 않다. 조선 말기 추사 김정희(金正喜, 1786~1856)가 분황사를 방문하였을 때 이미 비의 비신은 없어지고 대좌만이 남아 있었다고 한다. 1976년에 분황사 경내에서 이 비의 조그마한 단편이 발견되었다. 이 비의 탁본 단편이 『대동금석서』에 수록되어 있다.

『삼국유사(三國遺事)』의 「원효불기(元曉不羈)」조는 고려 일연(一然)의 찬술로 당시에 전해지고 있던 『원효 행장(行狀)』, 『향전(鄕傳)』, 『당승전』 등의 여러 기사를 토대로 작성한 것이다. 여기에는 원효의 출생, 출생지, 환속, 중생교화, 『금강삼매경론』에 관한 설화가 기록되어 있다. 『삼국유사』에는 이외에도 여러 항목에서 원효에 대한 기사를 서술하고 있다.

『송고승전(宋高僧傳)』은 찬녕(贊寧)이 988년에 완성한 것으로 이 책 권4에 「당신라국황룡사원효전(唐新羅國黃龍寺元曉傳)」이 있다. 여기에는 『금강삼매경론』에 관한 연기설화가 중점적으로 기록되어 있고, 원효의 출신과 출가 후의 행장에 대한 신이적인 사건을 기록하고 있다. 이 책 권4 「당신라국의상전(唐新羅國義湘傳)」에는 원효의 입당과 깨달음에 대한 설화를 전하고 있다. 송의 영명연수(永明延壽, 904~975)가 지은 『종경록(宗鏡綠)』, 북송의 혜홍각범(慧洪覺範, 1071~1128)이 지은 『석문홍각범임간록(石門洪覺範林間綠)』 등에도 원효의 깨달음에 대한 설화를 전하고 있다. 또한 김부식(金富軾, 1075~1151)의 『화쟁국사영찬(和諍國師

影贊)』에서는 원효의 학문적 경향을 서술하고 있다.

이상에서 고찰한 것과 같이 현재 원효에 대해 알 수 있는 전기(傳記)로는 「고선사서당화상탑비」, 『송고승전』, 『삼국유사』의 「원효불기」조 등이 있다. 이외 『삼국유사』 「원효불기」조에 "그의 사방으로의 행적의 시말(始末)과 홍통(弘通)의 뛰어난 발자취는 당의 『전기』와 『행장』에 모두 기재되어 있으므로 모두 기재할 수는 없다. 오직 『향전(鄕傳)』에 한두 가지 기이한 일을 기록한 것이 있다."[6]라고 하여 원효의 『행장(行狀)』이나 『전기』가 있었다고 하고 있으며, 또한 원효에 대한 『향전(鄕傳)』의 기록도 있었음을 알 수 있다. 『삼국유사』 「광덕엄장」조에서도 "원효가 쟁관법(錚觀法)으로 지엄과 엄장을 지도하였는데, 그 쟁관법은 『효사본전(曉師本傳)』과 『해동승전(海東僧傳)』 중에 있다."[7]라고 하고 있어, 원효의 『본전』이 있었음을 말하고 있다. 그리고 신라의 견등지(見登之)도 신라의 원효법사는 비룡의 화신으로 구룡(丘龍)이라 한다고 하고, 『전기(傳記)』에 이와 같이 적혀있다.[8]고 하였는데, 견등지는 원효의 전기를 보고 이러한 말을 했음을 알 수 있다.

원효의 전기는 일본에서도 유통되고 있었는데 작자가 불분명한 『원효화상연기(元曉和上緣起)』와 『원효사초(元曉事抄)』 등이 그것이다. 일본의 순고(順高)가 1254년에서 1261년 사이에 저술한 『기신론본소청집기(起信論本疏聽集記)』에는 『원효사초』 제15로부터 인용한 내용을 기록하고 있다. 여기서는 인도에서 당나라에 왔던 진나(陳那, Dignāga)의 문도가 원효가 저술한 『십문화쟁론』

---

6) 『삼국유사』, 「원효불기」.

7) 『삼국유사』, 「광덕과 엄장」.

8) 見登之, 『大乘起信論同異略集』, 한국불교전서 3, 719쪽 중.

을 인도에 가지고 갔다는 내용을 기록하고 있다.[9)]

원효를 지칭하는 이름에는 여러 가지가 있는데, 법명은 원효이다. 『삼국유사』 「원효불기」 조에 "스스로 원효라고 부른 것도 대개 불교를 처음 빛나게 하였다(初輝佛日)는 뜻이다. 원효 또한 방언인데, 당시의 사람들은 모두 향언(鄕言)으로 시단(始旦)이라 불렀다."[10)]라고 하고 있다. 즉 "부처의 지혜 광명이 처음으로 빛난다."는 뜻인 원효(元曉)는 신라 말로 시단(始旦)[11)]이며 첫새벽이란 의미이다. 원효가 저술한 『기신론별기』의 마지막 부분에 '새부찬(塞部撰)'이라는 말이 있는데 이것이 새벽의 신라말을 그대로 표기한 것이라 할 수 있다.[12)] 이러한 입장에서 보면 원효의 이름은 새벽 즉 새부였을 가능성이 있다.

그 외 원효를 지칭하는 것으로는 대사, 보살, 성사(聖師), 대성(大聖), 효성(曉聖), 법사, 동방성인, 서당화상, 고선(高仙)대사, 구룡(丘龍, 飛龍의 화신, 불법의 새벽을 활짝 열었기 때문에 法龍이라 함), 거사, 소성거사, 화쟁국사(和諍國師), 해동종주, 무애인, 만인지적(萬人之敵), 대명신(大明神, 일본 고선사), 진나(陳那, Dignāga, 480~540년 경)보살[13)]의 후신(後身) 등으로 불렸다. 이들 여러 명칭 중 원효 스님이 즐겨 쓴 것은 해동사문이다.

---

9) 順高, 『起信論本疏聽集記』 권2, 대일본불교전서 권92, 103쪽. (김상현, 「원효행적에 관한 몇 가지 신자료의 검토」, 『원효연구논선집』 5, 중앙승가대학 불교사학연구소 편, 아름출판사, 1993, 16쪽 재인용.)

10) 『삼국유사』, 「원효불기」.

11) 『대승기신론별기』에 새부찬(塞部撰)이라 되어 있는데, 새부는 새벽이란 뜻이고 영남지방에서는 새부를 새북, 새복 등으로 부르고 있다. (『대승기신론별기』, 한국불교전서 1, 697쪽 하).

12) 김영태, 「원효의 신라말 이름 '塞部'에 대하여」, 『원효연구론선집』 5, 1993, 140쪽.

13) 진나(Dināga, 5세기)는 인도 중기대승불교의 대표적인 불교 인식논리학자이다.

원효는 한 때 당나라 유학을 시도하기도 하였지만 국내에서 깨달음을 얻어 한반도 밖을 나간 적이 없었다. 그러나 그는 국제적인 시각을 가진 승려였고, 학자였다. 그는 우리나라 최고 최대의 창의적이고 독창적인 위대한 사상가라 할 수 있다.

<고선사 3층 석탑 : 고선사는 경상북도 경주시 암곡동에 있는 사찰로 원효스님이 주로 수행하던 사찰이다. 덕동 댐이 건설되어 1975년 9월 경주박물관으로 옮겼다.>

2) 출생지

『삼국유사』「원효불기」조에 의하면 원효의 어머니는 별이 품속으로 들어오는 태몽을 꾸었다고 한다. "처음 어머니가 유성(流星)이 품에 들어오는 꿈을 꾸었는데, 그로 인하여 태기가 생겼다. 장차 해산하려고 할 때에는 오색구름이 땅을 덮었다."라고 하고 있다. 원효가 태어난 곳을 『삼국유사』「원효불기」조에서는 "처음에 압량군(押梁郡)의 남쪽 불지촌(佛地村)의 북쪽 율곡(栗谷)의 사라수(娑羅樹) 아래에서 태어났다. 그 마을의 이름은 불지(佛地인데, 혹은 발지촌(發智村, 속언에 弗等乙村이라 한다)라고도 한다."라고 하고 있다. 즉 압량군 불지촌의 북쪽 밤나무골이 원효의 탄생지라는 것이다. 「고선사서당화상탑비」에서는 "스님의 탄생지는 경북 경산 불지(佛地)□이고, 고선(高仙)은 사명(寺名)이니, 이 촌명(村名)에 의지하여 불지(佛地)□이라 이름하였다. 어느 날 어머니의 꿈에 별이 떨어져 방안으로 들어옴을 보았는데, 그 뒤에 임신하였다. 그 후 만삭이 되어 해산할 때는 위인(偉人)의 서조(瑞兆)로 홀연히 오색 서광이 어머니의 방위를 가득히 덮었다."[14]라고 하고 있다. 『삼국유사』「원효불기」조에서는 사라수(裟羅樹) 아래에서의 원효의 탄생과 밤나무골의 유래에 대해 다음과 같이 말하고 있다.

> 사라수는 속언에 "스님의 집이 본래 이 골짜기 서남쪽에 있었다. 그 어머니가 임신하여 만삭이 되어 이 골짜기의 밤나무 아래를 지나가다가 황망 중에 해산하게 되어 집으로 돌아가지 못하고 남편의 옷

14) 「고선사서당화상탑비」, 이지관, 『역대고승비문』, 신라편, 가산문고, 1994, 49쪽.

을 나무에 걸어놓고 그 속에서 쉬고 있었기 때문에 이 나무를 사라수라 하였다고 한다." 그 나무의 열매도 보통의 것과는 달라서 지금도 사라율(娑羅栗)이라 부른다. 예부터 전하기를, 옛날에 절의 주지가 절의 종 한 사람에게 하루 저녁 끼로 밤 두 개씩을 주었다. 종이 관청에 호소하자 관리가 이상하게 여겨 그 밤을 가져다 조사를 하였더니 밤 한 개가 한 바루(鉢)에 가득하였다. 이에 도리어 한 개씩만 주라고 판정하였다. 이런 이유로 율곡(栗谷)이라 이름하였다. 스님은 이미 출가하여 그 집을 희사하여 절로 삼고 초개사(初開寺)라 하였다. 나무(사라수) 옆에 절을 지어 사라사라고 하였다.[15]

사라수는 밤나무인데, 원효의 어머니가 원효를 낳기 직전 밤나무 아래를 지나다가 갑자기 산기(産氣)가 있자 원효의 아버지 담날내말이 자신의 웃옷을 벗어서 밤나무에 장막처럼 걸쳐 가리고 원효를 낳았다는 것이다. 그 밤나무를 사라수라 한다는 것이다. 이 설화는 석가모니부처님이 룸비니동산의 사라수 아래에서 태어났다는 이야기와 유사성이 있다. 즉 원효의 탄생을 부처의 탄생에 가탁한 것이라 할 수 있다. 불지촌(佛地村)의 북쪽 율곡(栗谷)이라고 하는 지명에서도 알 수 있듯이 원효가 출생한 곳은 밤 한 개가 한 바루에 가득할 정도로 매우 큰 밤이 생산되었던 것으로 보인다. 이 밤을 사라밤이라 하였다.

원효의 어머니는 원효가 태어난 뒤 얼마 있지 않아 사망하였다. 원효의 아버지는 관리로 경주에 거주했었기 때문에 원효는 어린 시절 할아버지와 함께 불지촌의 율곡에서 자랐을 것으로 보인다. 따라서 원효는 할아버지 잉피공에 의하여 훈육을 받았을 것으로 추정할 수 있다.[16]

---

15) 『삼국유사』 「원효불기」.

원효가 탄생한 지역인 불지촌에 대해서도 여러 견해가 있다. 원효가 탄생한 불지촌(佛地村)은 「고선사서당화상비」에 의하면 “구릉에 위치하고 있다.”라고 하고 있어 원효가 태어난 곳은 구릉으로 이루어진 동네로 추정된다. 먼저 불지촌이라는 지명과 연관하여 경산 자인의 신월동(新月洞)이 불지촌의 토속어인 불등을촌(弗等乙村)과 음운학적으로 유사하다는 견해에 근거하여 신월동을 원효의 탄생지라 주장하기도 한다. 그리고 유곡동은 원효의 아들인 설총의 생가가 이곳에 있었다는 견해에 따라 이곳이 원효의 탄생지인 불지촌이라 주장되기도 한다. 이같이 원효의 출생지에 대해서는 신월동, 유곡동, 당음동 등 여러 곳이 말해진다.

원효는 자신이 태어난 곳에 사라사(裟羅寺)를 지었고, 자신이 살았던 집을 처음 불법을 열었다는 의미로 초개사(初開寺)로 바꾸었다. 현재 사라사로 추정되는 곳은 자인의 제석사(帝釋寺)이다.[17] 현재의 제석사는 마을 한가운데 있기 때문에 일주문이 없는데, 매년 5월 4일 원효스님 탄생 다례제를 지내고 있다. 2003년에는 원효스님 탄생을 기리기 위해 원효성사전을 건립하였다.

원효가 자신의 집을 절로 희사하였다는 초개사의 위치에 대해서

---

16) 김종국·이동근·정호완, 『삼성현 원효·설총·일연 스토리텔링연구』, 대구대학교출판부, 2010, 15쪽.

17) 이 지역에 전해지는 전설에 의하면 현 자인면의 도천산에 제석사가 있었는데, 물이 좋지 않아 3km 떨어져 있는 현재 위치로 옮겼다고 한다. 현 제석사는 1960년대의 건물인데, 1977년 칠성각 옆 담장공사 중 땅 속 60cm 깊이에서 금동관음입상이 출토되었다. 『한국사찰전서』에 의하면 제석사는 조선 인종 3년(1625)에 유찬(維贊)이 창건하고, 순조 2년(1802)에 처사 손대권이 중창하였고, 순종 4년(1910)에 월파(月波)가 3창하고, 1933년 만호(萬湖)가 중수하였다고 한다. 1965년 대웅전을 헐고 칠성각을 지을 때 발견된 상량문에 의하면 4,5백년 전에 김씨부부가 밤나무를 베어내고 밭을 일구다가 석불과 석등을 발견하여 이곳이 옛 절터임을 알고 절을 지었다고 한다. 그러나 상량문은 현재 남아 있지 않다.

는 여천동에 있는 신림사지(新林寺址)라는 견해가 있다. 신림사라 추정되는 현 경산시 여천동 불당골의 절터에서는 불상, 부도, 석등 등의 불교유물들이 발굴되기도 하였다. 『자인읍지』 「불우(佛宇)」 조에 의하면 "금당사(金堂寺, 즉 新林寺)는 자인현의 서쪽 십리에 있는 절로 신라 문무왕 때 원효조사가 창건하여 금당사라 하였고 오층탑이 있다. 승려 백양(白楊)이 이를 고쳐 신림사라 하였다."고 한다. 이 절은 임진왜란 때 소실되었으나 승려 법성(法性)이 중건하였다. 이외 유곡동에 있는 원효사를 신림사지로 보는 견해도 있다.[18] 유곡동의 원효사는 설총의 신도비(통일신라시대 작품)가 있어 원효의 생가로 추정하기도 한다.

이러한 여러 기록을 통해서 보면 원효는 현재 경산의 자인면에서 태어났으며, 그의 아들 설총도 또한 이 지역에서 태어났다고 할 수 있다. 원효는 일찍 출가하여 경산지역 여러 곳에서 수행하고 또한 사찰을 건립하였는데, 반룡사, 원효암, 수도암 등은 원효가 창건했거나 그의 활동과 연관이 있는 사찰이다.

반룡사는 경산시 용성면 용전리의 구룡산에 있다. 이 사찰은 신라 문무왕(661~681) 때 원효가 창건한 신라 왕실의 기원사찰로 요석공주가 어린 설총과 함께 일시 머문 곳으로 알려지고 있다. 요석공주의 부모인 태종 무열왕 내외는 요석공주와 설총을 만나기 위해 경주에서 산내를 거쳐 이곳에 들렀다고 한다. 경주와 반룡사 사이에 있던 고개는 원래 구룡현이었으나 왕이 넘었다고 하여 후일 왕재라고 하였다. 반룡사는 고려시대에는 천태종의 고승 원응국사

---

18) 성제암(聖齊庵)은 신라의 왕이 후사가 없어 이 암자에서 기도한 후 아들을 낳았다고 하며, 산 아래 마을을 독자동(獨子洞)이라 하는데, 이 절터에서 원효의 아들 설총이 공부하였다고 한다. 현재 유곡동의 총지사가 그 절터라 하고 있다. 설총이 공부하면서 흘린 땀의 소금기 때문에 이곳에는 개미가 없다는 전설이 있다.

(圓應國師) 학일(學一, 1052~1144)이 주석하였고, 고려 11대 문종(1047~1081) 연대에 대대적으로 중수하였다. 그 후 몽고의 침입으로 다시 파괴되었으나 중수하였고, 임진왜란 때 다시 파괴되어 중수하였다. 반룡사에 대한 기록으로는 1716년에 신유한이 지은 「내원암누각창건기문」과 1764년에 정충언이 지은 「반룡사사적비문」이 있었다고 전해지지만 현존하지 않는다. 『경상도읍지』에 의하면 조선 인조 19년인 1641년부터 60년 동안 계운(戒云), 명언(明彦) 등이 중창하여 26개의 전각, 당우, 문루를 건립했는데, 내원암, 선당, 망월루, 법성료 등 25개의 전각이 있었다고 한다. 그러나 1916년 큰 화재로 사찰의 대부분이 소실되었고, 다시 복원되었다.

원효가 수행한 곳인 원효암(원효굴)은 경산시 와촌군 강학리 불굴사에 있는 암자로 이곳에는 금동입불상, 약수(탄산수), 약사여래불, 3층석탑이 있다. 경산시 와촌면 대한리에 있는 원효암이나 팔공산 중앙암은 원효가 수도한 곳이다. 팔공산 비로봉 청운대 절벽 아래 있는 오도암(悟道庵)과 서당굴(誓幢窟)도 역시 원효가 수도하여 깨친 곳이라 한다. 또한 팔공산 수도사(修道寺, 영천 치산)도 원효와 의상이 수도한 곳으로 알려져 있다.

이외에도 원효의 족적은 경주나 경주 인근지방에서 많이 나타나고 있다. 『삼국유사』에 의하면 원효는 주로 분황사에서 찬술하고, 오어사로 가서 혜공에게 질의하였으며, 반고사와 고선사 및 혈사 등에 거주하였다고 하고 있다. 그리고 원효는 신라가 삼국을 통일한 후에는 전란에 피폐해진 민중의 아픔을 달래기 위해서 옛 고구려 땅이나 백제 땅에 가서 교화를 하였다. 그래서 전국에 원효와 관련된 사암은 매우 많다.

2 공부와 유학

1) 원효의 스승

원효의 어릴 적 공부에 대해서는 구체적인 자료가 없어 알기 어렵다. 아울러 원효의 출가 동기나 출가시기에 대해서도 마찬가지로 자료가 부족하여 정확하게 알 수는 없다. 원효는 어렸을 때 화랑의 낭도생활을 했을 것이라는 견해도 있지만 그것 역시 정확하지 않다. 출가시기에 대해서는 『송고승전』에 관채지년(丱䰐[髟/采]之年, 惠然入法)이라고 하고 있다. 즉 양쪽으로 상투를 트는 나이에 출가하였다는 것이다.

원효가 어떻게 공부하였느냐에 대해서 『삼국유사』에는 태어나면서부터 영특했으며, 특정한 스승 없이 혼자 스스로 공부했다고 한다. 아울러 원효가 출가하여 영취산의 낭지(朗智), 고구려의 보덕(普德), 항사사(현 오어사)의 혜공(惠空) 등을 찾아다니며 불도를 닦았다고 전하고 있다.

낭지는 현 울주의 영취산(靈鷲山)에서 수행하였는데, 항상 『법화경』을 읽어 신통력이 있었다고 한다. 원효는 젊은 시절에 영취산의 서북쪽에 있던 반고사(磻高寺)[19]에 머물면서 산 동쪽 봉우리에 살고 있는 낭지스님을 항상 찾아뵙고 법을 물었다고 한다. 따라서 원효는 낭지에게서 『법화경』을 배웠을 것으로 보여진다. 낭지는 원효에게 『초장관문(初章觀文)』과 『안신사심론(安身事心論)』을 저술하게 하였는데, 원효는 이 책들을 저술한 후 은사(隱士) 문

19) 반고사는 언양의 반구대 근처에 있었던 사찰로 현재 절터에 3층 석탑이 있다.

선(文善)을 시켜 책을 보냈다. 그 책의 말미에 다음과 같은 게송이 있다.

> 서쪽 골짜기의 사미는 동악의 큰 스님 높은 바위 앞에 머리 숙여 예배합니다. 가는 티끌을 불어 영취산의 봉우리에 보태고, 가느다란 물방울을 날려 용연에 던집니다.[20]

원효는 자신을 서쪽 골짜기에 머물고 있는 사미(沙彌)라 하여 자신을 낮추고, 낭지를 큰 스님이라 존칭하고 있다. 또한 그가 지은 『초장관문(初章觀文)』과 『안신사심론(安身事心論)』 2권의 저술이 하잘것없는 것이라고 하여 겸손해하고 있다. 이 2권의 책은 의천의 『신편제종교장총록(新編諸宗教藏總錄)』에 수록되어 있는데, 고려 전기까지는 유통되고 있었을 것으로 추정된다.

보덕(普德)의 자는 지법(智法)으로 7세기 중엽 고구려의 대표적인 승려였다. 그는 평양성의 서쪽 대보산에서 수행했는데 주로 『열반경』을 강의했으며 11명의 뛰어난 제자가 있었다. 11명의 제자는 무상화상(無上和尙), 적멸(寂滅), 의융(義融), 지수(智藪), 일승(一乘), 수정(水淨), 사대(四大), 개원(開原), 명덕(明德), 개심(開心), 보명(普明) 등으로 모두 사찰을 세워 불법을 폈다고 한다. 최치원, 이규보가 보덕화상 전기를 지었고, 의천, 이자현, 박춘령, 이인로, 이규보 등이 보덕화상에 대한 시를 남겼다.

보덕이 고구려를 떠난 이유는 고구려 왕실의 도교 신봉 때문이다. 고구려는 7세기 전반부터 도교의 영향을 받았다. 당의 고조는 노자를 자신의 조상으로 보고 숭배하였는데, 고구려 영류왕 7년

---

20) 『삼국유사』, 「낭지승운 보현수」.

(624년)에 천존상(天尊像)과 함께 도사를 파견하여 『도덕경』을 강의하게 했다. 이때 왕을 비롯하여 많은 사람들이 『도덕경』 강의를 들었고, 당나라와 우호 관계를 유지하기 위해 도교를 수용했다. 특히 연개소문은 도교를 매우 숭상하여 보장왕에게 "솥에는 세 발이 있고, 나라에는 세 가지 교(敎)가 있는 법입니다. 신이 보기에는 이 나라 안에는 오직 유교와 불교만 있고, 도교가 없기 때문에 나라가 위태로울 것입니다."라고 하고 당으로부터 도교를 구해 사람을 가르쳐야 한다고 하였다. 보장왕은 당나라에 도교를 구하는 사신을 보냈는데 이에 당 태종은 숙달(叔達) 등 8명의 도사와 함께 『도덕경』을 보냈다. 보장왕은 사찰을 도관으로 삼아 거기에 도사들을 기거하게 하고 그들을 매우 존경하였는데, 도사를 높여 유사(儒士) 위에 앉게 하였다.[21]

반룡사[22]에 기거하던 보덕은 보장왕에게 좌도(左道)가 들어와서 정도(正道)와 맞서면 나라의 기틀이 위태할 것이라 하여 왕에게 여러 번 도교를 수용하지 말 것을 간청하였으나 받아들여지지 않았다. 그래서 보덕은 신통력으로 방장(方丈)을 날려 남쪽 완산주(전주)의 고대산(孤大山)으로 옮겨갔다고 한다. 이것이 비래방장(飛來方丈)의 설화이다. 고대산 경복사에는 비래방장이 있었다고 하는데, 이 설화는 보덕이 불교와 도교의 갈등으로 인하여 고구려를 떠나 남쪽으로 거처를 옮겼음을 의미한다. 보덕이 남하하여 거주했다는 전주에 있는 고덕산(고대산)의 경복사는 임진왜란 직후까지 존속했다고 한다. 보덕은 『열반경』, 『유마경』 등의 대승경전을 주로 강의했다. 『삼국유사』에 의하면 고려의 의천이 이곳에 와서 보덕스님의 진영에 예를 바치면서 시를 지었다.

21) 『삼국유사』, 「보장봉로 보덕이암」.

22) 평안남도 용강군에 있던 사찰.

열반의 평등한 가르침은
우리 스승에게서 전해졌다고 하네.
애석하게도 승방이 날아온 뒤에
동명왕의 옛 나라 위태로웠네.[23)]

『열반경』의 가르침이 보덕화상으로부터 전수되었고, 보덕화상이 남쪽으로 내려온 후 고구려가 위태롭게 되었다는 것이다. 의천에 의하면 원효와 의상은 보덕스님 밑에서 『열반경』과 『유마경』 등을 배웠는데, 어려운 내용을 문의하였다고 하였다.

혜공(惠空)의 어릴 때의 이름은 우조(憂助)인데, 천진공(天眞公)의 집에서 고용살이하던 할머니의 아들이었다. 노예의 신분이었던 우조는 7살 때 천진공의 병을 고쳐주는 등 비범함을 보였다고 한다. 그는 출가하여 혜공이라 하고, 한적한 절에 거주하였다. 항상 삼태기를 짊어지고 술에 취해 거리를 돌아다니며 노래하고 춤추었기 때문에 그를 부궤화상(負簣和尙)이라 하였다. 부궤는 삼태기라는 뜻의 방언이다. 그래서 그가 거주하던 절을 부개사(夫蓋寺)라 하였다. 혜공은 부개사의 우물 속으로 들어가 몇 달씩 나오지 않았기 때문에 우물 이름을 혜공이라고 하였다. 그가 우물 속에서 나올 때는 반드시 푸른 옷을 입은 신동이 먼저 솟아나왔고, 우물에서 나온 혜공의 옷은 젖지 않았다고 한다. 하루는 영묘사(靈廟寺)에 들어가서 새끼줄로 금당과 좌우 경루(經樓), 남문의 낭무(廊廡)를 둘러싼 후 사직에게 반드시 3일 뒤에 이 줄을 끊으라고 하였다. 3일 뒤 영묘사에 불이 났는데 오직 새끼줄로 매었던 곳은 타지 않아 화를 피할 수 있었다고 한다.

이외 혜공의 신이한 행적은 다양한 형태로 나타난다. 신인종(神

23) 『삼국유사』, 「보장봉로 보덕이암」.

印宗)의 조사인 명랑(明朗)이 금강사(金剛寺)를 새로 짓고 낙성연을 베풀 때 고승들이 모두 참석하였지만 혜공 스님이 오지 않아 명랑이 향을 피우고 기도하자 곧 혜공이 왔다. 그런데 그때 큰 비가 내렸음에도 불구하고 그의 옷이 젖지 않았고, 발에는 흙도 묻지 않았다고 한다. 또한 구참공(瞿昆公)이 어느 날 산에 갔다가 혜공이 산속에서 쓰러져 죽어 있는 것을 보았다. 시체는 이미 붓고 썩어서 구더기가 우글거렸다. 구참공이 슬퍼하면서 성으로 돌아왔는데, 성 안에서 혜공이 노래하며 춤추고 있었다. 혜공은 구참공에게 삶과 죽음의 모습을 동시에 보여주고 있는데, 이것을 통해 혜공이 생사를 초월한 무애자재한 경지에 이르렀음을 알 수 있다. 그는 임종할 때 공중에 높이 떠서 입적하였고, 많은 사리가 나왔다고 한다.

혜공과 원효 사이에는 오어사(吾魚寺)에 관한 이야기가 전해진다. 혜공은 만년에 항사사(恒沙寺)[24]에 거주했는데, 원효가 경(經)과 소(疏)를 짓다가 의심이 나면 혜공에게 와서 물었다고 한다. 하루는 두 사람이 개천을 따라가며 고기, 새우 등을 잡아먹고는 돌 위에 대변을 보았다. 혜공이 대변을 가리키며 "너는 똥을 누고, 나는 고기를 누었다."라고 하였다. 오어사(吾魚寺)라는 이름은 여기서 유래되었다.[25] 즉 물고기를 잡아먹고 똥을 누었는데, 그 물고기가 살아났다는 것이다. 이 때 원효의 나이는 30대 초반 내지 중반경으로 추정되며, 원효는 언제나 혜공에게 나아가 질문을 했다고 하는 것으로 보아 혜공에게서 많은 가르침을 받은 것으로 보인

---

24) 신라 진평왕 때 창건한 사찰로 현재의 포항 오어사(吾魚寺)이다.

25) 오어사 사적기에는 두 스님이 물고기를 잡아먹고 대변을 보았는데, 물고기가 살아났다. 그래서 그 물고기가 서로 자신의 고기라고 하였기 때문에 오어사라 하였다고 한다. 오어사는 포항 오천읍 항사리 운제산에 있다. 오어사에는 원효암과 자장암이 있으며, 혜공과 원효가 고기를 잡았던 개천은 현재 저수지로 되어 있다.

다.[26] 혜공의 신이한 능력과 높은 덕행, 무애자재한 대중교화의 능력은 원효에게 많은 영향을 주었을 것으로 볼 수 있다.

2) 구법(救法) 여행

원효는 당시의 신라 지식인들과 마찬가지로 의상과 함께 당나라 유학을 시도했다. 원효 이전 중국으로 구법여행을 한 최초의 신라 승려는 각덕(覺德, 549년 양나라에서 귀국)이다. 이후 6세기에 명관(明觀), 안홍(安弘), 현광(玄光), 지명(智明), 원광(圓光) 등이 유학했었고, 7세기에는 담육(曇育), 안함(安含), 명랑(明朗), 자장(慈藏), 원측(圓測), 원승(圓勝), 신방(神昉), 지인(智仁) 등이 유학길에 올랐다. 그리고 아리야발마(阿離耶跋摩), 혜업(惠業), 현각(玄恪) 등은 인도로 구법여행을 떠났다.

원효와 의상의 당나라 구법 동기도 이 당시의 시대적 상황과 다르지 않다. 『송고승전』의 「원효전」에는 원효가 일찍이 자은사의 현장삼장(玄奘三藏)을 사모하여 의상법사와 더불어 당에 들어가려 했으나 그 인연이 어긋났다고 하고 있다. 현장은 인도로 구법여행을 하고 645년에 당나라 장안으로 돌아와 유식사상 관련 경론을 번역하였다. 현장이 주로 유식사상에 관한 경론을 번역했기 때문에 당시 당의 불교는 유식사상을 중심으로 발전하고 있었다. 이러한 분위기 속에서 신라의 많은 승려들도 당의 새로운 불교를 공부하기 위해 구법여행을 떠난 것이라 할 수 있다.

원효와 의상은 나이, 출신성분, 수행방법 등에 차이가 있었음에도 불구하고 매우 가까운 사이였던 것으로 보인다. 의상은 진평왕

---

26) 『삼국유사』 「이혜동진(二惠同塵)」.

47년(625년)에 귀족의 신분으로 출생하였고, 643년 19세 때 황복사에서 출가하였다. 원효와 의상의 입당구법 이야기는 『원효행장』과 최치원(崔致遠)이 쓴 『의상본전(義湘本傳)』에 수록되어 있었지만, 이 두 자료는 현존하지 않는다. 1차 구법에 관한 이야기는 『삼국유사』 「의상전교」 조에 다음과 같이 기록되어 있다.

> 법사 의상의 아버지는 한신이고, 성은 김 씨이다. 29세 때 서울(경주) 황복사에서 삭발하고 중이 되었다. 얼마 있지 않아 서쪽으로 가서 부처의 교화를 보기를 도모하여 원효와 함께 요동 변방으로 갔는데, 변방의 술라(戌邏)들이 간첩으로 잡아 가둔지 수십 일 만에 겨우 풀려 돌아왔다. 영휘(永徽) 초년(650년)에 마치 당의 사신이 배를 타고 돌아가는 자가 있어 그 배를 타고 중국에 들어가 처음에 양주에 머물렀다.[27]

『삼국유사』 「전후소장사리(前後所將舍利)」 조에서 무극(無極) 보감(寶鑑)국사는 「부석사(浮石寺)본비」를 인용하여 의상은 무덕(武德) 8년(신라 진평왕 47년인 625년)에 태어나서 어린 나이에 출가하여 영휘 원년 경술(650년)에 원효와 동반하여 서쪽으로 가려 하다가 고구려에 이르렀으나 난이 있어 돌아왔고, 다시 용삭(龍朔) 원년 신유(661년)에 당에 들어와서 지엄에게 배웠다고 하였다.[28]

「의상전교조」와 「부석사본비」를 비교하면 입당 시기와 1차 입당 때 고구려에서 돌아오게 된 이유가 서로 다름을 알 수 있다. 여러 기록들을 비교 검토하였을 때 「부석사본비」의 내용이 정확

27) 『삼국유사』, 「의상전교」.

28) 『삼국유사』, 「전후소장사리」.

한 것으로 추정된다. 따라서 원효의 첫 번째 구법여행은 원효가 34살 되던 해에 26살인 의상(義상)과 함께 육로로 고구려의 요동까지 갔다가 순라군에게 잡혔는데, 간첩으로 몰려 감옥에 갇혀 있다가 탈출하여 돌아왔다고 할 수 있다.

원효의 두 번째 구법여행은 일차 구법여행 11년 후 그의 나이 45세 때인 661년이었다. 원효는 다시 의상과 함께 구법의 길에 나섰다. 두 사람은 당나라로 가는 배를 타기 위해 당항성으로 가는 도중 비를 만났다. 그날 있었던 일을 『송고승전』 「의상전」에서는 다음과 같이 기록하고 있다. 두 사람이 비를 만난 그날 밤 땅막(土龕)을 발견하여 거기서 하루를 지나게 되었는데, 이튿날 아침에 일어나 보니 그곳은 땅막이 아니라 해골이 있는 오래된 무덤 속이었다. 계속해서 비가 내리고 있었기 때문에 더 이상 길을 갈 수 없어 그들은 또 하룻밤을 무덤에서 지내게 되었다. 그런데 밤이 깊기 전에 갑자기 귀신이 나타나 놀라 잠을 이루기가 힘들었다. 여기서 원효는 크게 깨닫게 된다. 지난밤에는 땅막이라 생각했었기에 편히 잘 수 있었는데, 오늘밤은 무덤이라 생각하였기 때문에 귀신의 장난으로 잠을 이룰 수가 없었던 것이다. 거기서 원효는 "마음이 일어나면 갖가지 현상이 일어나고, 마음이 일어나지 않으면 땅막과 무덤이 둘이 아니다."라고 깨닫게 된다. 원효는 "삼계(三界)는 오직 마음(唯心)이요, 만법은 유식(唯識)이다. 마음밖에 아무 것도 없는데, 어찌 달리 구할 것이 있겠느냐!"라고 하고, 당나라 행을 포기하였다. 의상은 홀로 어려움을 무릅쓰고 상선에 의탁하여 당나라로 갔다.[29]

원효가 깨달은 것은 마음이 일어나면 갖가지 현상이 일어나고,

---

29) 찬녕, 『송고승전』 권4, 「신라국의상전」, 대정 50, 729쪽.

마음이 일어나지 않으면 땅막과 무덤이 둘이 아니라는 것이다. 일체의 현상은 모두 마음의 작용이다. 마음 밖에 아무 것도 없다는 일체 유심(唯心)의 이치를 철저하게 자각한 것이다.

원효의 깨달음에 대한 이야기로는『송고승전』 외에도 연수(延壽, 904~975)의『종경록(宗鏡錄)』과 각범혜홍(覺範慧洪, 1071~1128)의『임간록(林間錄)』에도 나온다. 먼저 연수의『종경록』의 내용을 살펴보자.

> 옛날 동국의 원효법사와 의상법사 두 분이 함께 스승을 찾아 당나라로 왔다가 밤이 되어 황폐한 무덤 속에서 잤다. 원효법사가 갈증이 나서 물 생각이 났는데 마침 곁에 고여 있는 물이 있어 손으로 움켜 마셨는데 맛이 좋았다. 다음날 보니 그것은 시체가 썩은 물이었다. 마음이 불편하고 토할 것 같았는데, 그 때 활연히 크게 깨달았다. 그리고 "내가 들으니 부처님께서 삼계유심(三界唯心)이요, 만법유식(萬法唯識)이라 하셨다. 그러므로 아름다움과 나쁜 것이 나에게 있고, 진실로 물에 있지 않음을 알겠다."라고 하였다. 마침내 그는 고향으로 돌아가 널리 교화하였다.[30]

여기서는 깨달음의 소재가 시체가 썩은 물이며, 장소도 당나라이다. 송(宋)의 각범혜홍(覺範慧洪, 1071~1128)이 지은『임간록』에도 이와 유사한 이야기가 있다.

> 원효는 해동 사람이다. 일찍이 배를 타고 당나라에 이르러 장차 명산에서 도를 구하고자 하여 혼자 황폐한 언덕길을 가다가 밤이 되어 무덤 사이에서 자게 되었다. 자는 도중 심한 갈증으로 샘물을 손으로

30) 연수(延壽),『종경록』권11, 대정 48, 477쪽 상.

떠서 마셨는데 달고 시원하였다. 날이 밝아서 보니 그것은 해골물이었다. 매우 역해서 모두 토할 것 같았다. 그 때 갑자기 크게 깨우치고 탄식하면서 "마음이 생기므로 갖가지 법이 생겨나고, 마음이 멸함에 해골도 이와 같다. 여래께서 삼계유심(三界唯心)이라 하셨으니, 어찌 우리를 속이겠는가!"라고 하였다. 드디어 다시는 스승을 구하지 않고 그날 해동(海東)으로 돌아가 『화엄경』을 주석하여 원돈(圓頓)의 가르침을 두루 폈다.[31]

여기서는 원효가 혼자 당에 들어갔으며, 깨달음의 계기가 된 것은 해골물이라 하고 있다. 앞의 세 가지 이야기를 작자의 출생 연대순으로 비교하면 『종경록』이 가장 앞서고, 이어 『송고승전』과 『임간록』이 그 뒤를 잇는다. 『종경록』과 『임간록』에서는 원효가 당나라로 들어갔다가 거기서 깨달음을 얻어 다시 신라로 돌아왔다고 기록하고 있고, 『송고승전』에서는 원효가 당나라로 가지 못하고 신라 땅에서 깨달음을 얻어 당나라 구법 유학을 포기한 것으로 되어 있다. 『임간록』에서는 원효 혼자 당에 갔다고 하고, 나머지 두 기록에서는 원효와 의상이 동행한 것으로 되어 있다.

내용을 비교했을 때 비교적 신빙성이 있는 것은 『송고승전』이다. 그 이유는 원효가 깨달음을 얻은 장소가 당이 아닌 신라 땅으로 판정되기 때문이다. 즉 신라의 승려 대통(大通, 816~883)이 원효가 성도한 곳인 직산(織山)에 우거하면서 3달 동안 선정을 닦았다고 하는 기록[32]에 근거할 때 원효가 깨달음을 얻은 곳은 당나라가 아닌 신라 땅 직산(織山)으로 보이기 때문이다. 직산은 성환과

31) 각범혜홍(覺範慧洪), 『임간록』 상. (김영태, 『역사로 읽는 원효』, 고려원, 1994, 97쪽 재인용).

32) 「월광사원랑선사대보선광탑비」, 『조선금석총람』 상, 84쪽.

천안 사이에 있으며, 남양만의 당항성으로 가는 길목에 있다.

그리고 깨달음의 원인에 대해서도 『송고승전』에서는 귀신이 나타나 잠을 이루지 못했다고 하고, 『종경록』과 『임간록』에서는 원효가 해골에 고인 물을 마시고 구토를 하였다고 하고 있다. 귀신과 해골에 고인 물이라는 차이는 있지만 삼계유심(三界唯心)의 이치를 깨달았다는 것은 동일하다. 우리들의 감각기관은 대상을 분별할 수 없는 깜깜한 어두운 밤과 밝은 대낮에는 전혀 다르게 대상에 관여한다. 그에 따라 마음도 다르게 작용한다. 땅막에서의 편안함과 무덤에서의 귀신의 소란, 샘이라 생각하고 마신 시원한 물이나 해골에 들어있던 썩은 물은 동일한 대상이지만 자신의 마음은 그것을 분별하여 본 것일 뿐이다. 일체는 모두 자신의 마음이 만들어내며, 마음 밖에 다른 실재가 없다는 이치를 원효는 체험을 통해 깨달은 것이다.

원효는 『금강삼매경론』에서 "삼계(三界)가 없어질 때에 마음과 경계가 서로 일어나지 않는다. 그 까닭은 오직 마음이 허망하게 나타나 경계를 만들어 내었기 때문이다. 마음의 허망함이 없어지면 경계를 짓지 않는다. 경계가 없어졌기 때문에 마음을 일으키지 않는다."[33]라고 하여, 일체가 마음에 의해서 나타난 것임을 말하고 있다. 일심(一心)에 대한 원효의 깨달음은 원효에게 많은 변화를 가져오게 된다. 지금까지는 깨달음을 얻기 위한 진리 추구의 삶이었다면 그 이후로는 깨달음을 바탕으로 진리를 실천하는 삶으로 전환하게 된다.

원효가 깨달은 일체유심(一切唯心)의 사상은 『화엄경』이나 『대승기신론』에 이미 나타나고 있는데, 특히 유심(唯心)사상은

33) 원효, 『금강삼매경론』 중, 은정희 역, 일지사, 2000, 345쪽.

『화엄경』의 근본 가르침이다. 그리고 『대승기신론』에서도 "이런 까닭으로 일체법은 거울 가운데의 영상(像)과 같아서 체(體)를 얻을 수 없다. 오직 마음의 허망이다. 마음이 일어나면 갖가지 법이 일어나고, 마음이 소멸하면 갖가지 법이 소멸한다."[34]라고 하여 유심사상을 말하고 있다. 원효는 『화엄경』에 기초하여 "일체에 걸림이 없는 사람이 일도에 생사를 벗어난다(一切無礙人 一道出生死)"는 무애(無碍)사상을 수립하였다. 무애행이란 것은 생각과 행위가 어느 것에도 걸림이 없는 행(行)으로 그것은 깨달은 자의 장애 없는 자유로운 행위이다. 그것은 또한 온 중생과 함께하는 삶이기도 하다.

3) 믿음과 수행

원효는 불교 수행에 있어 믿음을 매우 강조한다. 즉 원효는 불법(佛法)이라는 넓은 바다에 들어가고자 하는 사람은 부처님의 불가사의한 지혜와 덕을 믿고 생각해야 한다고 하였다. 이것을 『대승기신론소』에서는 다음과 같이 말하고 있다.

> 믿음이란 결정적으로 그렇다고 하는 말이다. 이치가 실로 있음을 믿고, 수행으로 얻을 수 있음을 믿으며, 닦아서 얻을 때는 무궁무진한 덕이 있음을 믿는 것이다. … 만약 어떤 사람이 이 세 가지 믿음을 잘 일으킬 수 있다면 불법에 들어가 모든 공덕을 나타낼 수 있고, 모든 마(魔)의 경계로부터 벗어나 무상도(無上道)를 이룰 수 있을 것이다.[35]

---

34) 원효, 『대승기신론소기회본』, 한국불교전서 1, 동국대학교출판부, 1979, 759쪽 하.

믿음이란 것은 자신의 몸과 마음을 바쳐 부처님에게 귀의하는 것이다. 즉 자신의 목숨까지도 바쳐 부처님에게 귀의하는 것이다. 참다운 믿음은 이치가 진실로 있음을 믿고, 그 이치는 수행으로 닦아 얻을 수 있음을 믿고, 수행하여 얻은 이치에는 무궁무진한 공덕이 있음을 믿는 것이다. 원효는 부처의 가르침은 우리들의 분별적 사고나 지식으로는 알 수 없는 것이기 때문에 부처의 부사의한 공덕을 항상 생각하고 부처와 불법에 대한 믿음을 바탕으로 수행해야 한다고 하였다.

원효는 『발심수행장(發心修行章)』에서 수행자의 마음과 자세를 말하고 있다. 원효에 의하면 중생들은 탐·진·치(貪瞋癡)의 3독에 빠져 있고, 사대(四大)와 오욕(五欲)에 의해 악도에 들어가게 된다고 한다.[36] 그러므로 깨달음을 얻기 위해서는 탐진치의 3독을 제거하지 않으면 안 된다. 그래서 원효는 "스스로의 쾌락을 버릴 수 있다면 사람들은 성인과도 같이 그를 믿어 존경할 것이고, 어려운 수행을 닦아 나갈 수 있다면 부처와 같이 그를 존경할 것이라고 하였다."[37]

우리가 진리를 추구해야 하는 이유는 인간은 반드시 죽음에 이른다는 필연적인 사실 때문이다. 인간의 수명은 잠시 동안일 뿐이다. 그러므로 부지런히 수행하지 않으면 안 된다. 시간은 우리를 기다려 주지 않는다. 잠깐 사이에 죽음의 문턱에 이르게 된다. 석가모니부처님도 열반에 앞서 "제행은 실로 무상하다. 그대들은 태만하

---

35) 원효, 『대승기신론소기회본』, 734쪽 하.

36) 사대(四大)는 물질계를 구성하는 4가지 원소로 지·수·화·풍을 가리킨다. 그리고 오욕은 재물욕, 색욕(色慾), 식욕(食慾), 명예욕(名譽慾), 수면욕(睡眠欲)을 말한다.

37) 원효, 『발심수행장』, 한국불교전서 1, 841쪽 상.

지 말고 목적의 완수를 위해 끊임없이 노력하라."라고 하여 인간생명의 유한성과 끊임없는 정진 노력을 강조하고 있다. 수행에도 시기가 있다. 원효는 부러진 수레가 앞으로 굴러가지 못하는 것처럼 나이가 많아서 늙게 되면 수행도 하지 못하게 된다고 하였다.[38] 생은 그리 길지 않기 때문에 부지런히 수행하지 않으면 안 된다. 인간의 삶에서 가장 긴급한 것이 진리를 추구하는 수행이라고 하였다.

진리를 추구하는 수행자는 또한 마음 가운데 사랑과 욕심을 버리고, 세속의 명예와 미련을 생각하지 말아야 한다. 그럴 때 사문이 되고 출가자가 된다. 그래서 "깨달음의 도를 닦는 사람이 세속에 대한 애착과 미련을 가지면 고슴도치가 쥐구멍에 들어간 것과 같이 위험천만한 일이다."[39]라고 하고 있다. 수행자는 어떠한 어려움이 있더라도 목표를 달성하기 위해 참고 노력하지 않으면 안 된다. 그래서 "절을 하는 무릎이 얼음과 같아지더라도, 불을 생각하는 마음이 없어야 하며, 배고픈 창자가 끊어질 것 같아도 밥을 구하는 생각이 없어야 한다."[40]고 하여 자신과의 대결에서의 극복을 강조하고 있다. 진리를 추구하는 자는 어떠한 육체적 고통도 극복하지 않으면 안된다. 배가 고프면 나무열매를 따먹어 굶주린 창자를 위로하고, 목이 마르면 흘러가는 물로 그 갈증을 없애야 한다고 하였다.[41]

원효는 또한 "용상(龍象)의 덕을 바라보려고 하면 오랫동안의 고통을 참을 수 있어야 하며, 사자의 자리를 기약하려면 영원히 욕심과 쾌락을 등져야 한다."[42]고 하였다. 용상은 깨달은 자의 공덕을

38) 원효, 『발심수행장』, 841쪽 하.
39) 원효, 『발심수행장』, 841쪽 상.
40) 원효, 『발심수행장』, 841쪽 상.
41) 원효, 『발심수행장』, 841쪽 상.

말하고, 사자좌는 부처님의 법좌를 일컫는다. 불법을 깨닫기 위해서는 인내하고, 욕심과 쾌락을 버려야 한다는 것이다. 원효는 또 "근원으로 돌아가는 크나큰 깨달음은 공을 쌓은 뒤에야 얻는 것이니 흐름을 따르는 긴 꿈은 단번에 깰 수 없다."[43]고 하여 끊임없는 수행의 중요성을 강조하고, 수행의 자세에 있어서도 "절하는 무릎이 얼음장 같더라도 불 생각을 하지 말고, 주린 창자가 끊어질 것 같더라도 먹을 것을 찾지 말아야 한다."[44]라고 하였다.

그리고 원효는 수행에 있어서 반드시 계율을 지켜야 한다고 하였다. 계율을 지키지 않는 것은 "보배가 있는 곳으로 인도하여도 일어나 가지 않는 것과 같다"[45]라고 하였다. 즉 부처님의 세계로 인도하여도 계율을 지키지 않으면 갈 수 없다는 것이다. 그래서 "계율이 없는 수행은 헛되고 빈몸(空身)이어서 길러도 이익이 없다. 무상하고 덧없는 목숨을 사랑하고 아껴도 오랫동안 보존할 수 없다."[46]라고 하였다. 자신이 죄악에 싸여 있으면서 타인의 죄악을 해결한다는 것은 모순이다. 그러므로 계율을 지키지 않은 수행은 의미가 없다는 것이다.

또한 수행자는 지혜로워야 한다. 지혜가 없다면 아무리 수행하여도 깨달음을 향한 올바른 방향을 잡을 수 없다. 그래서 원효는 지혜로운 사람이 수행하는 것은 쌀을 쪄서 밥을 짓는 것과 같지만, 지혜를 갖지 않은 사람의 수행은 모래를 쪄서 밥을 짓는 것과 같다고 하였다. 따라서 불법(佛法)을 배워야만 지혜롭게 된다. 수행과 지

---

42) 원효, 『발심수행장』, 841쪽 중.
43) 원효, 『무량수경종요』, 한국불교전서 1, 553쪽 하.
44) 원효, 『발심수행장』, 841쪽 상.
45) 원효, 『발심수행장』, 841쪽 중.
46) 원효, 『발심수행장』, 841쪽 중.

혜를 함께 고루 갖추게 되면 수레의 두 바퀴와 같이 앞으로 나아갈 수 있다. 나를 위하고 남을 위하는 보살의 마음을 가지게 되면 새의 두 날개와 같이 하늘로 날아오를 수 있다는 것이다.[47]

3 무애행과 대중교화

1) 환속과 무애행

원효가 환속하여 요석공주와 인연을 맺은 것은 대체로 그의 나이 37세에서 44세경이라 추정된다.『삼국유사』의 「원효불기」조에서는 원효와 요석공주와의 만남을 다음과 같이 말하고 있다.

> 스님이 일찍이 어느 날 상례를 벗어난 행동(風顚)으로 거리에서 노래 부르기를, “누가 자루 빠진 도끼를 빌려주겠는가? 나는 하늘을 떠받칠 기둥을 찍을 것이다.”라고 하였다. 사람들이 모두 그 의미를 알지 못하였지만, 태종이 그것을 듣고 “이 스님이 아마 귀부인을 얻어서 어진 자식을 낳고자 하는 것인데, 나라에 큰 현인(大賢)이 있으면 이로움이 크지 않겠는가?”라고 하였다. 그 때 요석궁(瑤石宮)<지금의 학원(學院)이다.>에 과부가 된 공주가 있었다. (태종 무열왕은) 궁의 관리에게 원효를 찾아 궁으로 데리고 들어오라고 명하였다. 궁의 관리가 명을 받들어 장차 찾으려 나섰을 때, (원효는) 이미 남산에서 내려와서 문천교(蚊川橋)<사천(沙川)인데, 속언에는 년천(年川)이라고

47) 원효,『발심수행장』, 841쪽 중.

하고, 문천이라고도 한다. 또 다리 이름을 유교(楡橋)라고도 한다.>를 지나다가 그를 만났는데, 일부러 물에 빠져서 옷을 적셨다. 관리가 스님을 궁으로 인도하여 옷을 벗겨 말리고 유숙(留宿)시킴으로 인해서 공주가 잉태하여 설총(薛聰)을 낳았다.[48]

원효가 어느 날 "그 누가 자루 빠진 도끼를 빌려주겠는가? 나는 하늘을 떠받칠 기둥을 찍을 것이다."라고 노래하였는데, 여기서 자루 빠진 도끼는 남편 없는 여인 즉 과부를 상징한다. 도끼는 강력한 힘을 가진 능력, 자루는 남자의 생식기, 그리고 하늘을 떠받칠 기둥은 훌륭한 자식 즉 나라의 동량(棟梁)이 되는 인재를 의미한다. 원효가 이 노래를 불렀지만 아무도 그 뜻을 알지 못하였는데, 단지 태종 무열왕만이 이 노래를 듣고 원효 스님이 아내를 얻어 귀한 자식을 낳고자 하는 것임을 알았다. 왕은 나라에 큰 현인이 태어나면 좋을 것이라 생각하여 마치 과부가 되어 요석궁에 있던 공주에게 원효를 찾아가라고 하였다는 것이다. 태종 무열왕 김춘추는 김유신의 작은 누이 문희(文姬) 즉 문명부인(文明夫人)과 결혼하여 법민(法敏) 등 일곱 아들을 낳았다. 그런데 태종무열왕은 또 다른 부인에게서 세 명의 아들과 세 명의 딸이 있었는데, 그 세 딸 중의 한 명이 바로 요석공주이다.

원효의 원대한 포부를 알아차린 태종 무열왕은 원효를 요석궁으로 안내하게 했고, 원효는 이에 맞추어 일부러 물에 빠져 옷을 적셔 요석공주와 인연을 만들고 있다. 이같이 원효는 비록 결혼하여 설총을 낳았지만, 그가 세속의 생활에 만족하며 살았던 것은 아니다. 그는 세속과 출가의 어느 것에도 구애되지 않는 걸림 없는 자유로운 삶을 살았다. 그것은 그가 결혼하고 설총을 낳은 뒤 2차 구법여

48) 『삼국유사』, 「원효불기」.

행을 떠나 깨달음을 얻은 것에서 알 수 있다. 즉 원효는 재가와 출가라는 이분법적 사고에 얽매이지 않고 그것을 벗어난 삶을 살았다. 원효의 깨달음을 통해 그가 비록 결혼하여 세속의 삶을 살았지만, 세속에 집착하고 얽매여 있었던 것이 아니었음을 알 수 있다.

원효의 삶은 우리가 관습적이고 고정적인 계율에 얽매이지 않는다면 자유자재한 삶을 살 수 있음을 보여준다. 그것은 그의 무애행(無碍行)을 통해서 나타난다. 출가와 재가라는 2가지 상대적인 것에 집착하지 않을 때 자유자재한 삶을 살 수 있다는 것은 『유마경』의 유마거사의 보살행을 통해서도 볼 수 있다. 유마거사는 세속에 있으면서도 대승의 보살도를 성취하여 출가자와 동일한 종교이상을 실현하고 있었다. 유마거사는 일상생활 자체가 진실한 것이며, 일상생활을 떠나서 따로 청정한 생활이 있는 것이 아니라고 주장한다.49)

원효는 요석공주와 설총을 낳고 스스로 소성(小性)거사라 칭하며 『화엄경』의 "일체에 걸림 없는(無碍) 사람은 일도(一道)에 생사를 벗어난다."는 구절을 모범으로 하여 무애행을 실천하였다. 그는 표주박으로 무애박을 만들어 천촌만락을 돌아다니면서 걸림 없이 노래하고 춤추면서 민중을 교화하였다. 원효의 이러한 변화는 그가 지금까지의 형식적이고 낡은 종교적 관습을 버리고 아무것에도 장애 받지 않는 자유자재한 대자유인이 되었음을 의미한다. 그는 고통 받고 있는 모든 사람과 하나가 되어 그들의 어려움과 고통을 해결하려고 노력하였다. 즉 그는 민중들과 고통을 함께하면서 그들을 이익 되게 하는 행을 실천하였던 것이다. 그것은 일체 중생을 사랑하고 자비를 베푸는 보살행이었다. 『삼국유사』에서는 원

49) 조수동, 「유마경의 공사상」, 『인간과 사상』 제26집, 한국동서철학연구원, 2014, 113쪽.

효의 이러한 모습을 다음과 같이 표현하고 있다.

> 원효가 이미 계(戒)를 잃고 설총을 낳은 뒤로는 속복으로 갈아입고, 스스로 호를 소성거사(小姓居士)라 하였다. 우연히 광대가 춤추고 희롱하는 큰 박을 얻었는데, 그 모양이 괴이했다. 그 현상을 본떠서 도구를 만들고 『화엄경(華嚴經)』의 일체에 걸림이 없는 사람(一切無碍人)은 일도에 생사를 벗어난다(一道出生死)는 뜻을 취해 무애(無碍)라 명명하고 이에 노래를 지어 세상에 유포시켰다. 일찍이 이것을 가지고 여러 마을을 다니면서 노래하며 춤추고 교화하면서 돌아왔다. 가난하고 몽매한 무리들로 하여금 모두 부처의 이름을 알게 하고, 모두 나무아미타불을 칭념하게 한 것은 원효의 교화가 크다.[50]

원효는 민중들에게 불교신앙을 심어주기 위해 무애의 악기로 무애의 노래와 무애의 춤을 추면서 민중의 괴로운 마음을 달래주고, 병자를 돌보아 주며, 그들이 진정으로 원하는 것을 해결하려는 보살행을 적극적으로 실천하였다. 원효가 저술한 『금강명경소』에는 인간의 질병과 음양오행의 관계 등을 바탕으로 한 민족 고유의 의술에 관한 내용이 서술되어 있다. 이 점에서 보면 원효는 의학에도 상당한 이해와 관심을 가졌던 것으로 보이며, 실재로 그가 민중을 교화할 때 의술을 유용하게 사용하였을 것으로 추정된다.

또한 원효는 가난하고 무지한 사람들에게 인간은 누구나 동일하며 모두 부처님의 품으로 돌아갈 수 있다고 하였다. 한국의 불교는 원효의 이러한 무애행에 의해서 비로소 민중들에게 정착되었다고 할 수 있다. 『송고승전』에서는 원효의 무애자재한 행동을 다음과 같이 기록하고 있다.

---

50) 『삼국유사』, 「원효불기」.

그의 발언은 미친 듯 난폭하고, 예의에 어긋났으며, 행동은 상식선을 넘었다. 그는 거사와 함께 주막이나 기생집에도 들어가고, 지공(誌公)과 같이 금빛 칼과 쇠지팡이를 가지기도 했으며, 혹은 주석서를 써서 『화엄경』을 강의하기도 하고, 혹은 사당에서 거문고를 타면서 즐기고, 혹은 여염집에서 유숙하기도 하고, 혹은 산수에서 좌선 하는 등 계기를 따라 마음대로 하여 일정한 규범이 없었다.[51]

진(眞)과 속(俗)을 넘나들며, 현실에서 생겨나는 온갖 장애와 집착을 벗어날 때 참다운 자유인 즉 무애자재한 자유인이 될 수 있다. 원효는 어떤 행위를 하더라도 거기에 집착하지 않는 참자유의 경지에 들어선 대자유인이었다.

그런데 원효가 스스로를 소성거사라 칭한 것은 흔히 말하는 그의 파계 때문만은 아니다. 원효는 신라불교의 귀족화, 형식화에 경종을 울리고, 불교를 민중들에게 정착시키기 위해 그 자신이 민중과 다르지 않다는 관념을 일단 민중의 가슴에 심어줄 필요가 있다고 생각했다. 그의 무애자재한 행위는 이러한 견지에서 나온 것이다. 즉 원효는 불교를 민중화시키기 위한 방편으로 그의 파계행을 감행했던 것이라 할 수 있다.

원효는 염정무이(染淨無二), 진속일여(眞俗一如)를 주장하며 불교대중화운동을 전개했다. 불교는 사람의 마음을 깨우쳐서 집착을 벗어나도록 하는 가르침이다. 그러나 원효가 활동하던 시대의 신라의 교학불교는 그 교리의 난해성 때문에 민중들이 불교를 이해하고 실천하는 데는 한계가 있었다. 즉 불교는 소수의 전문가들에 의해서 독점되어 있었던 것이다. 그래서 원효는 대중들에게 어려운 교리의 가르침보다는 주로 극락왕생의 정토신앙을 전파하는 데 주

51) 찬녕, 『송고승전』 권4, 「당신라국황룡사원효전」, 대정 50, 730쪽 상.

력하였다. 왜냐하면 엄격한 골품제의 계급사회에서 소외받고 있던 하층민들에 대한 구원은 현세가 아닌 내세에 부처님의 세계로 왕생할 수 있다는 정토신앙이 가장 적합하였기 때문이다.

극락왕생은 아미타불에 대한 절대적인 신앙을 통해 가능하다. 『무량수경』에 의하면 중생이 극락왕생을 지극히 원하여 일념(一念)으로 부처님의 이름을 생각하거나 신심을 내면 오역죄(五逆罪)[52] 혹은 정법(正法)을 비방하는 죄인(罪人) 외에는 모두 불퇴전(不退轉)의 정정취(正定聚)에 머물게 된다고 하고 있다. 그리고 『관무량수경』에서는 이들 오역죄인에게까지 모두 극락왕생을 허용하고 있다.

원효의 정토사상에 관해서는 『무량수경종요』, 『아미타경소』, 『유심안락도』라는 3권의 저술들이 현존한다. 이들 저서에 의하면 우리가 살고 있는 예토(穢土)와 부처님의 국토인 정토(淨土)는 본래 한 마음으로 생사(生死)와 열반(涅槃)은 둘이 아니다. 예토와 정토가 본래 한 마음이지만, 한 마음의 본원으로 돌아가는 것은 쉽지 않다. 그러므로 석가모니부처님께서는 예토에서 가르침을 펴고, 아미타부처는 극락으로 중생을 인도한다는 것이다. 중생들이 서방 극락정토에로의 왕생을 원하면 누구나 다 왕생할 수 있다고 원효는 가르쳤다.

원효의 걸림 없는 자유자재한 정신과 행동은 또한 통일 전후 전란으로 지친 국민들을 위로하는 데 많은 도움이 되었다. 원효는 국민들에게는 화회(和會)와 총화(總和)의 정신을 진작시키고, 승려들에게는 그들의 오만함을 경계하여 뉘우치게 하였다. 그리고 국왕에

---

52) 오역죄는 오무간업(五無間業)이라고도 하는데, 부처님에게 피를 내는 것, 아버지를 살해하는 것, 어머니를 살해하는 것, 아라한을 해치는 것, 승단을 파괴하는 것이다.

게는 『금광명경소』의 「애왕경(愛王經)」을 인용하여 정치와 국민 교화법을 조언했다. 불교를 민중화시키려는 운동은 혜공, 혜숙, 대안에 의해서 진행되었지만, 원효도 이들을 이어서 불교를 민중화하고 활성화시키는 데 지대한 역할을 했다고 할 수 있다.

2) 신이한 행적

원효의 교화활동이나 행적에는 많은 신비스러운 이야기들이 소개되고 있다. 「고선사서당화상비」에는 원효의 신통력을 삼명(三明)[53]이라 표현하기도 한다. 『송고승전』에서는 원효의 신이한 행적을 다음과 같이 말하고 있다.

> 처음에 원효가 행적을 보인 것이 일정함이 없었으며, 사람들을 교화하는 것에 고정됨이 없었다. 혹은 소반을 던져 대중을 구하기도 하고, 혹은 물을 뿜어 화재를 진압하기도 하였으며, 혹은 여러 곳에서 형체를 나타내기도 하고, 혹은 모든 곳에 입멸할 것을 고하기도 하였으니, 배도(盃度)나 지공(誌公)의 무리와 같았다.[54]

여기서는 원효의 신이한 행적으로 소반을 던져 대중을 구한 일, 화재를 진압한 일, 여러 곳에서 몸을 나타내었다는 일들을 전하고 있다.

첫째, 소반을 던져 대중을 구했다는 척반구중(擲盤救衆)의 이야

53) 삼명(三明)은 숙명명(宿命明), 천안명(天眼明), 누진명(漏盡明)을 말한다. 숙명명은 과거의 인연을 아는 것이며, 천안명은 미래의 인연을 아는 것이고, 누진명은 모든 번뇌를 끊어 생사윤회를 벗어나 나는 것이다. 숙명통, 천안통, 누진통이라고도 한다.

54) 찬녕, 『송고승전』 권4, 730쪽 중.

기는 불광산 척판암(擲板庵) 등 여러 곳에서 전해지고 있다. 경남 양산군 장안면(현재 부산광역시 기장군 장안읍 장안리)에 있는 불광산 척판암(擲板庵)에 전해지는 이야기는 다음과 같다.

원효가 이 암자에 머물고 있었던 어느 날 저녁, 막 식사를 하려고 할 때 그의 혜안에 별안간 당(唐)의 한 큰 고찰이 무너지려는 위험이 비쳤다. 그 절에는 마침 천 명의 대중이 저녁 공양을 시작한 중이어서 그 대중들이 모두 압사당할 위기에 처해 있었다. 그 위기를 직감한 원효는 곧 밥상 위에 놓인 밥그릇을 얼른 내려놓고 급히 소반을 당의 고찰을 향해 던졌다. 당의 고찰에서는 천 명의 대중이 막 저녁 공양을 시작하고 있었는데 절 마당의 공중에서 이상한 소리를 내면서 빙빙 맴돌고 있는 물체가 있었다. 그것을 맨 먼저 본 공양주에 의해서 그 사실을 알게 된 천 명의 대중이 밥술을 뜨다 말고 모두 괴상한 광경에 이끌려 밖으로 몰려나왔다. 그러자 공중에 맴돌던 그 괴물체는 절 밖 초원에서 땅에 떨어질 듯하다가 다시 공중으로 치솟으면서 대중을 유인하여 갔다. 그 천 명의 대중이 절에서 좀 떨어진 초원에 이르렀을 때 천지를 진동하는 큰 소리가 났다. 대중들이 모두 돌아보니 절 건물이 완전히 내려 앉아 허물어져 있었다. 하마터면 천 명 모두가 죽을 고비를 넘긴 그들 대중은 등에 땀이 배었다. 그리고 마침 땅에 내려앉은 괴물체를 향해 몰려들었는데, 그 물체는 바로 나무 밥상이었고, 거기에는 "해동의 원효가 소반을 던져 대중을 구하노라(海東元曉擲盤救大衆)"라고 쓰여 있었다.

대중들은 그제야 모든 사실을 알고 해동 신라 쪽을 향해 무수히 절을 하며 감사하고 또 감사하였다. 그러는 사이 소반은 또다시 공중에 떠올라 서서히 동쪽을 향해 되돌아갔다. 그 천 명의 대중들도 소반이 떠나는 길을 따라 결국 원효가 사는 신라 땅까지 오게 되었다.[55]

원효가 당의 고찰이 무너지려는 것을 알고 소반을 던져 천 명의 대중을 구했다는 유사한 이야기는 여러 곳에서 전해진다. 「척판암사적비(擲板庵事蹟碑)」에서는 당나라의 담운사(淡雲寺)가 무너질 것을 짐작한 원효가 널 조각을 던져 그 절 상공에 나부끼게 하여 대중들이 나와 이상하게 보고 있는 사이에 절이 무너져서 천 명 대중의 목숨을 구하였기 때문에 척판암이라 한다고 하고 있다.[56]

또 「묘향산 척반대사적기(妙香山擲盤臺史蹟記)」에서는 신라 원효가 묘향산 척발대에서 수도하고 있었을 때 중국에 큰 불사를 짓고 있는 곳에 아홉 번 승려가 되고 아홉 번 환속한 사람이 그 불사의 증사(證師)로 참여하고 있어서 하늘이 죄를 내려 그곳의 땅을 함몰시키려는 것을 혜안으로 보게 되었다. 거기에 있는 대중들이 모두 땅속에 빠져 죽게 될 위험에 처한 것을 보고 원효가 소반을 던져 대중들을 구원하였다. 소반에는 "해동의 원효가 소반을 던져 대중을 구하노라(海東元曉擲盤救大衆)"라고 적혀 있었다. 그래서 정사(精舍)를 척반대라 편액(扁額)하게 되었다고 한다.[57]

양산 천성산(원효산) 내원사의 유래에 의하면 척판암(擲板庵)에 주석하던 원효가 당 태화사(唐太和寺)에 수도하던 천 명의 스님이 장마로 뒷산에 사태(沙汰)가 나서 몰사할 위기일발의 순간에 "해동원효척판구중(海東元曉擲盤救大衆)"이라고 쓴 큰 소반을 던져 참선하던 대중이 공중에 뜬 이상한 소반을 보고 일주문 밖으로 나와 공중을 쳐다본 순간 뒷산이 무너지고 사찰이 파괴되었지만 대중은 무사히 구출되었다고 한다.

이상의 이야기를 종합하면 불광산 척판암 이야기에서는 사찰이

---

55) 김영태, 「전기와 설화를 통한 원효연구」, 63쪽 재인용.

56) 김영태, 같은 논문 참조.

57) 김영태, 같은 논문 참조.

무너졌다고 하고, 「묘향산 척반대사적기」에서는 파계한 승려 때문에 하늘이 그를 징벌하기 위해 지반을 함몰시켰다고 하고 있고, 내원사의 유래에 관한 이야기에서는 산사태로 절이 무너졌다고 하고 있다. 사찰이 무너진 이유에 대해서는 내용을 달리하지만, 원효가 소반을 던져 대중을 구출했다는 것은 동일하다.

불광산 척판암 이야기에서는 천명의 대중이 원효를 흠모해서 신라에 왔다고 하고 있다. 당의 승려 천명이 원효를 흠모해서 신라로 왔다는 이야기도 또한 여러 곳에 전해지고 있다. 단석산 천탑암(千塔庵)의 설화에 의하면 원효에 의해 구출된 천명의 대중이 원효를 흠모해서 신라에 오게 되었는데, 그들이 머물던 곳이 단석산의 천탑암(千塔庵)이라고 하였다. 그리고 내원사의 유래에 의하면, 원효에 의해서 구출된 천명의 대중이 신라에 건너와 원효의 제자가 되었고, 원효는 이들이 수도할 곳을 찾았다. 그 때 원적산 산신령의 도움으로 절터를 찾아 그곳에 내원사를 창건하고, 당에서 온 천명의 승려들을 이곳에서 수도케 하였다고 한다. 절의 이름도 원래 멀리 당에서 천 명의 대중이 왔다 하여 내원사(來遠寺)라 하였다고 한다.[58] 원적산 산신령이 원효를 절터로 인도하고 사라진 곳에 산령각을 세웠기 때문에 내원사의 산신각은 법당 뒤편이 아닌 절 입구 앞쪽에 있다.

원효가 원적산의 상상봉에서 대중에게 『화엄경』을 강의하였기 때문에 그곳을 화엄벌이라 한다. 집북봉은 각 암자에 분산되어 있던 대중들에게 연락하기 위해서 산등성이 높은 곳에 큰 북을 설치하고 북을 울린 것에서 유래한다. 또한 산에 칡덩굴이 많아 대중이 칡덩굴에 걸려 넘어지므로 원효는 산신령을 불러 칡덩굴을 없애라

58) 내원사(來遠寺)는 현재의 내원사(內院寺)이다.

고 하였다고 한다. 현재 이 산의 칡넝쿨은 옆으로 뻗지 못하고 위로만 꼿꼿하게 자란다고 한다. 천 명의 대중 가운데 988명이 도를 깨달았다고 하여 원적산을 천성산(원효산)이라 한다. 즉 천성산(千聖山)이라는 명칭은 이 산에서 일천 명의 비구가 득도했다고 해서 붙여진 이름이다. 이와 유사한 전설로는 동래 금정산 화엄벌, 창녕 화왕산 관룡사 전설 등이 있다.

소반을 던져 천 명의 대중을 구했다는 이야기는 원효의 신통력을 나타낸 설화이지만, 당에서 천 명의 승려가 원효를 흠모하여 신라에 와서 가르침을 받았다는 내용을 나타내고 있다. 이 이야기를 통해 원효가 당에 간 적이 없음에도 불구하고 원효의 명성이 이미 당에 널리 알려졌고, 사상적으로도 큰 영향을 미치고 있었음을 알 수 있다.

둘째, 물을 뿜어 화재를 진압했다는 것은 「고선사서당화상비」에 다음과 같이 말해지고 있다.

> 어느 날 열심히 경을 강설하고 있다가 갑자기 물이 가득 담긴 병을 찾아 서쪽으로 뿌리면서 말하기를, 내가 당나라의 성선사(聖善寺)가 불에 타고 있음을 보고 (결락) 물을 뿜어 진화하였는데, 이 때 사용한 물웅덩이는 바로 고선사 원효화상의 방 앞의 자그마한 못이 바로 그것이다.[59)]

이 이야기는 고선사에서 경을 강설하던 원효가 당나라의 성선사에 불이 난 것을 알아채고 그쪽으로 물을 뿌려 불을 껐다는 이야기이다. 동일한 내용이 『송고승전』에서도 전해지고 있다.

---

59) 「고선사서당화상비」, 이지관, 『역대고승비문』, 신라편 1, 가산불교문화연구원 출판부, 1994, 51쪽.

셋째, 여러 곳에 모습을 나타내었다는 이야기는 「원효불기」에 나타나고 있다. 그것에 의하면 "또 일찍이 송사(訟事)로 인하여 몸을 백송(白松)으로 나누었다. 그 때문에 모두 위계(位階)가 초지(初地)라고 일렀다."[60]라고 하고 있다. 송사가 있었을 때 자신의 몸을 100그루의 소나무로 변신시켰기 때문에 그를 초지보살이라 했다는 것이다. 이 이야기는 『화엄경』에 초지보살이 되면 100삼매를 얻고, 100명의 부처를 볼 수 있으며, 100법문에 들어갈 수 있고, 몸을 100가지로 변화시킬 수 있다고 한 것에서 유래한다.[61] 원효가 자신을 100그루의 소나무로 변신시킬 수 있었다는 것은 그가 보살 십지(十地) 중 초지(初地) 단계에 올랐다는 것을 의미한다. 즉 원효는 초지보살로서의 무애자재한 대자유를 얻었다는 것이다.

이 외에 원효의 신이한 형적에 대한 것으로는 원효가 변산의 원효방에 머물고 있을 때 바위틈에서 샘물을 솟아나오게 하였다는 이야기가 있다. 이곳에는 원래 사포가 머물고 있었는데, 원효스님이 오자 그가 차를 다려 드리려고 하였으나 물이 없었다. 그런데 갑자기 바위틈에서 물이 솟아 나와 차를 다렸는데 젖과 같았다고 하였다.[62] 원효는 또 신라 문무왕 2년(662)에 나당연합군이 백제를 멸망시킨 뒤 고구려와 싸움을 할 때 당의 소정방이 송아지와 난새를 그려 김유신에게 작전암호로 보냈는데, 아무도 그 뜻을 해독하지 못해 난처해하는 것을 보고 "군사를 속히 귀환시켜라."는 뜻이라고 해석해 줌으로써 위기에 처한 신라 군사를 구했다고 한다.[63]

---

60) 『삼국유사』, 「원효불기」.

61) 『대방광불화엄경(60권본)』 23권, 대정 9, 545쪽 중.

62) 이규보, 『동국이상국집』, 권23.

63) 『삼국유사』, 「태종 춘추공」.

4 입적과 영향

원효는 신문왕 6년인 686년 음력 3월 30일 70세의 일기로 혈사(穴寺)에서 입적하였다. 이 내용은 「고선사서당화상비」에서 다음과 같이 기록되어 있다.

> 그 후 얼마 되지 않아 (결락) 혈사(穴寺)로 이주하여 주석하였다. 신묘(神廟)가 멀지 않으므로 신통을 나타내어 타방을 교화하다가 수공(垂拱) 2년(신라 31대 신문왕 6년, 686년) 3월 30일 혈사에서 입적하니 춘추 70세였다. 절 서봉에 임시로 감실(龕室)을 정하였다. 만선화상(萬善和尙)을 비롯하여 불법을 전수할 수 있는 자가 아홉 사람인데 모두 대사라는 칭호를 받았다.64)

원효가 입적한 혈사는 위치가 아직 확인되지 않고 있다. 『삼국유사』 「원효불기」 조에는 "혈사 근처에 설총의 집터가 있다."고 하고 있다. 설총이 경주나 그 인근에 살았음을 추정해 보면 혈사도 경주 인근에 있었을 것으로 추정된다. 원효의 법을 이은 제자로는 만선화상(萬善和尙)을 비롯하여 불법을 전수할 수 있는 제자가 9명으로 모두 대사(大師)의 칭호를 받았다고 하고 있다.

『삼국유사』 「동경흥륜사금당십성」 조에서는 원효가 입적한 후 신라 십성(十聖)의 한 분으로 추대되어 흥륜사 금당(金堂)에 모셔졌다고 하고 있다. 그리고 원효가 입적한 후 110년경 애장왕 때 「고선사서당화상탑비(高仙寺誓幢和上塔碑)」가 건립되었다. 원

---

64) 「고선사서당화상비」, 이지관, 『역대고승비문』, 51쪽.

효 입적 약 400년이 지난 때인 1101년에 고려 숙종(肅宗 6년)은 원효에게 화정국사(和靜國師)라는 시호(諡號)를 내렸다. 그리고 원효를 기념하는 국사비를 세우도록 하였으나 비와 비문은 모두 소실되었다.[65] 『동경잡기(東京雜記)』나 『동국여지승람(東國輿地勝覽)』에 의하면 고려 명종(1184~1190) 때에 분황사에 「화쟁국사탑비(和諍國師塔碑)」를 건립하였는데, 현재 그 일부만 남아 있다. 고려 대각국사 의천(義天, 1055~1101)은 원효를 대단히 존경하여 다음과 같은 시로 원효를 찬양하였다.

> 경을 근본으로 하여 논을 짓고 큰 뜻을 밝히니
> 그 공적은 마명(馬鳴), 용수(龍樹)와 같다.
> 우리와 같은 게으른 후학은 무식하여
> 오히려 동쪽 이웃집에 공자가 있어도 모르는 것 같네.

의천은 원효를 인도의 대보살인 마명과 용수에 비유하여 존경심을 표하고 있다. 원효는 또 진나보살의 후신으로 추앙된다. 일본인 순고(順高)의 기록에 의하면 인도 진나의 문도가 원효의 『십문화쟁론』을 인도에 가져갔다고 하고 있다. 진나는 인도의 불교논리학자로 진나보살로 불린다. 『삼국유사』에서도 원효를 지칭하여 "분황(芬皇)의 진나(陳那)"[66]라고 하여 진나보살의 화신이라 하고 있다. 이같이 원효를 인도의 진나보살과 연결지은 것은 원효가 유식학이나 불교논리학에 탁월한 견해를 가지고 있었기 때문이다. 실제 원효는 『인명론소(因明論疏)』, 『판비량론(判比量論)』, 『정리론(正理論)』, 『인명입정리론기(人明入正理論記)』 등의 인도

65) 『고려사』 제11권, 숙종 6년 참조.

66) 『삼국유사』, 「원종흥법염촉멸신」.

인식논리학 관련 저술을 남기고 있다.

원효 저술의 대부분은 당과 일본에 전해졌다. 특히 당에 영향을 많이 미친 것은 『금강삼매경론』, 『기신론소』, 『화엄경소』 등이다. 법장(法藏)은 징관에게 원효의 『기신론소』를 강의했고, 그의 『기신론의기』에 원효의 『기신론소』를 대폭 인용하고 있다. 원효의 『화엄경소』도 중국의 많은 화엄학자들에 의해 주목받고 그들의 저서에 인용되었다. 특히 화엄학자인 혜원(慧苑)은 원효를 찬양하여 "화엄업의 여러 스님들이 옛 저술에서 소초(疏抄)하면서 원효의 설을 인증하되 해동(海東)이라 칭하고, 그 이름을 적지 아니한다. 몸은 동이(東夷)에 있어도 그 덕은 당나라 땅을 덮었는데, 불세출의 위인이라 할 만하다."[67]라고 하여, 중국의 많은 화엄연구자들이 원효의 『화엄경』 해석을 인용하되 그를 존경하여 원효라 부르지 않고 해동이라 부른다고 하고 있다. 원효의 덕이 당나라를 덮었다는 말에서 당에 미친 원효의 영향력이 매우 컸음을 알 수 있다. 『송고승전』의 저자 찬녕(贊寧)은 신라에서는 원효가 만인지적(萬人之敵)으로 불린다고 하고, 도리에 정통하여 입신(入神)의 경지에 이르렀다고 하고 있다. 이외 혜원, 징관, 이통현 등 많은 중국의 학자들이 원효의 저서를 참고하여 인용하고 있다. 원효의 영향은 당을 거쳐 송(宋)대에 까지 미치고 있다.

원효가 일본에 미친 영향은 지대하다. 일본 고대문화의 전성기였던 나라(奈良)시대에 원효의 저서가 무릇 47종이나 서사(書寫)되었던 것을 보면 원효의 대부분의 저서들이 일본에 전해져서 연구되었던 것으로 볼 수 있다. 8세기에 등장하는 많은 일본의 불교학자들의 저서에는 원효의 학설이 인용되고 있어 그 영향력을 알 수 있

67) 김상현, 『역사로 읽는 원효』, 290쪽 재인용.

다. 원효는 일본에서 구룡(九龍)대사, 해동(海東)법사라는 명칭 외에도 원효보살, 원효성사, 진나보살의 후신 등으로 불러 원효를 보살의 대열에 올라간 성자로 보고 있다. 그리고 일본 고산사에서는 그를 대명신(大明神)으로 추앙하고 있다.[68]

5 저술

원효는 일생 동안 중관학(中觀學), 유식학(唯識學), 율(律), 정토(淨土), 화엄(華嚴), 열반, 논리학(論理學) 등 불교학 전반에 걸쳐 방대한 저술을 했다.[69] 원효의 저술 목록을 보면 그는 당시 전해졌던 거의 모든 경론에 대해 주석을 하고 있음을 알 수 있다. 원효의 저술 중 현재 완전하게 남아 있는 것은 15종이며, 8종은 일부분만 전해지고 있다. 현존하는 저서는 다음과 같다.

『대혜도경종요(大慧度經宗要)』 1권
『법화경종요(法華經宗要)』 1권
『금강삼매경론(金剛三昧經論)』 3권
『화엄경소(華嚴經疏)』 10권

68) 김상현, 같은 책, 292쪽~293쪽 참조.

69) 조명기는 원효의 저서를 98종이라 하고, 현존 서적을 20부 22권이라 하였다.(조명기, 『신라불교의 이념과 역사』, 경서원, 1982, 102쪽) 민영규는 78부 174권(민영규, 「新羅章疏錄」, 『백성욱송수기념불교학논집』, 1979, 353~360쪽), 고익진은 77종 149권 1편이 있고, 그중 23종이 현존한다고 하였다.(고익진, 『한국고대불교사상사』, 동국대학교출판부, 1989, 184쪽.)

『무량수경종요(無量壽經宗要)』 1권
『아미타경소(阿彌陀經疏)』 1권
『열반경종요(涅槃經宗要)』 1권
『미륵상생경종요(彌勒上生經宗要)』 1권
『해심밀경소(解深密經疏)』 3권
『범망경보살계본사기(梵網經菩薩戒本私記)』 1권
『범망경특범요기(梵網經特犯要記)』 1권
『보살계본지범요기(菩薩戒本持犯要記)』 1권
『보살영락본업경소(菩薩瓔珞本業經疏)』 3권
『대승육정참회(大乘六情懺悔)』 1권
『발심수행장(發心修行章)』 1권
『중변분별론소(中邊分別論疏)』 4권
『판비량론(判比量論)』 1권
『대승기신론소(大乘起信論疏)』 2권
『대승기신론별기(大乘起信論別記』 1권
『대승기신론소기회본(大乘起信論疏記會本)』 6권
『이장의(二障義)』 1권
『십문화쟁론(十門和諍論)』 2권
『유심안락도(遊心安樂道)』 1권
『미타증성게(彌陀證性偈)』 1편
『해심밀경소(解深密經疏)』

원효의 저술 중에는 『화엄경』과 『대승기신론』에 관한 저술이 가장 많다. 『화엄경』은 7부 15권을 저술했고, 『대승기신론』에 대해서는 8부 14권을 지었는데, 그 중 종요(宗要) 1권, 대기(大記) 1권, 료간(料簡) 1권은 전해지지 않지만, 소(疏) 2권, 별기(別記)

2권, 소기회본(疏記會本) 6권이 현존한다. 원효의 저서 중 후대에 가장 많은 영향을 미친 것은 『대승기신론소』와 『금강삼매경론』이다. 특히 『해동소(海東疏)』라고도 불리는 『대승기신론소』는 중국 화엄종의 완성자인 법장의 교학에 매우 큰 영향을 미쳤다. 그것은 법장이 부분적으로 원효의 소를 그대로 인용하여 『기신론의기(起信論義記)』를 완성한 것에서 알 수 있다. 이외에도 원효의 『이장의』, 『십문화쟁론』 등의 저술도 법장의 사상에 큰 영향을 미치고 있다.

원효의 현존하는 저서를 간략하게 그 내용을 소개하면 다음과 같다.

① 『열반종요』

종요(宗要)란 경전의 핵심을 잘 정리해서 요약한 것이란 의미이기 때문에 『열반종요』는 대승경전인 『대반열반경』의 핵심을 요약 정리한 것이다. 『대반열반경』은 소승경전과 대승경전 두 종류가 있다. 소승의 『대반열반경』은 석존이 열반할 때를 전후한 사정을 전하고 있는데, 비교적 역사적 사실을 기초로 하여 기록되어 있다. 여기서는 석존 입멸 후 교단의 의지처가 '법(法, dharma)'과 '자기 자신'에 있음을 밝혀 수행의 주체는 자기 자신임을 분명히 하고, 교단은 법과 율을 중심으로 운영할 것을 말하고 있다. 그리고 대승의 『대반열반경』은 붓다 입멸의 사실을 계기로 하여 붓다의 본질이 법신(法身)에 있음을 말하고 불신상주(佛身常主), 일체중생실유불성(一切衆生悉有佛性), 중도(中道), 일천제성불(一闡提成佛)을 주된 가르침으로 하고 있다.

원효는 대승의 『대반열반경』을 평하여 "지금 이 경은 불법(佛法)의 큰 바다이고, 방등(方等)의 비밀창고로 그 가르침은 측량하기 어렵다. 진실로 넓고 넓어서 끝이 없고, 깊고 깊어서 바닥에 이를 수 없다. 바닥에 이를 수 없기 때문에 다하지 않음이 없고, 끝이 없기 때문에 해당하지 않음이 없다. 여러 경전의 부분을 통합하여 온갖 흐름(萬流)을 일미(一味)에로 돌아가게 하고, 부처님의 뜻이 지극히 공정한 것임을 열어 보이어 백가(百家)의 서로 다른 쟁론(異諍)을 화해시켰다."[70]라고 하여, 이 경이 대승의 큰 가르침으로 경전의 서로 다른 모든 논의들을 하나로 통합하는 원리를 포함하고 있다고 말하고 있다. 즉 원효는 『대반열반경』을 부처님의 일생 동안의 법문을 총 정리한 것으로 가장 심오한 이론을 담고 있다고 본 것이다.

『열반종요』는 먼저 경의 대의(大意)를 설명한 후 전체 내용을 자세하게 분석하는 방법으로 서술하고 있다. 분석하는 부분은 다시 열반(涅槃)과 불성(佛性) 두 부분으로 나누어진다. 원효는 열반과 불성에 관한 다양한 논의들을 화회(和會)하여 열반과 불성의 본래 의미를 드러낸다. 먼저 경의 인연과 종지를 설명하고, 열반에 대해서는 열반의 번역, 열반의 체와 상, 열반의 허실, 열반의 종류, 열반의 덕 등에 대해 설명한다. 그리고 불성에 대해서도 마찬가지로 불성의 체성(體性), 불성의 인과(因果), 견성(見性), 불성의 유무 등에 대해서 논의하고, 마지막으로 여러 다른 견해들에 대한 회통을 시도하고 있다.

② 『미륵상생경종요』

『미륵상생경종요』는 십문으로 나누어져 있다. 첫째, 대의문에서는 경의 명칭, 둘째, 종치문(宗致門)에서는 종(宗)과 의치(意致),

---

70) 원효, 『열반종요』, 한국불교전서 1, 524쪽 상.

관행인과(觀行因果)를 말하고, 셋째, 이장시비문(二藏是非門)에서는 『미륵상생경』의 보살장, 성문장에 대해 설명한다. 넷째, 삼경동이문(三經同異門)에서는 상생경, 하생경, 성불경의 동이(同異) 문제를 다루고 있으며, 다섯째, 출신처소문(出身處所門)에서는 미륵의 하생 문제를 다루고 있고, 여섯째, 명출세시절문(明出世時節門)에서는 미륵이 어느 겁, 어느 시절, 어느 때에 세상에 나오는가에 대해 밝힌다. 일곱째 이세유무문(二世有無門)에서는 미륵이 출세하는 겁(劫)에 대한 문제를 말하고, 여덟째 삼회증감문(三會增減門)에서는 용화세계에서 3회 설법 때 교화하는 중생에 대해 말하고 있다. 아홉째 발심구근문(發心久近門)에서는 미륵과 석가와의 발심에 있어서 동시설과 전후설에 대해 설명하고, 열째 명증과전후문(明證果前後門)에서는 부처님의 성도에 대해 말하고 있다. 원효는 『미륵상생경』은 사람들로 하여금 생천(生天)하여 영원히 후퇴함이 없게 하는 도솔왕생을 핵심내용으로 하고 있다고 하였다.

③ 『법화경종요』

『법화경종요』는 『법화경』의 대의와 종지를 서술한 것이다. 『법화경종요』는 대의(大意)의 서술, 종지(宗旨)의 판별, 전용(詮用)의 밝힘, 제명(題名) 해석, 교(敎)의 소속, 문의(文義)의 해설이라는 6문으로 이루어져 있다. 대의의 서술에서는 삼승(三乘)이 모두 일승(一乘)으로 돌아감을 밝혀 일불승사상을 주장하였다. 즉 육도(六道)중생[71]과 태생(胎生), 난생(卵生), 습생(濕生), 화생(化生)의 사생(四生)이 모두 일도(一道)에 들어간다는 것이다. 종지의 판별에 있어서는 일승실상(一乘實相)으로 종지를 삼는다고 하고, 일

71) 육도중생이란 지옥(地獄), 아귀(餓鬼), 축생(畜生), 아수라(阿修羅), 인간(人間), 천(天) 등 윤회하는 중생을 말한다.

승실상에는 능승인(能乘人)과 소승법(所乘法) 두 가지가 있다고 하였다. 능승인은 삼승인, 사종성문, 삼계의 모든 사생(四生)이 모두 일불승에 탈 수 있고, 무성유정(無性有情)도 장차 성불할 수 있다고 하였다. 일불승인은 일체중생이 모두 다 부처님의 자식이라는 뜻이다. 그리고 삼승의 차별은 승(乘)의 차별이 아닌 인(人)의 차별이라고 하고 있다. 삼승을 말하는 것은 방편설이기 때문에 성문(聲聞), 연각(緣覺), 보살(菩薩)의 차별은 없고, 모두 일불승(一佛乘)에로 귀일한다.

소승법에는 일승리(一乘理), 일승교(一乘敎), 일승인(一乘因), 일승계(一乘界)의 4가지가 있다. 일승리는 일법계이며 그것은 법신, 여래장으로 평등한 일여상(一如相)이다. 일승교는 삼세제불이 말씀하신 모든 교설은 일불승에 이르기 위한 것이다. 일승인이란 증상만(增上慢)과 이승, 무성유정이 모두 성불의 인(因)이 될 수 있다는 것이고, 일승과에는 법신불의 본유과(本有果)와 보신(報身), 응화신(應化身)의 시기과(始起果)가 있다.

전용(詮用) 즉 경문의 묘용(妙用)을 밝히는 부분은 개권현실(開權顯實), 회삼귀일(會三歸一)의 의미를 밝히는 것으로 방편을 열어 진실상을 보이는 것이다. 제명(題名)을 해석하는 부분에서는 『묘법연화경(妙法蓮華經)』이라는 5자의 제호에 대한 설명을 하고 있다. 교의 소속을 드러내는 부분에서는 이 경이 불요의경(不了義經)이라는 견해와 요의경(了義經)이라는 두 주장에 대해 원효는 『법화경』의 가르침이 진실대승의(眞實大乘義)라고 하였다.

④ 『대혜도경종요』

『대혜도경종요』는 대의의 서술(述大意), 경의 종지를 드러냄(顯經宗), 제명의 해석(釋題名), 연기를 밝힘(明緣起), 판교(判敎),

소문(消文)의 6부분으로 되어 있다. 대의의 서술에서는 반야(般若)를 설명하고, 이를 실상(實相)이라 하였다. 실상은 상(相)이 없기 때문에 상 아닌 것이 없고, 진조(眞照)는 따로 밝다 할 것이 없기 때문에 밝지 않은 것이 없다. 반야는 모든 희론(戱論)을 단절하기 때문에 6바라밀의 실천이 원만하고 오안만덕(五眼萬德)[72]이 생성된다.

경의 종지를 드러내는 부분에서는 반야에 문자반야(文字般若), 실상반야(實相般若), 관조반야(觀照般若)의 3종류가 있음을 말한다. 그 중 실상반야(實相般若)를 종지로 하여 그것을 여래장이라 하고 여래장연기설을 설명한다. 제명의 해석에서는 마하(摩訶)를 대(大), 반야(般若)를 혜(慧), 바라밀(波羅密)를 도피안(到彼岸)이라 해석한다. 연기를 밝히는 부분에서는 이 경을 설한 큰 인연을 말하고, 판교(判敎)에서는 일체제법이 무생무멸하여 열반의 무자성성에 이르기 때문에 이 경을 구경료의(究竟了義)라고 하였다.

⑤『영락본업경소(瓔珞本業經疏)』

『영락본업경』은 『보살영락본업경(菩薩瓔珞本業經)』의 줄인 말인데, 출가수행자들이 지켜야 할 계율 즉 대승계(大乘戒)에 대해 말하고 있다. 『영락본업경소』는 원래 상, 중, 하 세 권으로 되어 있었지만 현재 남아 있는 것은 하권뿐이다. 따로 전해지는 서문에 의하면 이제중도(二諦中道)는 중현(重玄)의 법문으로 사람이 들어갈 수 없다. 유(有)에 집착하는 것은 이름(名)을 쫓는 것이고, 공(空)에 집착하는 것은 교문(敎門)을 배반하는 것이라 하고 있다.

---

72) 오안만덕(五眼萬德)의 오안은 육안(肉眼), 천안(天眼), 법안(法眼), 혜안(慧眼), 불안(佛眼)을 말한다.

⑥『무량수경종요』

『무량수경』은 『아미타경(阿彌陀經)』, 『관무량수경(觀無量壽經)』과 함께 정토삼부경을 형성한다. 『무량수경종요』는 대의의 서술, 종치(宗致)를 가려내며, 사람을 들어 분별하고(疑惑衆生), 글을 따라 해석한다(就文解釋)는 사문으로 구성되어 있다. 여기서 원효의 독창적인 정토사상을 볼 수 있는데, 마지막의 글을 따라 해석한다(就文解釋)는 부분은 상실되어 자세한 내용을 알 수 없다.

대의에서는 중생들의 심성은 융통무애하여 크기는 허공과 같고, 맑기는 큰 바다와 같다고 하였다. 허공과 같기 때문에 그 체(體)가 평등하여 차별상을 얻을 수 없어서 정토와 예토의 구별도 없다. 큰 바다와 같기 때문에 그 성품은 인연을 따르되 거스르지 않는다. 그러므로 동정(動靜)의 때가 있다. 예토와 정토는 본래 일심이며, 생사와 열반도 둘이 아니다. 그러나 근원으로 돌아가는 대각(大覺)은 공을 쌓은 후에야 이룰 수 있다. 원효는 이 경은 보살장교(菩薩藏教)의 격언(格言)이며, 부처의 불토인과(佛土因果)의 진전(眞典)으로 비밀스럽고 깊은 원행(願行)과 길고 먼 불과(佛果)의 공덕을 밝히고 있다고 하였다.

경의 종치(宗致)를 가리는 부분에서는 정토의 인과로 종체(宗體)로 삼고, 중생을 섭수해서 왕생케 하는 것을 목표로 삼는다. 종취는 과덕을 밝히고 인행(因行)을 드러내는 것으로 나눌 수 있다. 과덕을 밝히는 것에는 정·부정문(淨不淨門), 색·무색문(色無色門), 공·불공문(共不共門), 루·무루문(漏無漏門)의 네 가지 과덕이 있음을 말하고 있다. 정토인에는 성변인(成辦因)과 왕생인(往生因)이 있는데, 왕생인에서는 상중하배인(上中下輩人)의 3종류로 중생을 분류한다. 그리고 정토의 생인(生因)에 정인(正因)과 조인(助因)을 구별하고, 발보리심을 정인, 십념(十念)을 조인이라 하였다. 하배인의 십념(十念)에는 현료(顯了)와 은밀(隱密)이라는 2종류의 십념이 있다. 이중 은밀의 십념은 범부의 념(念)이 아니라고 하였다. 원효는 일상생활에 있어 선한 행위는 극락왕생의 조인이라 하였다.

⑦ 『아미타경소(阿彌陀經疏)』

『아미타경소』는 정토삼부경의 하나인 『아미타경』을 주석한 것이다. 이 책은 대의와 종치(宗致), 경문의 해석으로 이루어져 있다. 대의에서 중생의 심성은 성(性)과 상(相)을 여의어서 바다와 같고 허공과 같다고 하였다. 허공과 같이 때문에 동서의 처소가 없고, 바다와 같기 때문에 지켜야 할 성품이 없어 동정이 없다. 깨달음의 경지에서 보면 예토와 정토는 본래 일심이며, 생사와 열반도 둘이 아니다.

종치(宗致)에서 이 경은 삼계를 뛰어넘는 2가지 청정을 종으로 하고, 모든 중생으로 하여금 무상(無上)의 도에 들어가 물러나지 않게 하는 것을 의치(意致)로 한다고 하였다. 그리고 청정한 세계에 들어가기 위해 원만문(圓滿門), 일향문(一向門), 순정문(純淨門), 정정취문(正定聚門)의 4종문을 세우고 있다. 본문의 해석에 있어서는 의보(依報), 정보(正報)에 따른 14공덕과 4공덕을 설명하고, 정토에 들어가는 정인(正因)과 조인(助因)을 설명하는데, 발원이 정인이고, 염불을 조인이라 하고 있다.

⑧ 『보살계본지범요기(菩薩戒本持犯要記)』

『보살계본지범요기』는 원효가 수행의 진정한 의미를 찾고, 수행자들이 수행의 지침서로 삼기 위해서 저술한 것이다. 원효에 의하면 보살계(菩薩戒)는 생사에 유전하는 죄업을 돌리어 생사가 없는 절대의 부처의 경계로 들어가게 하는 것이다. 이 책은 경중문

(輕重門), 심천문(深淺門), 구경지범문(究竟持犯門)으로 나누어져 있다. 경중문(輕重門)은 총판경중(總判輕重)과 별현경중(別顯輕重)으로 나누어져 있는데, 총판경중문에서는 각종 보살계의 경중을 나타내고, 별현경중문에서는 유가(瑜伽)의 사종타승처법(四種他勝處法)의 자찬훼타계(自讚毁他戒)에 대해 상세하게 설명하고 있다.

경중문에서는 사자 몸속에서 사자를 파먹는 벌레와 같이 불교도 불교 내부의 해독(害毒)에 의해 파괴될 수 있음을 경계한다. 심천문은 계를 지키고 범하는 경우 그 죄의 얕고 깊음을 나타낸 것이다. 즉 계상(戒相)의 문(文)을 고집하는 것은 천(淺)이고, 그의 정신을 체득하여 무애에로 나아감은 심(深)이다. 구경지범문에서는 2가지 극단을 떠나 중도정견을 파악하여 지계해야 함을 말하고 있다.

⑨『범망경보살계본사기(梵網經菩薩戒本私記)』

『범망경(梵網經)』은 대승의 보살이 준수해야 하는 기본계율을 설명한 경전이다. 『범망경(梵網經)』의 원래 이름은『범망경노사나불보살심지계품(梵網經盧舍那佛菩薩心地戒品)』으로 112권 61품으로 이루어져 있다. 구마라집이 그 중 「심지계품」만을 번역하였는데, 이것을 『범망경(梵網經)』이라 한다. 범망(梵網)은 인다라 궁전에 있는 그물망의 보배구슬이 서로 중중무진(重重無盡)하게 비추어지는 것을 비유한 것이다. 『범망경보살계본사기(梵網經菩薩戒本私記)』는 원래 상, 하 2권이었지만 현재 하권은 남아 있지 않다. 상권에서는 대승보살이 반드시 수지(受持)해야 하는 삼취정계(三聚淨戒)와 계상(戒相)의 대의, 본체, 인과 등에 설명하고, 중죄가 되는 10가지 대계(大戒)를 설명하고 있다.

⑩『중변분별론소(中邊分別論疏)』

원효의 소는 원래 4권이었지만 현재 제3권만 남아 있다. 이것은 『중변분별론』 7품 중 제4 「대치품(對治品)」, 제5 「수주품(修住品)」, 제6 「득과품(得果品)」에 대한 해석이다. 「대치품」은 원시불교의 수행법이라 일컫는 37도품(三七道品) 즉 37보리분법에 대한 세밀한 해석으로 이루어져 있다. 「수주품」은 공위(共位), 불공위(不共位) 등 4종 18위에 대한 해설로 이루어져 있으며, 「득과품」은 과보를 얻는(得果) 상(相)을 나타낸 것으로 오과(五果), 십과(十果)의 차별을 설명하고 있다.

⑪『유심안락도(遊心安樂道)』

『유심안락도』는 원효의 정토사상을 알 수 있는 주요 작품으로 『관무량수경』의 핵심을 서술한 것이다. 이 책은 먼저 교법의 근본 이치를 설명하고, 극락세계의 소재, 극락세계에 대한 의혹, 극락세계에 태어나는 인연, 극락세계에 태어나는 중생의 품류(品類), 극락세계에로의 왕생, 극락세계에 대한 여러 의혹의 제거 등에 대해서 설명한다.

예토와 정토는 일심이며, 생사와 열반은 둘이 아니다. 아미타여래는 극락정토에 거주하면서 중생들을 거두어들여 태어나게 한다. 사바세계는 매우 악한 곳이므로 연(緣)에 따라 퇴전하지만, 극락은 순수하게 선한 곳으로 퇴전이 없다. 부처님의 국토는 원융하여 본래 동서가 없고, 일승에서 보면 극락세계가 화장세계에 포섭되지만, 삼승에서 보면 법성토(法性土), 실보토(實報土), 수용토(受用土), 변화토(變化土)로 구분된다. 부처님의 네 가지 지혜에 대해 의혹을 갖거나 불신하는 자는 극락세계에 화생(化生)할 수 없다.

극락정토에 왕생하기 위한 정인(正因)은 보리이며, 조인(助因)은

10념(念) 또는 16관(觀)이다. 또한 중생들을 9종류로 구분하고 그들의 극락왕생에 대해 설명하고 있으며, 미타정토와 도솔정토를 비교하여 그 우열을 말한다. 그리고 아미타불을 염하여 극락왕생을 원하면 즉시 아미타부처를 볼 수 있다는 자성미타(自性彌陀)를 말하고 있다.

⑫ 『대승육정참회법(大乘六情懺悔法)』

『대승육정참회법』은 불교에 처음 입문하여 수행하는 사람들을 위해 쓴 것이다. 우리들은 눈, 코, 귀, 입, 몸, 마음의 육정(六情)에 의한 번뇌에 의해 괴로워한다. 그러나 그것의 근원인 근본무명을 없애고 죄에 체성이 없음을 자각한다면 올바른 수행을 할 수 있다. 참회는 모든 부처님과 합일을 이루는 것이다. 그러기 위해서는 부처님에게 귀명하고 일체중생에게 자비심을 가져야 한다.

참회의 방법으로 4가지가 있다. 4가지 참회는 부처님의 자비에 의지하여 지극 정성으로 참회하되 이미 지은 죄는 깊이 뉘우치고, 아직 짓지 않은 죄는 짓지 않을 것을 부처님에게 맹세하는 것이다. 그리고 죄의 본성이 본래 생겨남이 없다고 하고, 나아가 본래 생겨남이 없는 것까지도 부정한다. 형식적인 참회가 아닌 실질적인 참회를 강조하고, 참회하는 자, 참회해야 할 죄업, 참회법 이 세 가지가 일치될 때 올바른 참회가 된다고 하였다.

⑬ 『발심수행장(發心修行章)』

불교 입문에 필수적인 것으로 출가의 이익 및 수행방법과 출가자의 마음가짐 등에 대해 말하고 있다. 부처와 중생의 차이, 인연에 따른 수행, 염불, 지계, 수행자의 자세, 금욕, 정진, 인과, 청빈 등에 대해 설명한다.

⑭ 『판비량론(判比量論)』

원효는 불교 논리학에 관해서도 뛰어난 능력을 보여 『인명론소(因明論疏)』, 『인명입정리론기(因明入正理論記)』, 『판비량론(判比量論)』 등을 저술했다. 이러한 저서로 인해서 원효는 인도 중기 대승불교의 대표적인 불교논리(因明) 학자인 진나(陳那)보살(480~540)의 후신으로 추앙받았다. 『판비량론(判比量論)』은 3장 중 현재 1장, 3장의 부분과 2장이 완전하게 남아 있다. 이 책은 원효 55세 때의 작품으로 추정된다. 전체적인 내용을 판단하기는 어렵지만 원효의 인식과 논리학에 관한 저술이다. 즉 자기 지식의 진리성을 정확하게 논증하기 위해 이 책을 저술하였는데, 현장의 『성유식론』의 내용을 논파의 대상으로 삼고 있다.

⑮ 『이장의(二障義)』

『이장의(二障義)』는 원효의 초기 저술로 여겨진다. 왜냐하면 현존 저술 가운데 『대승기신론소』, 『대승기신론소기회본』, 『금강삼매경론』, 『열반경종요』 등에 『이장의』가 인용되어 있기 때문이다. 이장(二障)은 번뇌를 대표하는 것으로 번뇌장(煩惱障)과 소지장(所知障)을 가리킨다. 그러므로 이 책은 원효의 번뇌론을 잘 알 수 있는 저서라 할 수 있다.

이 책의 내용은 이름을 해석함(釋名), 체를 나타냄(出體), 이장의 공능을 가려냄(辨障功能), 제문이 서로 포섭함을 밝힘(明諸門相攝), 번뇌의 치단을 밝힘(明治斷), 전체적으로 결택함(摠決擇)의 6문으로 되어 있다. 번뇌장과 소지장의 명칭에 대한 의리(義理)를 해석하여 번뇌의 근본 뜻을 밝히고, 번뇌의 체상의 내용을 현료문과 은밀문으로 나누어 설명한다. 번뇌의 공능에 대해서도 현료문과 은밀문으로 나누어 설명하고, 번뇌를 128종의 번뇌, 104혹(惑), 98

사(使) 등으로 나누어 설명한다. 또 이장을 단절하는 보살의 수행 방법과 수행위에 대해서도 설명하고 있다. 원효는 소승과 대승의 수행을 구분하고, 보살의 이타행만이 성불의 자량이 된다고 했다.

⑯ 『십문화쟁론(十門和諍論)』

『십문화쟁론(十門和諍論)』은 원효의 가장 핵심적인 저술로 여겨지지만 현재 일부만 남아 있다. 이 책은 원효의 통불교적 융합사상을 나타낸 것이다. 즉 불교의 여러 종파의 이론(異論)을 십문으로 정리하여 그것을 융합 화회시키고 있다. 서문에서는 "여러 가지의 서로 다른 이론이 분분하여 혹은 자기는 옳다고 하고, 다른 것은 그르다고 하는 단순한 이론만 횡행하고 있어 쟁론(諍論)이 강과 바다를 이루고 있다."라고 하고 있는데, 이 책은 강과 바다를 이룬 쟁론을 융합 화회시키고자 하는 의도에서 저술된 것이다.

⑰ 『화엄경소(華嚴經疏)』

원효의 『화엄경소』는 동진의 불타발타라(佛陀跋陀羅)가 번역한 『60권화엄경(六十卷華嚴經, 진역화엄경)』을 기반으로 하였다. 『화엄경소』는 원래 10권이었으나 현재 서문과 제3권만 남아 있다. 중국의 현수나 혜원의 저서에 인용된 것을 통해서 그 내용의 일부를 알 수 있다. 원효는 『화엄경』은 무장무애(無障無礙)의 가르침으로 생사가 곧 열반이고, 일법(一法)이 곧 일체법(一切法)이라 하였다. 그리고 중생이 들어갈 수 있는 법문은 일념(一念)에 불과하지만 근기에 따라 가르침의 깊고 얕음이 있다고 하였다. 제3권은 『60화엄경』의 제5「여래광명각품(如來光明覺品)」을 주석한 것이다.

⑱『해심밀경소(解深密經疏)』

『해심밀경소(解深密經疏)』는 현재 서문만 존재한다. 이 서문에 의하면 『해심밀경(解深密經)』은 부처님이 미륵보살에게 비밀스럽고 심원한 뜻을 해설한 것이다. 부처님의 도는 원만하고 현묘한 것으로 유위(有爲)와 무위(無爲)가 구별이 없고, 무생(無生)과 무상(無相)은 내외를 모두 포괄하여 그 두 가지의 얽매임에서 벗어나게 한다. 원효는 이 경은 삼장의 성교(聖敎)를 모두 다 망라하고, 4종의 도리를 모두 갖추고 있으며, 6바라밀을 상세하게 설명하고 있다고 하였다.

⑲『대승기신론소·별기(大乘起信論疏·別記)』

『대승기신론』은 인도의 마명(馬鳴, Aśvaghoṣa)보살이 저술했고, 진제삼장(眞諦三藏, 499~569, Paramārtha)의 번역(550년)과 실차난타(實叉難陀, Śikṣānanda)의 번역이 있다. 그리고 지개(智愷), 담연(曇延), 혜원(慧遠), 지엄(智嚴) 등의 주석 등 중국, 한국, 일본에서 약 300여 종이 넘는 주석서들이 제작되었다. 그 중 혜원(慧遠, 523~592)의 『대승기신론의소(大乘起信論義疏)』, 원효의 『대승기신론소』, 법장(法藏, 643~712)의 『대승기신론의기(大乘起信論義記)』를 3대 소(疏)라 한다.

혜원의 소는 원효의 소에 비해 내용이 철저하지 못하며, 법장의 소는 원효의 소를 근본으로 하여 상당 부분에서 원효의 장의 분류와 해석을 거의 그대로 답습하고 있다. 원효는 『대승기신론』에 대해서 8부 14권을 지었는데, 현재까지 전해지는 것은 『대승기신론소』 2권, 『별기(別記』 2권, 『대승기신론소기회본』 6권 등이다. 원효의 『대승기신론』에 대한 연구는 이후 신라 학자들에게 많은 영향을 미쳐 수많은 연구서들이 나오게 된다. 원효는 신유식과 구유식을 회통하고 조화하는 입장에서 『대승기신론』을 해석하고 있다.

『대승기신론』은 인도에서 전개된 대승불교의 여러 사상 조류가 집약되어 도달한 하나의 사상적 종착점이라고도 할 수 있다. 『대승기신론』을 내용으로 분석하면 일심(一心), 이문(二門), 삼대(三大), 사신(四信), 오행(五行)으로 구성된다. 대승(大乘)에 대한 올바른 신념을 생기게 하는 근본은 중생심(衆生心) 혹은 일심(一心)이다. 이것은 모든 인간의 본성이 이미 깨달음의 완성에 도달한 붓다와 동일하다는 것이다.

『대승기신론소』의 구성은 종체(宗體)를 나타내고, 제명(題名)을 해석하고, 글에 따라 뜻을 나타내는 부분으로 이루어져 있다. 글에 따라 뜻을 나타내는 부분은 귀경(歸敬)과 술의(述意), 논의 체(體)를 정립하는 부분으로 나누어지고, 논의 체를 정립하는 것은 인연분(因緣分), 입의분(立義分), 해석분(解釋分), 수행신심분(修行信心分), 권수이익분(權修利益分)으로 구성된다.

일체의 차별은 오직 망념에 의한 것이다. 이 망념을 떠난다면 일체법은 평등하다. 깨달음과 미혹은 모두 일심(중생심)의 내용으로 말해진다. 그리고 현실에 있어 미혹의 생존으로부터 최고의 깨달음에 도달한 각자(覺者)의 입장에 이르는 일체의 생존자에게 보여지는 여러 가지 마음의 존재 방식이 일심이문으로 설명된다. 심진여문에서는 여실공(如實空), 여실불공을 설명하고, 심생멸문에서는 아뢰야식의 각(覺)과 불각(不覺), 훈습 등 염정연기(染淨緣起)를 말하고 있다. 마음의 있는 그대로의 진실의 세계(心眞如)와 마음이 현실에서 여러 가지로 전개하고 있는 세계(心生滅)는 본래 서로 떨어질 수 없는 동일한 마음의 존재 방식이다. 이것을 일심이라 한다.

⑳ 『금강삼매경론』

『금강삼매경론』의 저술 유래에 대해서는 『송고승전』에 매우 상세하게 나타나 있다. 신라 왕비의 머리에 악성 종기가 생겼는데, 의사들이 고칠 수 없었다. 왕과 왕자, 신하들이 산천의 신령한 사당에 기도를 드려도 고칠 수 없어 왕이 사신을 선발하여 바다를 건너 당에 들어가서 그 치료 방법을 찾게 하였다. 사신이 바다를 건너는 중 남쪽 바다 가운데에서 한 노인이 나타나 사신을 용궁으로 인도해 갔다. 용왕의 이름은 검해(鈐海)였다. 용왕이 사신에게 너희 나라 왕비는 청제(靑帝)의 셋째 딸인데, 왕비의 병을 의탁해서 용궁에 예전부터 전해지고 있던 『금강삼매경』을 유포하고자 한다고 하였다. 그리고 용왕은 대안(大安)대사가 이 책을 순서대로 정리하고, 원효법사가 주석을 지어 강설하게 하면 왕비의 병이 나을 것이라고 하였다. 용궁에서 얻어 온 경을 대안대사가 8품으로 정리하고, 원효에게 가져가 주석을 달게 하였다. 원효는 "이 경은 본각(本覺)과 시각(始覺)의 두 가지 깨달음을 종지로 삼고 있습니다. 나를 위하여 소가 끄는 수레를 준비하여 책상을 두 뿔 사이에 두고 붓과 벼루를 놓아 주십시오."라고 하고, 소가 끄는 수레에서 주석을 지어 다섯 권을 만들었다. 황룡사에서 설법하기로 한 날에 주석서를 도난당했기 때문에 다시 3일 만에 세권을 만들었다. 이것을 『약소(略疏)』라고 한다.[73)]

경전을 용궁에서 가져왔다는 이야기는 인도의 나가르주나(용수보살)가 용궁에서 대승경전을 받아가지고 왔다는 이야기와 유사한데, 이 이야기는 『금강삼매경』이 신라에 출현하였다는 것을 의미한다. 원효는 처음 저술한 『금강삼매경소』 5권을 도난당하고 다

73) 찬녕, 『송고승전』, 730쪽 중.

시 『약소(略疏)』 3권을 지었는데, 이것이 현재 전해지는 『금강삼매경론』 3권이다. 원효가 소의 수레에 탔다는 것은 대승을 의미하며, 소의 두 뿔은 이 경이 본각(本覺)과 시각(始覺)을 종지로 함을 상징한 것이다. 이 책은 황룡사에서 강설되었고, 왕과 신하, 승려, 속인들이 모두 크게 감화를 받았다고 한다. 원효가 이 논서를 강설하면서 "예전에 백 개의 서까래를 고를 때에는 비록 그 모임(百高座)에 참석하지 못했으나, 오늘 아침 한 개의 들보를 놓는 곳에서는 나만이 할 수 있구나."라고 하였는데, 원효의 이 말은 당시 전통과 권위에 사로잡혀 자만심에 빠져 창조적 발전을 거부하던 신라 불교계에 대한 질타의 소리였다고 할 수 있다.

『금강삼매경소』가 중국에 전해지자 중국의 학자들은 이것을 보살의 저술이라고 평가하여 논(論)으로 고쳤다고 한다. 중국의 학자들은 인도에서 보살로 불리는 승려의 저술을 논이라 이름 붙였는데, 한역 불교권의 저술 중 소(疏)를 논(論)으로 고친 예는 원효의 저술뿐이다. 그리고 『금강삼매경』에 대해서는 오직 원효의 주석서만이 남아 있다. 『금강삼매경론』에는 일심(一心), 일미(一味), 화쟁(和諍)사상, 실천 수행도 등이 모두 언급되어 있어 『대승기신론소』와 더불어 원효사상을 이해하는데 매우 핵심적인 저서라 할 수 있다. 여기서는 일심의 원리 외에 실천의 원리인 일미관행(一味觀行)에 대해서도 말하고 있다.

『금강삼매경론』은 대의의 서술(述大意), 경의 종지 설명(辯經宗), 제목의 해석(釋題名), 글의 뜻풀이(消文義)로 이루어져 있다. 글의 뜻을 풀이하는 부분은 다시 서분(序分), 정설분(正說分), 유통분(流通分)으로 나누어지는데, 정설분은 「무상법품(無相法品)」, 「무생행품(無生行品)」, 「본각리품(本覺利品)」, 「입실제품(入實際品)」, 「진성공품(眞性空品)」, 「여래장품(如來藏品)」, 「총지품(總持品)」으로 구성되어 있다. 「무상법품」에서 「여래장품」까지는 관행(觀行)을 나타내고, 「총지품」은 의심을 총괄하여 해소한 것이라 할 수 있다. 「무상법품」에서는 모든 상(相)을 깨뜨리기 위한 무상관(無相觀)을 설명한다. 「무생행품」에서는 증익변(增益邊)을 여의게 하기 위해 무생(無生)이라 하고, 손감변(損減邊)을 여의게 하기 위해 행이라고 하였다. 「본각리품」에서 보살은 중생이 본래 적정하여 본각인 것을 깨닫고 중생을 이익되게 한다고 하고, 「입실제품」에서 실제는 허망을 떠난 궁극적인 것으로 한계가 없으며, 이입(理入)과 행입(行入)은 들어감이 없는 들어감이라 하고 있다. 「진성공품」에서 진여는 모든 공덕과 모든 수행의 덕을 갖추고 있는 본성 즉 진성(眞性)으로 그것은 모든 명칭과 개념을 초월하기 때문에 진성공이라 한다고 하였다. 「여래장품」은 무량한 법과 일체의 행위가 여래장 가운데 돌아가지 않음이 없다고 하고 있다. 원효는 이러한 모든 내용은 궁극적으로는 일미관행(一味觀行)으로 돌아간다고 하고 있다.

<분황사 모전 석탑 : 분황사는 634년(선덕왕 3년)에 건립된 사찰로 원효스님이 이곳에 주석하면서 많은 저서를 남긴 곳이다. 또한 원효 입적 후 설총이 아버지 원효의 소상을 만들어서 모셔둔 곳이기도 하다.>

6 원효의 사상

원효 불교사상에는 호국적 경향이 없고, 순수 교학적이다. 또한 원효는 회통적(會通的) 융합불교를 주장하고 있다. 당시 신라 불교계의 사상적 경향은 유(有)와 공(空) 즉 유식(唯識)사상과 중관(中觀)사상, 그리고 진(眞 : 출세간)과 속(俗 : 세간)의 대립이 심화되고 있었다. 원효는 당시 불교계의 이러한 교학적(教學的) 대립을 해소하려고 노력하였는데, 그것은 그의 많은 저서에서 일반적으로 나타나고 있다.

원효가 당나라 구법여행을 가던 중 깨달은 것은 마음 밖에 따로 법이 없다는 일심사상이다. 일심은 불교의 근본 가르침이다. 원효는 이 일심의 원리로 불교의 모든 모순과 갈등을 해소하려고 하였다. 원효에 있어 일심은 모든 불교사상 체계의 근거일 뿐만 아니라 제법의 근거이기도 하다. 그의 화쟁사상의 근거도 이 일심이다.

1) 원효의 교판론과 일승설

(1) 교판론

원효가 활동했던 시대의 한국불교는 각 종파들이 자기 종파의 경론(經論)에 집착하여 상호 대립이 심화되고 있었다. 원효는 불교의 교학을 대승(大乘)과 소승(小乘), 공(空)과 유(有), 성(性)과 상(相)이라는 서로 모순되고 대립되는 가르침으로 보는 것은 붓다의 가르침에 대한 잘못된 이해에 기인한다고 본다. 그래서 그는 이러한 이론들을 융화(融和)하고 회통(會通)시켜 일불승(一佛乘)에로 귀일(歸一)시키려고 하였다. 원효의 이러한 입장을 화쟁사상이라 하며 그 이론적 근거가 된 것은 일심(一心)사상이다.

원효의 화쟁사상은 각종 불교이론의 대립과 모순을 붓다의 근본 정신으로 되돌리려는 것이다. 그것은 그의 방대한 저술 전편에 담겨져 있다. 특히 『십문화쟁론』은 그 완결편이라 할 수 있다. 원효의 화쟁사상은 불교 교판론에 있어서도 나타난다. 원효는 여러 종파에서 주장하고 있는 교판론의 시시비비(是是非非)를 가려 각종 경전에 대한 부분적이고 단편적인 이해를 타파하고, 각 경전이 모두 붓다의 진의를 담고 있는 요의설(了義說)임을 입증하려고 하였다.

교판(教判) 즉 교상판석(教相判釋)은 석가모니부처님의 설법을 체계적으로 연구하기 위한 것이다. 즉 중국의 각 종파에서 부처님의 설법의 시기, 방법, 형식, 의도, 내용의 구별 등을 통해 자기 종파의 교리와 수행이 부처님의 뜻과 말씀에 가장 계합하는 것이라고 주장하기 위한 이론이다. 여기에는 자기 종파에 대한 우열(優劣)과 심천(深淺)의 의식이 내재하고 있다. 즉 교상판석은 수많은 불교경전에 대한 가치판단을 한 것이라 할 수 있는데, 이것은 경전 성립의 역사적 사실과는 일치하지 않는다.

중국불교에서 교판론의 기원은 분명하지 않다. 구마라집이나 보리유지가 일음교(一音教)를 주장하였다는 기록이 있는데, 본격적인 교판이론은 구마라집 문하의 혜관(慧觀, 353~423)에 의해서 제기되었다. 그는 돈(頓)과 점(漸)의 2교판을 세웠다. 이후 천태 지의(智顗)는 오시팔교(五時八教)[74]의 교판설을 주장했는데, 그의 『법

---

74) 오시팔교(五時八教)는 중국 천태종의 교판(教判)으로 오시는 화엄시(華嚴時), 아함시(阿含時), 방등시(方等時), 반야시(般若時), 법화열반시(法華涅槃時)이고, 팔교

화현의(法華玄義)』에서는 남삼북칠(南三北七)의 십사(十師)의 교판론이 소개되고 있다. 그리고 법장은 오교십종(五教十宗)[75]의 교판설을 주장하였다.

원효의 현존하는 저서 중에 교판론이 남아 있는 것은 『대혜도경종요』, 『법화종요』, 『열반종요』 등이다. 『화엄경소』에도 4종 교판론이 있었다고 한다. 원효 교판론의 목적은 당시 주장되고 있던 여러 교판논쟁을 화해 융합하여 일미(一味)로 귀일시키려는 것이었다. 이러한 작업을 위해 원효는 경전의 가치 분석에 대한 여러 이설(異說)들을 모두 열거하고, 그러한 주장에는 각기 그럴만한 이유가 있다고 하여 모두 긍정하지만, 한 가지 뜻에 집착하게 되면 모두 다 그르다고 부정한다. 그리고 다시 그것을 회통시켜 각 경전의 말씀이 부처님의 뜻(佛意)에 어긋나지 않음을 말하고 있다.

원효는 부처님의 일대 교설을 삼승별교(三乘別教, 『연기경』), 삼승통교(三乘通教, 『반야경』, 『해심밀경』), 일승분교(一乘分教, 『영락경』, 『범망경』), 일승만교(一乘滿教, 『화엄경』)로 나누는 4종 교판설을 주장하였다. 그는 법공(法空)에 의해서 별교와 통교를 구분하고, 보법(普法)에 의해서 일승을 분교(分教)와 만교(滿教)로 구분하였다. 보법은 일체법이 대소(大小), 촉사(促奢), 동정(動

는 화의(化儀)사교와 화법(化法)사교로 나누어진다. 화의사교는 가르침의 방법에 따른 것으로 돈교(頓教), 점교(漸教), 비밀교(秘密教), 부정교(不定教)이고, 화법사교는 가르침의 성격에 따른 분류로 장교(藏教), 통교(通教), 별교(別教), 원교(圓教)가 있다.

75) 오교십종(五教十宗)은 중국 화엄종의 교판이다. 오교는 소승교(小乘教), 대승시교(大乘始教), 대승종교(大乘終教), 돈교(頓教), 원교(圓教)이다. 십종은 5교의 내용을 교리상에서 분류한 것으로 아법구유종(我法俱有宗), 객법아무종(客法我無宗), 법무거래종(法無去來宗), 현통가실종(現通假實宗), 속망진실종(俗妄眞實宗), 제법단명종(諸法但名宗), 일체개공종(一切皆空宗), 진덕불공종(眞德不空宗), 상상구절종(相想俱絶宗), 원명구덕종(圓明具德宗)을 말한다.

靜), 일다(一多)의 네 가지 범주에서 상입상즉하는 광탕무애(廣蕩無碍)한 세계이다. 즉 일체법의 상대적인 특징이 무장(無障) 무애(無碍)하게 연기하는 세계가 바로 보법이다. 보법의 세계는 누구에게나 열려져 있는 세계이다. 그렇기 때문에 여래장을 가지고 있는 중생들은 모두 깨달아 부처가 될 수 있다.

원효는 일승분교와 일승만교를 구분하는 기준점을 보법(普法)의 유무에 있다고 하였다.[76] 일승분교는 보법을 성취하기 위해 수행과 계행(戒行)을 강조한 것이고, 일승만교는 보법의 완성을 의미한다. 보현행원의 완성은 바로 여래장을 가지고 있는 일체 중생이 모두 부처가 된다는 것을 의미하는 것으로 일승과(一乘果)의 성취이다. 다시 말하면 보법이 모든 중생들로 하여금 일승을 성취하여 불과(佛果)를 이루게 하기 위한 것이라면, 일승분교에 속하는 『영락경』이나 『범망경』은 깨달음에 이르기 위한 수행의 과정에서 매우 중요한 역할을 하는 경전이고, 일승만교에 속하는 『화엄경』은 깨달음의 세계 즉 법계를 설명하는 것이다. 그리고 보현행원은 그러한 깨달음의 세계로 나아가는 구체적인 행원을 제시한 것이다.

원효의 교판론은 중국의 종파불교와 같이 자기 종(宗)의 우월성을 주장하기 위해서 세운 것은 아니다. 즉 원효는 교판론의 체계 안에서 모든 경전을 가치 서열적으로 분류하려 한 것은 아니었다. 원효에 의하면 각 경전은 그 나름대로의 가치를 가지고 있으며, 모두 붓다의 깊은 뜻을 담고 있어 중생들로 하여금 깨달음에 이르게 한다고 하였다. 붓다의 일미(一味)의 가르침은 중생들의 인연과 근기에 따라 말해졌을 뿐 거기에 어떠한 구별도 없다. 붓다의 모든 가르침은 중생들을 깨달음으로 이끄는 일승의 가르침일 뿐이다. 그

76) 표원, 『華嚴經文義要決問答』 권4, 한국불교전서 2, 385쪽 중.

러므로 교판에 의해서 경전의 가치를 판단하는 것은 잘못된 것이다. 이러한 입장은 원효가 하나의 종파에 얽매이지 않는 탈종파적인 입장을 보여주는 것이라 할 수 있다.

다시 말하면 원효의 교판론의 목적은 여러 교판논쟁을 화해 융합하여 화쟁함에 있다. 원효는 경전의 가치 분석에 대한 여러 이설(異說)과 상반론(相反論)을 모두 열거하고 그것을 회통시켜 각 경전의 말씀이 부처님의 뜻에 어긋나지 않음을 밝히려고 하였다.

(2) 일승설

원효는 여러 교판론을 비판하고 그것을 일승설로 화쟁시키고 있다. 『법화종요』에서 원효는 "시방 삼세의 모든 부처님이 처음 성불한 때부터 최후의 열반에 들기까지 그 사이에 말씀하신 일체의 언교(言敎)가 다 일체지지(一切智地)에 이르게 하지 않음이 없다. 그러므로 모두 일승교(一乘敎)라 이름한다."[77]라고 하여, 일체의 교의는 일불승(一佛乘)을 목표로 하고 있다고 하였다. 그러므로 공(空)과 유(有), 돈(頓)과 점(漸) 등의 불교의 모든 쟁론은 어리석은 자의 허망한 집착일 뿐 붓다의 모든 가르침은 일승교이기 때문에 무량승(無量乘)이 모두 일승(一乘)이 된다고 하였다. 즉 모든 경론과 대승, 소승의 가르침이 모두 다 일승이 된다는 것이다. 원효는 이러한 일승설의 근거를 삼승이 일승으로 돌아간다는 『법화경』의 회삼귀일(會三歸一)사상에서 찾고 있다.

이같이 원효는 어떤 특정한 경론에 편집(偏執)되지 않고 일체의 교의를 모두 융합하여 일불승(一佛乘)에로 귀결시키려고 하였다.

---

77) 원효, 『법화종요』, 한국불교전서 1, 488쪽 하.

부처님의 일미(一味)의 가르침은 중생들의 인연과 근기에 따라 설법되었을 뿐이기 때문이다. 삼승이 일승으로 귀일한다는 이론은 『금강삼매경론』의 다음과 같은 설명에서도 보인다.

(경) 비유하면 강(江), 하(河), 회(淮), 해(海)가 대(大)와 소(小)가 다르고, 심(深)과 천(淺)이 다르고, 명(名)과 문(文)이 구별되기 때문에 물이 강 가운데 있으면 강수(江水)라 이름하고, 물이 회(淮) 가운데 있으면 회수(淮水)라 이름하고, 물이 하(河) 가운데 있으면 하수(河水)라 이름한다. 함께 바다에 있으면 오직 바닷물이라 이름하는 것과 같이 법도 또한 이와 같아서 함께 진여에 있으면 오직 불도(佛道)라고 이름한다.

(논) 강, 하, 회라는 것은 삼승행(三乘行)에 비유하고, 바다는 불도(佛道)에 비유한 것이다. 대소(大小)가 다르다는 것은 삼승의 마음의 넓고 좁음이 같지 않음에 비유한 것이고, 심천(深淺)이 다르다는 것은 삼승의 지혜의 우열에 다름이 있음을 비유한 것이다. 앞의 두 가지 뜻에 따라서 그 이름이 각기 다르다. 함께 바다에 있으면 오직 바닷물이라고 이름 하는 것은 그 삼승이 똑같이 십지(十地)의 법공진여(法空眞如)에 들어가면 오직 불도(佛道)라 이름하고, 삼승의 이름은 없어짐에 비유한 것이다. 삼승의 차별의 행(行)이란 것은 모두 지전(地前)의 방편도 가운데 있는 것이어서 끝내 진여의 정관(正觀)에 들어가지 않음이 없음을 반드시 알아야 한다. 그러므로 삼승은 마침내 따로 돌아갈 것이 없기 때문에 모든 교법은 똑같이 일미에 들어간다.[78]

강(江), 하(河), 회(淮)가 육지에 있을 때는 독자성을 가지지만 바다에 들어가면 모두 바닷물이라는 하나의 이름으로 불린다. 마찬가

78) 원효, 『금강삼매경론』, 660쪽 중.

지로 성문 연각 보살이라는 삼승의 가르침은 모두 붓다의 방편으로 궁극적으로는 일불승(一佛乘)으로 이끄는 것이다. 즉 붓다의 가르침은 불도(佛道)인 일승일 뿐이다. 방편을 통해서 여래장을 갖고 있는 모든 중생들을 일승으로 이끌 수 있다.

원효는 일승을 능승인(能乘人)과 소승법(所乘法)으로 구분한다. 능승인(能乘人)은 일체 중생을 말하는데 여기에는 3승의 행을 닦는 사람이나 무성종성(無性種性)까지 모두 포함된다. 이들은 모두 불성이 있어 부처가 될 수 있다.

> 삼승행인(三乘行人), 사종성문, 삼계에 있는 사생중생(四生衆生)이 모두 다 일불승을 타는 사람으로 모두 다 불자(佛子)이며 보살로 모두 불성이 있기 때문에 장차 부처의 지위에 이를 수 있다. 무성유정도 모두 부처를 이룰 수 있다.[79]

그리고 소승법(所乘法)은 일승리(一乘理), 일승교(一乘教), 일승인(一乘因), 일승과(一乘果)로 구분된다. 일승리(一乘理)는 곧 일법계이며 법신으로 여래장이다.[80] 일체 중생은 모두 여래장이 있기 때문에 부처가 됨에 있어 차별이 없다. 그럼에도 불구하고 모든 부처님이 삼세의 차별을 말씀한 것은 지(地)의 차별일 뿐 승(乘)의 차별이 아니며, 인(人)의 차별일 뿐 승(乘)의 차별은 아니라고 하였다. 왜냐하면 여래의 법신과 여래장신은 일체중생에게 평등하게 갖추어져 있기 때문이다. 일승교(一乘教)는 붓다의 모든 가르침이 중생들을 모두 부처의 지위에 이르게 하기 위한 것이라는 의미이다. 그러므로 일체중생 즉 삼승을 제도하기 위한 가르침은 일승교로

79) 원효, 『법화종요』, 488쪽 상.
80) 원효, 『법화종요』, 488쪽 중.

귀결된다.

일승인(一乘因)에는 성인(性因)과 작인(作因)이 있다. 성인(性因)은 일체중생이 가지고 있는 불성이 삼신과(三身果)의 인(因)이 되는 것이고, 작인(作因)은 범부(凡夫), 내도(內道), 외도(外道), 도분(道分), 복분(福分) 등의 일체의 선근(善根)이 모두 똑같이 성인(聖人) 무상보리(無上菩提)에 이르지 않음이 없는 것이다. 일승과(一乘果)에는 본유과(本有果)와 시기과(始起果)의 두 종류가 있다. 본유과는 본래의 법신, 여래장체를 말하고, 시기과(始起果)는 보신(報身)과 화신(化身)을 말한다. 보신의 보리(菩提)는 십지행(十地行)이 만족하여 열반(涅槃)을 증득한다는 것이고, 응화신(應化身)의 보리(菩提)는 중생들을 제도하기 위해 응현해야 하는 것에 따라 나타나는 것이다. 일승의 리(理), 교(敎), 인(因), 과(果)는 서로 상응하여 함께 한 사람을 운반하여 부처님의 지혜에 이르게 하기 때문에 이 네 가지를 일승법이라 한다. 그것은 마치 네 필의 말이 서로 상응하여 함께 하나의 수레를 운전하기 때문에 네 필의 말을 일승이라 하는 것과 같다.[81]

원효는 삼승이 곧 일승이며, 무량승이 곧 일승이라고 하였다. 성도에서부터 열반에 이르기까지의 일언일구가 모두 다 일불승이라면 그 가운데 대승과 소승, 성(性)과 상(相) 등 그 어떤 가르침도 서로 모순되거나 대립되지 않는다. 모순 대립되는 것으로 보이는 대승과 소승, 성과 상 등의 가르침은 모두 일승에 이르게 하는 방편의 가르침이다. 그러므로 이러한 교의에 대해서 시비를 논하기보다는 그렇게 주장하게 된 이유를 이해하게 되면 시비쟁론은 더 이상 필요치 않다는 것이 원효의 입장이다.

---

81) 원효, 『법화종요』, 490쪽 상.

2) 화쟁(和諍)사상

중국의 종파불교를 받아들인 신라의 불교는 하나의 경(一經)과 하나의 논(一論)에 집착하여 자신의 주장은 옳고 다른 주장은 그르다고 하는 대립이 심화되어 가고 있었다. 원래 붓다가 가르친 진리는 모든 상대적인 모순과 대립을 넘어선 것이다. 그런데 불교는 대승불교로 발전하면서 중관과 유식, 성(性)과 상(相) 등의 대립적인 양상을 나타내어 시시비비를 논하게 되었고, 그것이 중국에 전래되어 종파를 이루게 되면서 종파 간에 상호 모순과 대립이 더욱 심해지게 되었다.

원효는 이러한 현상을 "공공(空空)의 논설이 구름같이 일어나 혹은 자기들의 종파는 옳고 다른 이의 종파는 옳지 않다고 말한다. 혹은 자기들은 그러하다고 말하고, 다른 사람은 그렇지 않다고 말한다. 이러한 자기중심적인 편국(偏局)으로 결국에는 하한(河漢)을 이루게 되었다."[82]라고 하여 비판하고 있다. 또한 원효는 자기 의견을 따르면 옳고 자신과 견해가 다르면 그르다고 하는 것은 갈대구멍으로 하늘을 보는 것과 같다고 하여 그 편벽됨을 비판한다. 원효는 한 교조의 가르침이 이렇게 서로 대립되고 서로 다른 가르침이 될 수 없다고 보고, 붓다 가르침의 진의를 파악하여 붓다의 근본정신으로 되돌아갈 것을 주장했다.

그래서 원효는 불교의 모든 교학 즉 대승과 소승, 공(空)과 유(有), 성(性)과 상(相)이 서로 모순되고 대립되는 가르침을 상즉무애(相卽無碍)하고 융화회통(融和會通)한 일불승(一佛乘)에로 돌아가게 하려고 하였다. 많은 강과 하천이 각각 이름이 다르고, 물의

82) 원효, 『십문화쟁론』, 한국불교전서 1, 838쪽 상.

맛, 색깔, 탁도 등이 다르지만, 그것이 바다에 들어가면 모두 바닷물이라는 평등 일미(一味)의 물이 되는 것과 같이 갖가지 종파나 그들의 가르침은 모두 일미(一味) 불법에 들어간다는 것이다. 이같이 원효가 불교의 교학적 대립을 해소하기 위한 사상적 근거로 제시한 것이 화쟁(和諍)사상이며, 그 이론적 근거가 되는 것이 일심사상이다.

화쟁은 화쟁회통(和諍會通)의 줄인 말로 논쟁을 화해시킨다는 의미뿐만 아니라 각기 다른 학설의 이쟁(異諍)을 화해 조화시켜 붓다의 진의를 찾는 것을 말한다. 회통(會通)은 서로 다른 주장을 조정 화해함과 동시에 경전의 내용을 명확하게 해석하여 부처님의 가르침을 하나의 진리로 계합하는 것이다. 이쟁(異諍)은 자신이 근거로 하는 불교경전의 가르침이나 교설의 해석에서 나타난다. 원효는 이쟁(異諍)을 해소하기 위해서는 경전에 대한 분석을 통해서 어긋남이나 막힘을 해소해야 한다고 주장한다. 경전의 해석에 있어 주관적인 견해 없이 부처님이 말씀하신 진리에 계합해야 한다. 그러기 위해서는 종래 학자들이 주장하는 견해들을 모두 열거하고 그것을 비교하여 그 차이를 밝히고, 옳고 그름을 지적하여 부처님의 일미(一味)의 가르침에로 돌아가야 한다는 것이다. 원효가 그의 화쟁이론을 집대성한 것은 『십문화쟁론(十門和諍論)』이지만, 그 외 『열반종요』, 『금강삼매경론』 등 다른 저술에도 화쟁사상을 천명하고 있다.

원효는 『열반종요』에서 "지금 이 경은 불법(佛法)의 큰 바다이고, 방등(方等)의 비밀 창고로 그 가르침은 측량하기 어렵다. 진실로 넓고 넓어서 끝이 없고, 깊고 깊어서 바닥에 이를 수 없다. 바닥에 이를 수 없기 때문에 다하지 않음이 없고, 끝이 없기 때문에 해당하지 않음이 없다. 여러 경전의 부분을 통합하여 온갖 흐름(萬

流)을 일미(一味)에로 돌아가게 하고, 부처님의 뜻이 지극히 공정한 것을 열어 보이어 백가(百家)의 서로 다른 이쟁(異諍)을 화해시켰다."[83]라고 하여 『열반경』을 서로 다른 논의를 통합하는 원리를 포함한 화쟁의 경전으로 보고 있다. 『열반종요』에서 원효는 열반과 불성에 대한 다양한 논의를 화회하여 그 본래의 의미를 나타내고자 한다. 여기서 원효는 불성 여래장이 단순히 "부처가 될 수 있는 가능성"이란 의미에 그치지 않고, 여래장을 아뢰야식과 동일시함으로서 유식사상과 중관사상의 화회개념으로 사용하고 있다.

『화엄경소』에서 원효는 붓다가 가르친 진리는 편협되거나 국한되지 않은 보편적인 진리라 하여 무장무애(無障無礙)한 법계의 법문을 살피면, 법이 없으면서 법 아님이 없고, 문(門)이 아니면서 문(門) 아님이 없다. 거기에는 대소(大小), 촉사(促奢), 동정(動靜), 일다(一多)가 없다고 하였다.[84] 진리의 세계로 들어가는 가르침은 특정한 진리가 아닌 모든 것에 합당하며, 누구나 그 진리의 세계에 들어갈 수 있다는 의미이다. 그래서 진리의 세계는 대소, 부분과 전체, 시간, 공간적인 모든 상대성을 초월해 있다는 것이다.

『십문화쟁론』에서는 화쟁의 내용을 10문으로 분류하여 전개하고 있다. 그러나 애석하게도 원효의 『십문화쟁론』은 그 잔본만 남아 있다. 십문(十門)의 화쟁 이론 중 현재 공유(空有)의 쟁론(諍論)에 대한 화쟁론, 불성(佛性)의 유무(有無)에 대한 화쟁론, 그리고 아법이공(我法二空)에 대한 화쟁론이 확인되고 있다.

원효의 화쟁이론은 두 가지 이상의 대립된 학설을 열거하고 그 주장이 서로 위배되는 것이 아니라 각기 그럴만한 이유가 있기 때

83) 원효, 『열반종요』, 524쪽 상.

84) 원효, 『진역화엄경소서』, 한국불교전서 1, 495쪽 상.

문에 서로 화회(和會)될 수 있다는 논리로 전개된다. 즉 대립되는 주장에 대해서 각 주장의 부분적인 진리의 타당성은 인정한다. 그러나 전체적인 측면에서 보면 그것은 완전한 진리가 될 수 없다. 원효는 전체적이고 종합적인 입장에 서야 붓다의 진의를 알 수 있다고 주장한다. 예컨대 원효는 유(有)와 공(空)의 대립에 대해 이 유와 공의 입장을 모두 인정한다. 왜냐하면 양자의 차이는 현상이나 본질의 한 면을 주장하는 데서 생기기 때문이다. 진리는 이 양자를 융회했을 때 완전해진다는 것이 원효의 입장이다.

원효가 여러 쟁론을 화회시키면서 주로 사용하고 있는 논법은 그러하기도 하고 그러하지 않기도 하다(非然非不然)는 논리이다. 이것은 각 주장의 부분적인 진리의 타당성을 인정하지만 전체적인 측면에서 보면 또한 진리가 아니라는 것이다. 분석적 개체적 입장에서의 진리는 부분적으로 진리이지만 그것은 완전한 진리가 될 수 없다. 전체적이고 종합적 관점에 서야 붓다의 진의를 알 수 있다는 것이다.

불교이론에는 사구(四句)의 대립이 있다. 그것은 유(有), 무(無), 비유비무(非有非無), 역유역무(亦有亦無)이다. 유와 무 양자는 대립적이다. 이 양자를 부정한 것이 비유비무이고, 양자를 다 긍정하는 것이 역유역무(亦有亦無)이다. 이 사구 중 어느 하나만을 고집하게 되면 과실이 된다. 유에 편집(偏執)하면 증익방(增益謗)에 걸리고, 무에 편집하면 손감방(損減謗), 비유비무에 편집하면 상위방(相違謗), 역유역무(亦有亦無)에 편집하면 희론방(戱論謗)에 걸린다고 한다. 원효의 화쟁이론은 이 사구를 다 긍정하면서 또한 다 부정하는 데서 성립된다. 즉 유를 주장하면 그것이 옳다고 하고, 다른 사람이 공을 주장하면 그것도 옳다고 말한다. 또 비유비무를 주장하면 그것도 옳다고 하고, 역유역무를 주장하는 사람의 견해도 옳다고 말한다. 그러나 원효는 더 나아가 각자가 하나만을 고집하게 되면 다 그르다고 하였다. 이것은 그의 양시양비(兩是兩非)론으로서 이율배반적이면서 그대로 무애(無碍)의 원융론이라 할 수 있다. 근본적으로 유는 공과 다르지 않다. 편유(偏有)와 편공(偏空)의 집착에서 벗어나게 되면 붓다 교설의 진의를 알 수 있다는 것이다.

원효 화쟁사상의 근본취지는 자신들이 근거로 하는 경론에 집착하여 자신과 다른 주장을 폄하하거나 부정하고, 언어문자에 집착하여 붓다의 가르침의 진의를 왜곡하는 것을 붓다의 본래의 정신으로 귀일시키려는 것이다.

원효의 화쟁논리인 비연비불연(非然非不然)의 예를 『십문화쟁론』의 유(有)와 공(空)의 화쟁을 통해 살펴보자.

> 유를 허용하지만 공과 다르지 않다. 그러므로 비록 앞에서와 같이 증익(增益)은 아니다. 임시적으로 허용한 것이 유이므로 진실로 유에 떨어지는 것은 아니다. 이 허용된 유는 유에 떨어지지 않는 것이 아니기 때문에 비록 뒤에서와 같이(공과 같이) 손감(損減)은 아니다. 앞에서 말한 진실로 이 유라는 것은 공과 다르지 않는 유이다. 뒤에서 말한 유에 떨어지지 않는다는 것은 공과 다른 유에 떨어지지 않는다는 것이다. 이런 까닭으로 모두 허용되지만 서로 어긋나지 않는다.
>
> 그러하지 않는 것이 아니기 때문에 (유와 공) 모두를 인정한다. 그러나 또한 그러하지 않기 때문에 모두 허용하지 않는다. 여기서 '그러하지 않다(非然)'는 것은 '그러하다(然)'는 것과 다르지 않다. 비유하자면 마치 그 유는 공과 다르지 않은 것과 같다. 이런 까닭으로 비록 모두 허용하지 않는다. 그러나 또한 본래의 종지를 잃지 않는다. 이런 까닭으로 사구를 나란히 세우지만 모든 과실(增益, 損減, 相違, 戱論)을 떠날 수가 있다.[85]

여기서 원효는 유와 공을 함께 인정하는 것이 서로 위배되는 것은 아니라고 하고 있다. 유라고 해도 공과 다르지 않고, 공이라 해도 유와 다르지 않는 공이다. 그렇지 않는 것이 아니기 때문에 공과 유를 다 허용할 수 있고, 꼭 그런 것도 아니기 때문에 공과 유를 함께 허용하지 않는다. 그러나 함께 허용하지 않더라도 근본 종지는 잃지 않는다는 것이다.

유와 공에 대한 각기 다른 견해에 대해 원효는 여러 주장들이 다 진실이라고 하였다. 왜냐하면 이들 견해가 모두 경전에 근거한 것이기 때문이다. 원효는 한 문제에 대한 여러 이설(異說)과 상반론(相反論)을 모두 열거하고, 그러한 주장에는 각기 그럴만한 이유가 있다고 하여 다 긍정하지만 한 가지 뜻에 집착하게 되면 모두 다 그르다고 부정한다. 그 뒤에 다시 그것을 회통시켜 하나의 원리에로 귀일시킨다. 이러한 원리에 의하면 불교의 대승 소승 등의 모든 교의와 이론이 모순되거나 상반된다고 할지라도 화회하지 못할 것은 하나도 없다고 할 수 있다.

또한 원효는 화쟁의 다른 원리로 언어 문자의 집착에서 벗어나야 한다고 주장한다. 경전의 언어 문자에 대한 집착에서 벗어나 경전이 가르치고자 하는 본래의 의미를 보아야 붓다의 근본정신으로 귀일할 수 있다는 것이다. 원효는 법신이 편만하고 그래서 일체중생이 모두 성불할 수 있다고 하면서도 이승(二乘)이나 무정성(無情性)이 성불하지 못한다는 경론의 글을 어떻게 화회할 것인가? 라는 물음에 대해 "일승교(一乘教)에서 설한 모든 글은 모두 다 저 부정성(不定性)을 보호하기 위해서이다. 모두 방편이기 때문에 서로 어긋나지 않는다"[86]라고 하였다.

---

85) 원효, 『십문화쟁론』, 838쪽 상.

86) 원효, 『법화종요』, 494쪽 상.

원효의 입장은 붓다가 중생을 제도하기 위해서 방편으로 말씀한 것을 궁극적 진리로 잘못 파악해서는 안 된다는 것이다. 즉 경전의 말이라도 그것이 요의설인지 불요의설인지를 파악해야 한다는 것이다. 언어 문자에 집착하게 되면 붓다의 진의를 파악할 수 없기 때문에 언어 문자를 초월해야만 붓다의 진의를 파악할 수 있다. 원효는 언설에 의해서 언설이 끊어진 법을 보아야 한다고 주장한다. 언설로서 언설을 떠난 법을 문제 삼는 것은 손가락 끝을 보고 그것이 달이 아니라고 하는 것과 같다. 언설에 집착하게 되면 근본이치를 보지 못하게 된다고 하여 다음과 같은 비유를 들고 있다.

허공은 길고 짧은 것 등 모든 색(色)들과 구부려지고 늘어나는 모든 작용들을 다 수용한다. 만약 그 모든 색(色)과 색(色)들의 작용들을 모두 다 제거해 버리면 색 없는 허공이 드러나게 된다. … 허공이 길고 짧은 것 등의 색을 수용하는데, 수용된 색은 허공과 다르다. 그것은 마치 범부가 그릇되게 생각하고 분별하여 취한 변계소집의 제법이 비록 있는 것은 아니지만 공과 다르다고 계량하는 것은 허공의 색과 같다. 수용하는 일은 허공과 다르지 않지만 범부의 분별로는 알 수 없으니 마치 의타기상의 제법이 비록 진실로 있지만 허공과 다르지 않는 것과 같다. 변계소집성은 허공에 수용된 색(色)과 같이 본래 없는 것이지만 변계에 의해서 있기 때문에 허공과 다르다. 그리고 의타기상은 실유(實有)이지만 공과 다르다. 변계소집상은 의타기성을 의지하여 성립하는 것이 마치 허공이 응하는 바의 인연에 따라서 모든 색(諸色)을 수용하는 것과 같다. 보살이 만약 망상분별을 여의어 변계소집상을 없애게 되면 말을 떠난(離言) 법을 현조(現照)하게 된다. 그때 제법리언(諸法離言)의 상(相)이 나타나게 되는데, 마치 모든 색(色)을 제거할 때 그곳에 색을 여읜 허공이 드러나는 것과 같다.[87]

언설을 여읜 진리를 언설과 그릇된 망념 분별에 의한 희론에 따라 집착하는 것은 색이나 그 색의 작용에 의해서 허공의 상(相)이 숨은 것과 같다는 것이다. 일체의 언설이나 망령된 분별을 벗어나게 되면 진리를 볼 수 있다.

3) 일심(一心) · 여래장

원효는 불교교학에 대한 여러 쟁론의 인식적 토대를 모두 포용할 수 있는 원리를 일심(一心)이라 본다. 원효에 있어 일심은 중관사상과 유식사상의 사상적 대립과 갈등을 해소할 수 있는 이론이다. 원효는 마음의 청정성 즉 본체만 강조한 중관(中觀)사상은 모든 분별은 깨뜨릴 수 있지만 생기(生起)할 힘이 없고, 마음의 염오(染汚)한 면, 즉 현상만을 밝혀온 유식(唯識)사상은 생기(生起)의 능력은 있지만 분별을 깨뜨릴 수 없는 이론이라 보았다. 그러나 원효는 중관과 유식이 비록 대립적이지만 모두 중생의 마음을 대상으로 하고 있기 때문에 일심(一心)에 의해 두 사상체계를 하나로 통일시킬 수 있다고 보았다.

일심(一心)은 세간, 출세간의 모든 법을 포섭하지만, 염(染)과 정(淨)의 현실적인 모든 차별을 초월하고, 또한 심원(心源)에서 그것들을 포용하여 화합하고 있는 포괄적인 것이다. 일심(一心)은 본래 염정(染淨)과 진망(眞妄)이라는 일상적인 모든 차별의식을 넘어서 있다. 이같이 일심은 일체의 상대적인 대립을 초월해 있지만, 일심이라는 관념에도 한정되지 않는다. 또한 진정한 주체로서의 마음은 우리들의 인식의 대상이 아니다. 그렇다고 모든 분별을 떠나서 일

87) 원효, 『십문화쟁론』, 838쪽 중.

심이 따로 존재하는 것도 아니다. 즉 일심은 실체적인 관념이 아니다. 전체의 분별 활동 그대로가 일심에 의하고, 일심 그대로가 모든 분별 활동이다. 일심은 분별적 인식의 대상일 수 없으므로 객관적으로 정립될 수 없다. 『금강삼매경론』에서는 일심의 이러한 포괄적 성격을 다음과 같이 설명하고 있다.

> 하나가 아니지만 둘을 융합하였으므로 진(眞) 아닌 현상(事)이 일찍이 속(俗)이 된 것이 아니고, 속(俗) 아닌 이치(理)가 일찍이 진(眞)이 된 것도 아니다. 둘을 융합하였지만, 하나가 아니므로 진과 속의 본성이 세워지지 않음이 없고, 염과 정(染淨)의 현상(現相)이 갖추어지지 않음이 없다. 극단을 벗어났지만 중간이 아니기 때문에 유와 무의 법이 만들어지지 않는 것이 없고, 옳고 그름(是非)의 뜻이 두루 하지 않는 것이 없다. 그러므로 이에 파(破)함이 없지만, 파하지 않음이 없고, 세움이 없지만 세우지 않는 것이 없다. 이치라고 할 수 없는 지극한 이치(無理之至理)이며, 그러하다고 할 수 없는 큰 그러함(不然之大然)이라 할 수 있다."[88]

일심은 변치 않는 근원자이기 때문에 홀로 청정하고 진과 속을 융합하고 있는 것으로 해탈자의 마음이다. 일심은 머무름이 없기 때문에 나가고 들어감이 없어서 공(空)에도 유(有)에도 있지 않다. 또한 일심의 체는 본래 적정하여 있는 곳이 없다. 그러므로 일심은 양 극단을 떠나 자타(自他)가 평등하여 둘이 없는 것이다. 일심은 유와 무를 초월해 있으면서도 유와 무를 그 안에 융합시켜 포괄하고 있으므로 진과 속의 본성이 그대로 있고, 염과 정이 그 안에 포괄되어 있는 것이다. 유와 무, 염과 정, 진과 속 그 어느 것에도 집

---

88) 원효, 『금강삼매경론』, 604쪽 중.

착하지 않고, 그것들을 초월해 있으면서도 그것들을 다 포괄하고 있는 마음이 일심이다.

『대승기신론소』에 의하면 일심은 진여문과 생멸문으로 나누어진다. 심진여문은 모든 존재들의 공통되는 본질이다. 그리고 심생멸문에도 자체(自體)라는 자성청정한 본체가 있지만 그것은 항상 생멸적인 성질, 작용과 함께 하는 것이다. 원효에 의하면 중생심의 진여상은 그대로 대승의 당체(當體)를 나타내고, 심생멸은 우리들 현실의 생멸 인연상을 나타낸다. 심진여의 세계는 염법(染法)의 허망한 마음의 생각으로는 인식할 수 없는 모든 청정한 덕성을 완전히 갖추고 있는 진실의 세계이며, 차별 없는 세계로 모든 존재들의 공통되는 본질이다. 심생멸은 인연에 의해 현실에 전개되면서 세계 내에 여러 가지 현상적인 모습을 나타내는 것이다. 이같이 마음이 진여, 생멸의 두 가지 부분으로 나누어져 있지만, 그 전체는 동일한 한 마음이다. 즉 심진여문은 청정(淨)의 방면에서 마음을 설명하고, 심생멸문은 미혹의 방면(染)에서 마음을 설명하고 있는 것이다.

원효에 있어 일심 즉 중생들의 본성은 여래장이다. 여래장은 일체중생이 평등하게 소유한 것이다. 이 여래장은 일체법의 의지(依持)가 된다. 여래장이 일체법의 의지가 된다는 것은 여래장을 자성청정의 면으로만 보지 않고 심생멸의 입장에서 생멸의 근거로 보는 것이다. 여래장으로 생멸의 근거를 삼는다는 것은 결국 여래장을 유식의 아뢰야식설과 동일하다고 보는 견해이다. 원효가 여래장과 아뢰야식을 동일한 구도로 보려는 것은 우리들 마음의 이중구조인 진여문과 생멸문의 상이성을 해결하기 위함이었다. 여래장이 본래 불생불멸한 자성청정심인 것처럼 우리들의 본래의 마음은 진여와 다름없으며, 그것은 우리들이 궁극적으로 돌아가야 할 귀의처이다. 그러나 우리들의 현실의 마음은 항상 대상에 관여하여 작용하고 있다. 이것을 원효는 다음과 같이 말하고 있다.

> 일심을 여래장이라 한다. 왜냐하면 일체법은 태어남도 없고, 멸함도 없어, 본래 적정하여 오직 일심이므로 이것을 심진여문이라 한다. 그러므로 적멸을 일심이라 이름 한다. 또 이 일심의 체는 본각인데, 무명을 따라 움직여서 생멸을 짓는다. 그러므로 이 문에서 여래의 성품이 숨어서 드러나지 않는 것을 여래장이라 이름 한다.[89]

우리들의 마음의 본원은 진여이지만 그 마음은 인연 화합에 의해서 여러 가지 현상적인 모습들을 나타낸다. 즉 아뢰야식(마음)에 의해서 의(意, 제7식)와 의식(전6식)이 전변한다. 원효는 이 생멸과 함께하는 진여를 여래장이라 부르고, 이 여래장이 바로 아뢰야식이라 하였다.

여래장은 생멸하는 분별 망상의 모습이 진여를 숨기고는 있지만 드러나지 않는 것이다. 즉 여래장의 본래 성품은 항상 고요하여 움직이지 않는 자성청정한 것이지만, 그것은 항상 무명의 바람에 의해서 그 본성을 나타내지 못하고 생멸을 짓게 된다. 그러므로 생멸은 여래장에 의지한다고 말한다.[90] 이같이 여래장은 항상 무명과 함께 하고 있는 것이다. 이 무명의 힘에 의한 업식(業識)에 의해서 업상(業相)이 나타나 생멸을 일으킨다. 이런 의미에서 여래장은 일체법의 의지(依持)가 된다. 원효는 무명과 함께 하고 있는 여래장이 그 생멸의 현실을 전개시키는 것을 아뢰야식으로 설명한다.

원효에 있어 여래장은 진(眞)과 속(俗)이 둘이 아니기 때문에 중

---

89) 원효 『대승기신론 회본』 권1, 한국불교전서 1, 741쪽 상.
90) 원효 『대승기신론 회본』 권2, 745쪽 하.

생 모두가 하나로 돌아갈 곳이다. 그러므로 여래장은 생멸하는 현상세계 속에서 중생들이 성불할 수 있는 씨앗, 즉 성불의 가능성을 설명하는 원리가 된다. 원효는 아뢰야식을 생멸하는 주체와 그 가운데의 본체로 나누어서 그것을 전식(轉識)과 장식(藏識)으로 설명한다. 전식은 원래의 자성청정한 마음이 무명에 의해서 생멸을 일으키게 되는 것이고 장식은 아뢰야식의 본체를 말한다. 아뢰야식의 장식이 바로 불생불멸하고 자성청정한 여래장이다. 생멸심에 의해서 나타나는 현실적, 생멸적 존재들은 무명 그 자체가 본체가 없기 때문에 역시 본체가 없다. 아뢰야식은 생사가 없는 불생불멸의 자성청정한 면 즉 여래장과 생멸하는 칠전식(七轉識)이 함께 포함되어 있는 식이다. 이것은 각(覺)과 불각(不覺)의 관계로 표현된다.

우리들의 마음에는 불생불멸한 진여의 마음과 무명에 의해 생멸하는 마음이 있다. 불생불멸한 진여의 마음에 의해 일체법이 포섭될 수 있고, 생멸의 마음에 의해 일체법을 일으킬 수 있다. 이것을 각각 각(覺)과 불각(不覺)의 마음이란 한다. 각은 마음의 불멸성 즉 진여(眞如) 청정(淸淨)한 절대적 면을 의미한다. 그리고 불각은 마음의 생멸 즉 마음이 무명, 망념에 의해 상대적, 생멸적인 현상을 일으키는 것을 말한다. 그런데 이 각과 불각은 마음의 본체가 원래 둘인 것은 아니다. 단지 두 가지 뜻으로 마음을 이루고 있는 것이다. 마음의 생멸은 본각의 마음이 대상에 대해 움직임이 일어나는 것으로 그것은 무명의 바람에 의해 이루어진다. 이렇게 보면 생멸의 마음 즉 불각의 근원은 진여(본각)이다. 원효는 각과 불각의 이러한 관계를 물과 바람의 관계에 의해 설명한다. 고요한 물이 바람에 의해 움직여 물결이 일어나는 것과 같이 물과 물결은 본체가 하나이다. 우리가 불생멸(覺)과 생멸(不覺)을 이원적으로 보는 견해를 제거해 버리면, 생멸이 바로 불생멸의 진상(眞相)이 된다. 그래서 이러한 불생멸과 생멸이 함께 하는 마음의 상태를 설명하는 것이 아뢰야식이다.

그러면 생멸의 마음은 어떻게 본래의 불생멸의 마음으로 돌아갈 수 있는가? 그것은 시각(始覺)에 의해서 설명된다. 시각은 생멸심과 관계되는 것으로 수행에 의해서 지혜 광명의 공덕을 나타내는 각이다. 즉 시각은 무명에 의해서 일어난 망령된 마음이 수행을 통해서 심원(心源)에로의 깨달음의 경지로 나아가는 것이다. 그래서 이 시각은 불각(생멸)과 관계된다. 시각에 의해 완전한 깨달음을 얻은 것을 구경각(究竟覺)이라 한다. 구경각은 본각과 동일하다. 구경각에 이르는 시각의 단계는 범부각(凡夫覺, 不覺), 상사각(相似覺), 수분각(隨分覺), 구경각(究竟覺)이다. 이러한 수행의 단계를 통해 완전한 깨달음에 이르게 된다.

이같이 일심은 염과 정, 세간과 출세간의 모든 법을 포섭하며, 일체의 차별을 초월해 있는 것이다. 일체의 분별활동은 일심에 의하며, 일심 그대로 모든 분별작용이다. 또한 일심은 독립적인 실체가 아닌 주체로서의 마음이다.

4) 정토사상

신라에서는 미륵신앙과 아미타불신앙이 동시에 신앙되어 미륵의 도솔천 왕생이나 아미타불의 극락왕생신앙이 성행하였다. 더 나아가 신라인들은 자신들이 수행하여 현세에 미륵불이 되거나 아미타불이 되기를 염원하기도 하였다. 현세에서 부처가 된다는 것은 곧 신라 땅이 불국토가 된다는 것이다. 이것을 현실정토신앙이라 한다. 현실정토신앙의 구체적인 예는 달달박박과 노힐부득의 설화나 미륵이 신라의 화랑으로 현신하는 것 등에서 찾을 수 있다. 『삼국유사』의 「남백월 이성(二聖) 노힐부득과 달달박박」 조에 의하면 노힐부득은 미륵불, 달달박박은 아미타불을 칭념하며 수행하던 중 관음보살의 도움으로 각각 미륵불과 무량수불로 성불하고 있다.

> 노힐부득과 달달박박이 백월산 무등곡(無等谷)에 들어가 달달박박은 북쪽 사자바위를 점령하고 판자집 8척 방을 지어 판방(板房)이라 하고, 노힐부득은 동쪽 바위 밑 물가에 방장(方丈)을 짓고 뇌방(磊房)이라 하였다. 각각 암자에 주거하면서 노힐부득은 부지런히 미륵불을 찾고 달달박박은 아미타불을 염송하였다. … 성덕왕 8년 해질 무렵 나이 20세쯤의 용모가 매우 예쁘고, 화장 냄새가 코를 찌르는 듯한 한 낭자가 북쪽 암자에 이르러 유숙하기를 청하였다. … 달달박박이 "절이란 청정을 지키는 것을 근본으로 삼으니 당신이 가까이할 곳이 못됩니다. 빨리 가시오. 여기에 머물 수 없습니다."라고 말하고는 문을 닫고 들어가 버렸다. 낭자가 다시 남쪽 암자로 가서 똑같이 청하니 노힐부득이 "너는 어디서 이 밤중에 여기로 왔느냐?"고 물었다. 처녀는 "모든 것이 담연히 맑아 허공과 물이 같은 것인데, 어찌 가고 옴이 있겠습니까? 다만 현자께서 뜻이 심중하시고 덕행이 견고하시다기에 보리(菩提)를 도와드릴까 합니다."라고 말하였다. … 노힐부득이 듣고 놀라서 "여기는 부녀자가 더럽힐 곳이 아니지만, 중생의 뜻에 따르는 것도 역시 보살행의 하나인데, 하물며 깊은 산속 어두운 밤에 모른 채 할 수 있겠는가."라고 하고 암자로 맞아들였다. … 밤이 깊어지자 낭자가 "제가 불행하게도 방금 해산할 기미가 있으니 화상님은 거적이나 마련해 주시오."라고 하였다. 노힐부득이 가엾게 여겨 거역하지 않고 촛불을 밝혀 은근히 도와주었다. 낭자가 해산을 하고는 또 목욕하기를 청하니 노힐부득은 부끄럽고 두려운 마음이 들었으나 가엾은 생각이 더욱 간절하여 목욕통을 준비하여 낭자를 통 안에 앉히고 물

을 끓이며 목욕을 시켰더니 통 속의 물에 향기가 자욱하며 금빛으로 변하였다. 노힐부득이 크게 놀라자 낭자는 "스님도 여기에 목욕하시오."라고 하였다. 마지못해 억지로 목욕하니 홀연히 정신이 상쾌해지며 피부가 모두 금빛이 되고 그 옆에는 홀연히 연화대가 하나 있었다. 낭자가 "거기에 앉으시오"라고 하면서 "나는 관세음보살인데, 대사를 도와서 대보리를 이루게 하러 왔습니다."라고 하고는 온데간데없이 사라졌다.

달달박박은 노힐부득이 오늘밤 파계했으리라 생각하고 와서 보니 노힐부득이 이미 연화대에 앉아 미륵존불이 되어 빛을 발하며 몸이 금빛으로 되어 있었다. 달달박박이 놀라 머리를 조아리고 예경하며 "어째서 그렇게 되었습니까?"라고 하니, 노힐부득이 그 사연을 자세히 말하였다. 달달박박이 탄식하며 "나는 업장(業障)이 무거워서 당연히 성인을 만나고도 오히려 대우하지 못했는데, 대덕은 지금 현명하시어 나보다 먼저 득도하였으니 원컨대 옛날 연분을 잊지 말고 동사섭(同事攝) 해주시오."라고 말하였다. 노힐부득이 "통에 아직 물이 남아 있으니 목욕하시오."라고 하였다. 달달박박이 목욕하니 역시 무량수존상을 이루어 두 존상이 엄연하게 마주 앉았다.

… 신라 경덕왕 23(764년) 갑진 7월 15일에서야 절이 낙성되고, 다시 미륵존상을 조성하여 금당에 봉안하고 현판을 현신성도미륵지전(現身成道彌勒之殿)이라 하고, 또 미타존상을 조성하여 강당에 봉안하였다.91)

처자를 데리고 수행하던 노힐부득과 달달박박 두 사람이 집을 떠나 백월산 무등곡에 가서 노힐부득은 미륵불, 달달박박은 아미타불을 염송하며 열심히 수행하였다. 밤늦게 산을 찾아와 도움을 요

---

91) 『삼국유사』, 「남백월 이성 노힐부득 달달박박」.

청하는 여인에게 청정수행을 이유로 거절한 달달박박과는 달리 노힐부득은 자비심을 발휘하여 정성껏 도와준다. 관음보살의 화신이었던 이 여인의 도움을 받아 노힐부득이 먼저 미륵불이 되고, 노힐부득의 도움에 의해서 달달박박도 아미타불이 된다는 이야기이다.

두 수행자들이 모두 미륵불, 아미타불이 되었다는 것은 신라인들이 수행하여 현실에서 부처가 될 수 있다는 염원을 반영한 것이다. 이것은 신라가 바로 부처가 주처하는 땅이라는 의식을 나타낸 것이다. 즉 신라가 바로 불국토라는 것이다. 또한 우리가 살고 있는 이 현실세계가 바로 정토라는 현실정토사상이 나타나고 있다.

아미타불 신앙이 신라에 수용된 시기에 대해서는 분명치 않다. 신라에서 정토신앙이 성행하고 있었음은 원효, 경흥, 태현 등 많은 신라승들의 정토 관계 저서를 통해서 알 수 있다. 아울러 『삼국유사』 등에 나타나는 많은 정토신앙 관련 자료들도 신라에 정토신앙이 매우 성했음을 말해준다. 예컨대 『삼국유사』에 나타나고 있는 최초의 정토왕생 설화인 「광덕 엄장」조에 의하면 문무왕대에 이미 서방극락세계에로의 왕생을 원하여 아미타불을 염하고 16관을 닦던 수행자들이 있었음을 전하고 있다. 엄장의 극락왕생을 돕기 위해 원효가 삽관법(鍤觀法)을 지도했다고 하는데 그 내용에 대해서는 정확히 알 수 없다.

아미타불의 극락왕생신앙은 삼국시대 말기에 매우 성행하여 아미타불상이 조성되었는데, 7세기 초와 650년경에 조상된 것으로 추정되는 경주 배리석불 입상과 선도산 아미타삼존불이 대표적인 것이다. 이같이 7세기에 아미타불 신앙이 매우 성행하게 된 이유는 원효 등에 의해 나무아미타불을 염송하는 정토신앙이 민중들에게 크게 보급되었다는 점과 국가를 위해 전쟁에 동원되어야 했던 당시의 신라인들에게 그들을 죽음의 공포로부터 구원해줄 수 있는 신앙이 바로 아미타불 신앙이라고 생각되었기 때문이다.

원효는 일체중생이 모두 불성을 가지고 있지만, 무명에 의해 미혹하여 육도(六道)를 윤회하고 있다고 하였다. 그래서 미혹의 세계에서 벗어나지 못하고 있는 중생들을 구제하기 위한 보다 쉬운 불교신앙의 실천방법을 찾았다. 불교에서 해탈은 원래 자신의 힘과 노력에 의해 이루어지는 것이다. 그러나 현실적으로 자신의 능력에 의한 수행에 의해서 구원을 받기 어려운 중생들이 대부분이다. 이러한 중생들을 구원하기 위해서는 부처님의 자비의 힘에 의존하는 방법이 필요하다. 여기서 정토신앙이 등장하였고, 대표적인 것이 미륵의 도솔천 왕생신앙과 아미타불의 극락왕생 신앙이다.

정토계 경전 중 이른바 정토삼부경은 『불설무량수경(佛說無量壽經)』 2권, 『불설아미타경(佛說阿彌陀經)』 1권, 『불설관무량수경(佛說觀無量壽經)』 1권이다. 이들 경전에 따르면 50번째의 부처인 세자재왕여래(世自在王如來) 때 한 국왕이 여래의 설법을 듣고 나라를 버리고 사문이 되어 법장(法藏)이라 하였다. 법장은 중생제도를 위한 48가지 원을 세우고 수행한 결과 아미타부처가 되었고, 그가 세운 불국토를 극락이라 한다. 48원 중에는 극락에 왕생하고자 하는 누구든지 모두 인도하겠다는 것, 중생으로 하여금 아미타불의 이름을 듣고 발심 수행케 하여 깨달음에로 나아가게 하겠다는 것 등이 있다.

원효는 일반 민중들에게 칭념염불(稱念念佛)에 의한 극락왕생을 강조하였다. 극락세계는 보신불(報身佛)인 아미타부처님이 계시는 세계이다. 아미타부처님은 중생이 일념(一念)으로 나무아미타불을 염송하면 중생들을 극락세계로 이끈다. 즉 극락왕생 신앙이다. 이런 점에서 아미타불신앙은 미륵신앙보다는 훨씬 더 타력적(他力的)인 신앙이라 할 수 있다.

원효의 아미타신앙과 관련된 저서로는『무량수경종요』 1권, 『아미타경소』1권,『유심안락도』1권 등이 현존한다. 원효는『아미타경소』에서 『아미타경』은 중생들을 정토에 왕생하게 한다고 하고, 중생들이 정토에 왕생하게 되면 무상도(無上道)에서 불퇴전위(不退轉位)에 머물게 함을 근본 종지(宗旨)로 한다고 하였다. 그리고 중생심의 본성에서 보면 예토와 정토의 구별이 없고, 생사와 열반의 구별이 없다. 그러나 현실적으로 보면 중생은 미혹에 물들어 있어 깨달음을 얻기 어렵다. 그래서 부처님은 예토에 출현하여 중생들에게 정토왕생을 권하고 정토에서 삼배의 중생들을 인도하고 교화한다고 하였다. 『유심안락도』에서도 원효는 비구, 비구니, 우바새, 우바이, 불구자로부터 천룡, 야차 등의 8부에 이르기까지 단지 보리심을 내어서 오로지 아미타불을 염하고, 악한 예토를 싫어하고 즐거운 정토를 좋아하면 모두 극락세계에 왕생할 수 있다고 하였다.[92]

『무량수경』에서는 극락에 왕생하고자 하는 중생들을 근기에 따라 세 종류(三輩)로 나눈다. 상배자(上輩者)는 출가하여 사문이 되어서 보리심을 내고, 무량수불을 한결같이 전념하고, 모든 공덕을 닦아 그 나라에 태어나기를 원하는 자이다. 중배자(中輩者)는 사문이 되어 큰 공덕을 닦지는 못하더라도 마땅히 무상 보리심을 발하여 무량수불을 일향으로 전념하고, 다소의 선(善)을 실천하고, 재계(齋戒)를 봉지(奉持)하여 탑상(塔像)을 세우고, 사문을 공양하고, 회(繪)를 걸고 등(燈)을 밝히며, 산화소향(散華燒香) 등으로 회향(回向)하여 그 나라에 태어나기를 원하는 자이다. 하배자(下輩者)는 모든 공덕을 짓지 못하더라도 마땅히 무상 보리심을 발하여

---

92) 원효,『유심안락도』, 한국불교전서 1, 577쪽 하.

일향으로 전념(一向專念) 내지 십념(十念)이라도 무량수불을 염하여 그 나라에 태어나기를 원하는 자이다.[93]

원효는 『무량수경종요』에서 삼배(三輩) 중생들의 극락왕생의 인(因)을 말하고 있다. 상배(上輩)의 왕생인은 첫째, 집을 떠나 욕심을 버리고 사문이 되어 수행하여 보리심을 내며, 부처님을 오로지 생각하고, 모든 공덕을 짓고, 그 국토에 태어나기를 원하는 것이다. 중배(中輩)의 왕생인은 비록 사문이 될 수는 없지만, 무상보리심을 내어 오로지 부처님을 생각하고, 다소라도 선을 닦고, 그 국토에 태어나기를 원하는 것이다. 그리고 하배의 왕생인에는 두 종류의 중생이 있다. 첫째, 부정종성인(不定種性人)은 모든 공덕을 짓지 못하더라도 무상보리심을 내어서 십념이라도 부처님을 오로지 생각하고, 그 국토에 태어나기를 원하는 것이다. 둘째, 보살종성인(菩薩種性人)은 깊고 깊은 법을 듣고 환희하여 믿고 즐거워하며, 일념이라도 부처님에 대해서 생각하고, 지극한 마음으로 그 국토에 태어나기를 원하는 것이다.[94] 원효는 삼배자(三輩者)가 각각 원한다면 임종시에 아미타불을 만나 왕생을 얻을 수 있다고 하였다.

극락왕생에는 정인(正因)과 조인(助因)이 있는데, 정인은 보리심이요, 조인은 하배(下輩)의 십념(十念)이다.[95] 그런데 이 십념에도 은밀의(隱密義)와 현료의(顯了義)가 있다. 은밀의는 초지 이상의 보살에게 해당되는 것이다. 현료의의 십념은 하품 하생자의 어떤 중생이 오역(五逆) 십악(十惡)[96]을 지어 모든 불선(不善)을 지녔어

93) 『무량수경』, 대정 12, 272쪽 중~하.

94) 원효, 『무량수경종요』, 557쪽 하~558쪽 상.

95) 원효, 『무량수경종요』, 558쪽 상~중.

96) 오역(五逆) 십악(十惡) : 오역은 불교의 가장 큰 중죄로 살모(殺母), 살부(殺父), 살아라한(殺阿羅漢), 출불신혈(出佛身血), 파화합승(破和合僧)을 말한다. 십악은 살생(殺生), 투도(偸盜), 사음(邪淫), 망어(妄語), 기어(綺語), 악구(惡口), 양설(兩

도 임종시에 선지식(善知識)을 만나 칭불(稱佛)하는 설법을 듣고 지극한 마음으로 나무아미타불을 칭(稱)하면 그 칭명(稱名)의 공덕으로 온갖 생사의 죄를 없애 임종 후 왕생을 얻게 된다고 한다.

원효는 서방극락정토는 여래의 원력에 의해 이루어진 국토라고 하고, 그 국토는 아미타부처님이 중생을 제도하기 위한 이타적 국토이며, 특히 중하근의 중생들을 구제하여 무상도를 얻도록 하는데 목적이 있다고 하였다. 그런데 극락정토에 왕생하기 위해서는 중생의 보리심이 근본적인 원인이지만 십념의 구칭염불(口稱念佛)이 조인이 된다고 하여 적극 권장하고 있다.

불교는 그 시대 모든 민중에게 진정한 인간 해방에 이르는 구원의 가르침이 되어야 한다고 원효는 주장한다. 원효는 이러한 구원의 가르침에 가장 적합한 것이 정토신앙이라고 생각하였고, 이를 토대로 중생 구제 활동을 강조하고 있다.

7 관련 자료

원효의 생애에 대한 자료는 「고선사서당화상탑비(高仙寺誓幢和上塔碑)」, 『삼국사기』 권46, 「설총전」, 『삼국유사』 권4, 「원효불기」, 「화쟁국사탑비(和諍國師塔碑)」, 『신편제종교장총록』, 『송고승전』 등이 있다.

舌), 탐욕(貪欲), 진에(瞋恚), 우치(愚癡)의 10가지 악업을 말한다.

1)『삼국유사』「원효불기(元曉不羈)」

성사(聖師) 원효(元曉)의 세속의 성은 설씨(薛氏)이다. 조부는 잉피공(仍皮公) 또는 적대공(赤大公)이라고도 한다. 지금 적대연(赤大淵) 옆에 잉피공의 사당이 있다. 아버지는 담날내말(談捺乃末, 奈末 즉 奈麻로 신라의 17관등의 제11위이다.)이다. (원효는) 처음에 압량군(押梁郡)의 남쪽 불지촌(佛地村)의 북쪽 율곡(栗谷)의 사라수(娑羅樹) 아래에서 태어났다. 그 마을의 이름은 불지(佛地인데, 혹은 발지촌(發智村, 속언에 弗等乙村이라 한다.)라고도 한다.

사라수는 속언에 "스님의 집이 본래 이 골짜기 서남쪽에 있었다. 그 어머니가 임신하여 만삭이 되어 이 골짜기의 밤나무 아래를 지나가다가 황망 중에 해산하여 매우 급하여 집으로 돌아가지 못하고 남편의 옷을 나무에 걸어놓고 그 속에서 쉬고 있었기 때문에 이 나무를 사라수라 하였다고 한다." 그 나무의 열매도 보통의 것과는 달라서 지금도 사라율(娑羅栗)이라 부른다. 예부터 전하기를, 옛날에 절의 주지가 절의 종 한 사람에게 하루 저녁 끼로 밤 두 개씩을 주었다. 종이 관청에 호소하자 관리가 이상하게 여겨 그 밤을 가져다 조사를 하였더니 밤 한 개가 한 바루(鉢)에 가득하였다. 이에 도리어 한 개씩만 주라고 판정하였다. 이런 이유로 율곡이라 이름하였다.

스님은 이미 출가하여 그 집을 희사하여 절로 삼고 초개사(初開寺)라 하였다. 나무(사라수) 옆에 절을 지어 사라사라고 하였다. 스님의 행장(行狀)에 서울 사람이라 한 것은 돌아가신 할아버지를 따른 것이다.

당(唐)나라 『승전(僧傳)』에는 본래 하상주(下湘州) 사람이라 하였다. 살펴보건대 인덕(麟德) 2년 사이에 문무왕이 상주(上州)와 하주(下州) 땅을 나누어 삽량주(歃良州)를 두었는데, 지금 창령군(昌寧郡)이다. 압량군(押梁郡)은 본래 하주의 속현(屬縣)이며 상주는 지금 상주(尙州)로 상주(湘州)라고도 한다. 불지촌은 자인현(慈仁縣)에 속해 있는데, 곧 압량(押梁)에서 나누어진 것이다.

스님의 아명(兒名)은 서당(誓幢)이고, 집에서의 이름은 신당(新幢)(당은 속언에 털(毛)이라 한다.)이다. 처음 어머니가 유성(流星)이 품에 들어오는 꿈을 꾸었는데, 그로 인하여 태기가 생겼다. 장차 해산하려고 할 때에는 오색구름이 땅을 덮었으니 진평왕 39년이었고, 대업(大業) 13년 정축(丁丑, 617년)이다. 태어나서는 총명함이 남달라서(穎異) 배움은 스승을 따르지 않았다. 그의 사방으로의 행적의 시말(始末)과 홍통(弘通)의 뛰어난 발자취는 당의 『전기』와 『행장』에 모두 기재되어 있으므로 모두 기재할 수는 없다. 오직 『향전(鄕傳)』에 한두 가지 기이한 일을 기록한 것이 있다.

스님이 일찍이 어느 날 상례를 벗어난 행동(風顚)으로 거리에서 노래를 부르기를, "누가 자루 빠진 도끼를 빌려주겠는가? 나는 하늘을 떠받치는 기둥을 찍어 내겠다.(誰許沒柯斧 我斫支天柱)"라고 하였다. 사람들은 모두 깨닫지 못하였다. 그 때 태종이 그것을 듣고 "이 스님이 아마 귀부인을 얻어서 어진 자식을 낳고자 하는 것인데 나라에 큰 현인(大賢)이 있으면 이로움이 크지 않겠는가!"라고 하였다. 그 때 요석궁(瑤石宮)<지금의 학원(學院)이다.>에 과부가 된 공주가 있었다. (무열왕은) 궁의 관리에게 원효를 찾아 궁으로 데리고 들어오라고 명하였다. 궁의 관리가 명을 받들어 장차 찾으려고 나섰을 때 (원효는) 이미 남산에서 와서 문천교(蚊川橋)<사천(沙川)인데, 속언에는 년천(年川)이라고 하고, 문천이라고도 한다. 또 다리 이름을 유교(楡橋라고도 한다.>를 지나다가 그를 만났는데, 일부러 물 속에 떨어져서 옷을 적셨다. 관리가 스님을 궁으로 인도하여 옷을 벗겨 말리고 유숙(留宿)시킴으로 인해서 공주가 과연 잉태하여 설총(薛聰)을 낳았다. 설총은 나면서부터 총명하고 예민(睿敏)하여 경사(經史, 경서와 사기)에 널리 통달하여 신라 십현(十賢) 중의 한 사람이 되었다. 방음(方音, 우리나라 말, 이두)으로 중국과 우리나라의 지방풍속(地方風俗)과 문물의 이름을 회통하고, 육경문학(六經文學)을 훈해(訓解, 새겨 읽고 뜻을 해석함)하였다. 지금까지 해동(海東, 우리나라)의 명경(明經, 경서의 뜻을 명확히 함)에 종사하는 자가 전수하여 끊어지지 않는다.

원효가 이미 계(戒)를 잃고 설총을 낳은 뒤로는 속복(俗服)으로 갈아입고, 스스로 호(號)를 소성거사(小姓居士)라 하였다. 우연히 광대가 춤추고 희롱하는 큰 박을 얻었는데, 그 형상이 괴이했다. 그 현상을 본떠서 도구(道具)를 만들고 『화엄경(華嚴經)』의 "일체무애인(一切無碍人) 일도출생사(一道出生死)"에서 무애(無碍)라 명명하고, 이에 노래를 지어 세상에 유포시켰다. 일찍이 이것을 가지고 여러 마을을 다니며 노래하고 춤추며 시가(詠)로 교화하면서 돌아왔다. 가난하고 몽매한 무리들로 하여금 모두 부처의 이름을 알게 하고, 모두 나무아미타불을 칭념하게 한 것은 원효의 교화가 크다. 그가 태어난 인연이 있는 마을의 이름은 불지(佛地)이고, 절 이름은 초개이다. 스스로 원효라고 부른 것도 대개 불교를 처음 빛나게 하였다(初輝佛日)는 뜻이다. 원효 또한 방언인데, 당시의 사람들은 모두 향언(鄕言)으로 시단(始旦)이라 불렀다. 일찍이 분황사에 머물면서 『화엄소(華嚴疏)』를 짓다가 제4 「십회향품」에 이르러 마침내 절필(絶筆)하였다.

또 일찍이 송사(訟事)로 인하여 몸을 백송(白松)으로 나누었다. 그 때문에 모두 위계(位階)가 초지(初地)라고 일렀다. 또한 바다 용

(海龍)의 유인으로 길 위에서 조서(詔書)를 받아 『삼매경소(三昧經疏)』를 지었다. 붓과 벼루를 소의 두 뿔 위에 두었기 때문에 각승(角乘)이라 이른다. 또한 본각(本覺)과 시각(始覺)이라는 두 가지 각의 미묘한 뜻을 나타낸 것이다. 대안법사(大安法師)가 배열하여 종이를 붙인 것은 또한 음(音)을 알고 노래로 화합한 것이다. (스님이) 이미 입적하자 설총이 유골을 부수어 생전의 얼굴(眞容)을 만들어 분황사에 봉안(奉安)하고 영원토록 공경하고 사모하는 뜻을 나타내었다. 총이 때로 곁에 가서 예(禮)를 하였는데, 상(像)이 홀연히 돌아보았다. 지금도 여전히 돌아보고 있다. 원효가 살았던 혈사(穴寺) 곁에 설총의 집터가 있다고 한다.[97]

2) 「고선사서당화상탑비(高仙寺誓幢和上塔碑)」

音里火 三千幢主 級湌 高金□ 새기다

스님은 (沒滋味의 세계를 깊이 체험하였으므로) 처음부터 적막함이 없었으며, 자비가 항상하여 마치 그림자가 형상을 따르는 것과 같았다. 진실로 중생을 수순(隨順)하는 능감(能感: 감화의 주체가 되는 마음)의 마음으로 말미암아 중생들이 따르는 소응(所應)의 이치가 있음은 필연적인 것이다. 위대함이여! 비록 법계를 나타내고 만상의 영인(影印)을 총괄한다 하더라도 법공(法空)의 자리에 올라 전등의 광명을 밝혀 (결락) 불법(佛法)을 전파하는 일을 그 누가 능히 할 수 있겠는가.

오직 우리 서당화상(誓幢和尙)만이 능히 그 일을 감당할 수 있는

---

97) 이 번역은 원문을 토대로 이민수(을유문화사) 역과 권상노(삼원사) 역을 참조하여 번역한 것임.

스님이시다. 스님의 탄생지는 경북 경산 불지(佛地)□이고, 고선(高仙)은 사명(寺名)이다. 이 촌명(村名)에 의지하여 佛地□이라 이름하였다. 내가 그곳을 찾아보았더니 구릉(丘陵)으로 되어 있었다. 어느 날 어머니의 꿈에 별이 떨어져 방안으로 들어옴을 보았는데, 그 뒤에 임신하였다. 그 후 만삭이 되어 해산할 때는 위인(偉人)의 서조(瑞兆)로 홀연히 오색 서광이 어머니의 방위를 가득히 덮었다. 문무대왕(文武大王)이 나라를 통치함에 일찍이 천명을 받아 임금이 되어 큰 정치를 여니, 그 공능이 이루 다 말할 수 없었고, 하늘과 땅 사이 미물인 곤충에 이르기까지 그의 덕화(德化)가 미치지 않는 곳이 없었다.

화상의 덕은 숙세(宿世)로부터 심었기에, 실로 날 적부터 앎이 수승하여 자기 마음을 근본으로 하여 스스로 깨달았다. 그후 학도(學徒)를 지도함에는 항상 자비로써 게을리하지 않았다. 중생들이 악도(惡道)에서 고통받는 것을 차마 보고만 있을 수 없어 이들의 구제를 위하여 큰 서원을 발하였고, 무상심심(無上甚深)한 묘법을 깊이 연구하여 교리를 해박하게 분석하였으니, 이는 곧 보살의 홍원(弘願)인 것이다.

경주 왕성의 서북쪽에 조그마한 절이 있었는데, 전해오는 참기(讖記)□□에 따르면 외서(外書) 등이 (결락) 세상으로부터 배척을 받고 있었다. 그 가운데 『십문론(十門論)』이 있었는데, 여래가 재세시에는 부처님의 원음설법(圓音說法)에 힘입어 중생들이 빗방울처럼 모여들었으며, 공공(空空)의 논리가 구름처럼 분분하였다. 혹자는 자기의 말은 옳고, 타인의 말은 그르다 하며, 혹자는 자신의 생각은 그럴듯하나 너의 주장은 옳지 않다면서 시시비비(是是非非) 서로서로 자기의 주장에만 집착하여 하한(河漢)과 같은 많은 별파(別派)을 형성하였다.

마치 큰 산이 골짜기로 돌아가는 듯 유(有)는 싫어하고, 공(空)만을 좋아하는 것이 나무를 떠나 장림(長林)에 나아가려 함과 같다. 비유하건대 청색과 쪽풀이 공체(共體)이며, 얼음과 물이 그 근원이 하나인 것과 같다. 거울은 모든 형상을 받아들이고, 물은 통융(通融)함을 나눈다. 이에 대한 서술을 『십문화쟁론』이라 하나니, 모든 사람들이 이를 보고 부정하는 자는 없고, 모두 훌륭한 논술이라 칭송하였다. 그리고 『화엄종요(華嚴宗要)』는 그 내용인즉 진리는 비록 하나이지만 (결락) 듣는 사람의 근기(根機)에 따라 이해를 달리한다. 파사(婆娑)는 범어를 음역한 것이다. 모든 사람들의 근기가 일정하지 않아 여러 가지의 수기설법(隨機說法)이 있게 되었으니, 이것이 곧 삼장(三藏)의 내용인 것이다.

산승(山僧)이 술을 휴대하고 거리를 다니면서 (결락) 중생을 기다리고 서서 조금도 옮기지 않았으니, 이는 명심(冥心)에 따른 권태를 나타낸 것이다. 화상은 어떤 여인이 앞에 나타나 절을 삼배하거늘 천신이 이를 가로막았으나, 법을 사랑하여 온 것이 아니며 또한 심법(心法)을 일찍이 알지 못하였음을 표함이다.

(결락) 어느 날 열심히 경을 강설하고 있다가 갑자기 물이 가득 담긴 병을 찾아 서쪽을 뿌리며 말하되, 내가 당나라의 성선사(聖善寺)가 불에 타고 있음을 보고 (결락) 물을 뿜어 진화하였는데, 이때 사용한 물 웅덩이가 바로 고선사 원효화상 방 앞의 자그마한 못이 바로 그것이다. (결락) 그러나 대사의 신통은 나타나지 아니하였다.

그 후 얼마 되지 않아 (결락) 혈사(穴寺)로 이석(移錫)하였다. 신묘(神廟)가 멀지 않으므로 신통을 나타내어 타방을 교화하다가 수공(垂拱) 2년(신라 31대 신문왕 6년, 686년) 3월 30일 혈사에서 입적하니 춘추는 70세였다. 절 서봉에 임시로 감실(龕室)을 정하였다.

만선화상(萬善和尙)을 비롯하여 불법을 능히 전수할 수 있는 자가 아홉 사람인데 모두 대사라는 칭호를 받았다.

화상이 초기에는 아비담(阿毗曇)을 연구하다가 (결락) 대력 년간(766~779)의 어느 해 봄에 대사의 손자인 한림(翰林) 설중업(薛仲業)이 국사로 바다를 건너 일본에 가서 그 나라의 상재(上宰)와 함께 공동 관심사를 나누고, 안내를 받아 여러 명찰(名刹)을 참배하였다. 화상이 남긴 금조옥목(金條玉目)과 같은 영장(靈章)은 추종을 불허할 뿐만 아니라 오늘에 이르기까지 모두 감탄할 뿐이다. (결락) 봉덕사의 대덕법사 삼장이 신촌리(神村里) (결락) 자화(慈和)스님과 함께 마음이 공적한 줄 알았다. 어느 날 길을 가다가 (문수)성인을 만나니, 그 위대한 모습을 따랐으나 그 자취를 찾아볼 수 없었다. (결락) 더욱 후인들이 화상의 유문(遺文)을 찬송하면서 다투어 그 뜻을 탐구하였다. (결락) 어찌 날마다 알 수 (결락) 이에 대해 상심하지 않는 자가 없었다. (결락) 이에 고행하여 (결락) 종전보다 배나 더 정진하여 항상 몸과 마음을 경책하여 이당(泥堂)과 즙옥(茸屋)인 토굴에서 두 (결락) 못가의 산 등은 쫓아오고 주변 들판에는 구름이 날아갔다. 불상 앞에서 성심껏 정례(頂禮)한 후 강의를 하곤 하였다. (결락) 각(角)은 삼천(三千)하고 (결락) 마음은 六月을 초월하였다. 덕의(德義)로 (결락) 저 산중을 보니 대덕이 받들고 (결락) 하고사 비로소 수승한 영적(靈跡)이 되었으니 글이 아니면 그 사실을 진술할 수 없으며, 기록이 없으면 어째 인유(因由)를 표전(表傳)할 수 있겠는가. 이런 까닭에 대중이 합력하여 (결락) 비석을 세우려 하니 미진겁(微塵劫)토록 썩지 아니하고 개자겁(芥子劫)이 지나도록 영원히 우뚝 서서 항상 법음(法音)을 토(吐)하기 바란다.

화상의 덕을 찬양해 말하되 (결락) 삼명(三明), 고선대사(高仙大

師), 불지촌(佛地村)에서 (결락) 일대(一代) (결락) 감히 정법의 이치를 연구하여 이 세상과 다른 세상에서 (결락) 그 후 세속으로 돌아가 거사가 되었다. 맑은 바다와 같이 넓은 덕은 국가를 바로잡았고, 문무를 겸전(兼全)하여 (결락) 그의 조(祖) (결락) 혈사에 오래 주석하였고, 왕궁을 항상 멀리하였다. (결락) 유적과 유문을 연구해서 깨달으며, 어리석음을 없애고 지혜를 얻게 되었다. 대사는 (결락) 밝은 지혜의 달을 머금고 있을 뿐만 아니었다.[98]

3) 화쟁국사비

경주 분황사 화쟁국사 비편문

(결락) 각 종파의 저술로 하한(河漢)과 같이 난립하여 혹은 차전식(遮詮式)으로 혹은 또한 표전(表詮)적인 논리로 전개하여 (결락) 응형(應形). 국민들의 능감(能感)하려는 마음을 말미암아 所 (결락) 能惟宿祖道□蠢大□□ (결락) 將願所徽析從師自心自 (결락) 他世就中才我 然 說他 (결락) 滿是 言他不是 靑藍共體 (결락) □樹以赴長林口 善哉 (결락)

(결락) 要一卷

大乘 (결락)

(결락) 疏一卷

□道章一卷 □(결락)

(결락) 便品略疏喩讚一卷 □ (결락)

---

98) 李智冠, 『校勘譯註歷代高僧碑文』 신라편, 가산문고, 1994, 48쪽~52쪽 번역을 그대로 옮김.

(결락) 卷

瑜伽師地論十卷 (결락)

(결락) 소一卷

因明至理金 (결락)

(결락) 百論宗要一卷

大乘

4) 『송고승전』「당 신라국 황룡사 사문 원효전(唐新羅國黃龍寺沙門元曉傳)」

스님 원효의 성은 설씨이고, 동해 상주의 사람이다. 총각의 나이[丱鬈之年관채지년]에 흔쾌히 불법(佛法)에 입문하여 스승을 따라 학업을 받았는데, 다니는 곳이 일정함이 없었으며, 의해(義解)의 세계를 용맹히 격파하고 문장의 진영을 씩씩하게 횡행하여 굳세고 흔들림 없이 정진하여 물러남이 없었다. 삼학(三學: 戒定慧)에 널리 통하여 저곳[신라]에서 그를 일컬어 '만인을 대적할 만하다'고 하였으니, 정밀한 의해가 신의 경지에 들어감이 이와 같았다.

일찍이 의상(義湘)법사와 함께, 현장삼장(玄奘三藏)과 자은(慈恩)의 문하[또는 현장삼장과 그가 머물던 사찰인 자은사 문중]를 흠모하여 당나라에 들어가려 했으나, 그 인연에 차질이 생겨서 갈 생각을 그만두고 여기저기 돌아다녔다. 얼마 안 되어, 말하는 것이 사납고 함부로 하였으며 행적을 나타냄이 어그러지고 거칠었으니, 거사들과 함께 주막이나 기생집에 드나들었다. 지공(誌公) 법사처럼 금속으로 된 칼이나 쇠로 된 석장(錫杖)을 가지고 있으면서, 혹은 소(疏)를 지어 잡화(『화엄경』)를 강론하기도 하고 혹은 거문

고를 어루만지며 사당에서 즐기기도 하였으며, 혹은 여염집에 기숙하기도 하고, 혹은 산이나 강가에서 좌선(坐禪)을 하기도 하였으니, 마음 내키는 대로 하여 도무지 일정한 법식이 없었다.

당시에 국왕이 백고좌『인왕경』 대회(百高座仁王經大會)를 개설하고서 대덕을 두루 구하였다. 본주[湘州]에서 명망으로써 그를 천거하였으나, 여러 고덕들이 그 사람됨을 미워하여 왕에게 참소하여 들여보내지 않게 하였다.

얼마 안 있어 왕의 부인이 머리에 악성종기[옹종, 癰腫]가 생겼는데, 의공(醫工)들도 효험을 내지 못하니, 왕과 왕자와 신하들이 산천의 신령한 사당에 기도를 드려 이르지 않은 곳이 없었다. 어떤 무당이 말하기를, "만일 사람을 시켜 다른 나라에 가게 해서 약을 구하면 이 병이 곧 나을 것입니다."라고 하였다. 왕이 이에 사신을 선발하여 바다를 건너 당에 들어가서 그 치료 방법을 찾게 하였다.

그런데 남쪽 바다[명창, 溟漲] 가운데에서 갑자기 한 노인이 파도에서 뛰쳐 나와 배에 올라와서 사신을 맞이하여 바닷속으로 들어갔다. 그리고 궁전의 장엄함과 화려함을 보여주고 용왕에게 알현시켰으니, 용왕의 이름은 검해(鈐海)였다. 용왕이 사신에게 말하기를, "너희 나라 왕비는 청제(青帝)의 셋째 딸이다. 우리 용궁에 예전부터『금강삼매경』이 있었는데, 곧 두 가지 깨달음[二覺]이 원만히 통하고 보살행(菩薩行)을 나타내었다. 이제 왕비의 병에 의탁하여 증상연(增上緣)을 삼아 이 경전을 부쳐서 저 나라에 출현시켜 유포시키고자 할 따름이다."라고 하였다. 이에 삼십 장쯤 되는 중첩된 흩어진 경전을 사신에게 주면서 다시 말하기를, "이 경전이 바다를 건너가는 도중에 마구니의 장난[魔事]에 걸릴지도 모른다."라고 하고, 용왕이 칼을 가지고 사신의 장딴지[천장, 腨腸]를 찢어 그 속에 넣고서 밀납 종이로 봉하여[전등, 纏縢] 약을 바르니, 장딴지가 예전과 같았다.

용왕이 말하기를, "대안(大安) 성자로 하여금 차례를 매겨[銓次] 꿰매게 하고, 원효 법사를 청하여 주석을 지어 강론하게 하면, 왕비의 병이 낫는 것은 의심할 바 없을 것이다. 가령 설산(雪山)의 아가타 약의 효력도 이것보다 지나치지 않을 것이다."라고 하였다. 용왕이 전송하여 해면에 나와서 드디어 배에 올라 귀국하였다.

왕이 듣고서 기뻐하여 곧 먼저 대안 성자를 불러 차례에 따라 묶게[점차, 黏次] 하였다. 대안이라는 사람은 헤아리기 어려운 사람이었는데, 형색과 차림새가 특이하였으며, 항상 저자거리에서 동(銅)으로 만든 발우를 치며 "크게 편안하시오[大安]. 크게 편안하시오."라고 외쳤기 때문에 그렇게 이름 한 것이다.

왕이 대안에게 명하니, 대안이 말하기를, "경전만 가져오십시오. 왕의 궁궐에는 들어가고 싶지 않습니다."라고 하였다. 대안이 경전을 얻고서 배열하여 여덟 품(品)을 만드니, 모두 부처님의 뜻에 합치하였다. 대안이 말하기를, "빨리 원효에게 가져다 주어 강론하게 하십시오. 다른 사람은 안됩니다."라고 하였다.

원효가 이 경전을 받은 것은 바로 그 고향인 상주에 있을 때였다. 원효가 사신에게 말하기를, "이 경은 본각(本覺)과 시각(始覺)의 두 가지 깨달음을 종지로 삼고 있습니다. 나를 위하여 소가 끄는 수레를 준비하여 책상을 두 뿔 사이에 두고 붓과 벼루를 놓아 주십시오."라고 하고, 시종 소가 끄는 수레에서 주석[疏]을 지어 다섯 권을 만들었다.

왕이 요청하여 날을 정하여 황룡사에서 설법하기로 하였는데, 당시 경박한 종도(宗徒)가 새로 지은 주석을 훔쳐갔다. 이 사실을 왕에게 아뢰고 사흘을 연기하여 다시 써서 세 권을 만들었으니, 이것을 <약소(略疏)>라고 한다.

왕과 신하, 승려와 속인들이 법당을 구름처럼 에워쌌다. 원효가 이에 설법함에 위의가 있었으며, 얽힌 것을 풀어줌에 법칙으로 삼을 만하였으니, 칭찬하고 감탄하여 그 소리가 허공에 치솟았다. 원효가 다시 소리 높여 말하기를, "예전에 백 개의 서까래를 고를 때에는 비록 그 모임[百高座]에 참석하지 못했으나, 오늘 아침 한 개의 들보를 놓는 곳에서는 나만이 할 수 있구나."라고 하였다. 당시 모든 유명한 고덕들이 얼굴을 숙여 부끄러워 하고 진심으로 참회하였다.

처음에 원효가 행적을 보인 것이 일정함이 없었으며, 사람들을 교화하는 것에 고정됨이 없었다. 혹은 소반을 던져 대중을 구하기도 하고, 혹은 물을 뿜어 화재를 진압하기도 하였으며, 혹은 여러 곳에서 형체를 나타내기도 하고, 혹은 모든 곳에 입멸할 것을 고하기도 하였으니, 배도(盃度)나 지공(誌公)의 무리와 같았다.

그 신해(神解)한 성품에 있어서 보기만 하면 분명하지 아니함이 없었다. 소(疏)에 광략(廣略)의 두 본이 있으니, 모두 본토에 유행하였다. 약본은 중국에 유입되어 뒤에 번경 삼장[翻經三藏]이 그것을 고쳐 논(論)이라고 하였다.

덧붙여 말한다. 바다의 용궁은 어디로부터 경본(經本)을 가지고 있게 되었는가? 통석(通釋)하기를, "이 경에 이르기를, 용왕의 궁전에 칠보탑이 있고, 모든 부처님께서 말씀하신 모든 심오한 교의가 각각 칠보의 상자에 가득히 담겨 있었으니, 십이인연과 총지(總持)와 삼매 등이다."라고 하였다.

진실로 이 경전을 세간에 유행시키고 다시 대안과 효공(曉公)의 신이함을 나타내었으니, 이에 왕비의 병으로 하여금 가르침을 일으키는 큰 단서로 삼은 것이다.[99]

99) 은정희·송진현 역주, 『원효의 금강삼매경론』, 일지사. 2000, 610쪽~616쪽을 옮겼음.

2 장

설총(薛聰)의 생애와 사상

1 설총의 생애

원효의 아들인 설총의 생애를 알려주는 정확한 자료는 없다. 그의 출생에 대한 기록으로는 『삼국유사』 「원효불기(元曉不羈)」조, 『도동재기(道東齋記)』, 『홍유후실기(弘儒侯實紀)』, 『고려사(高麗史)』, 『경주지(慶州誌)』, 『자인지(慈仁誌)』 등이 있다. 이들 기록을 종합하면, 설총은 대략 655년(태종무열왕 2년)에 태어나서 약 740년경에 사망한 것으로 추정된다. 그러므로 설총은 신라 태종무열왕 대에 태어나 문무왕, 신문왕, 효소왕을 거쳐 성덕왕 때까지 활동하였다.

설총의 증조부는 잉피공(仍皮公) 또는 적대공(赤大公)이라 하고, 할아버지는 담날내말(談捺乃末)이다. 아버지는 원효(元曉), 어머니는 요석공주(瑤石公主)이다. 이름은 총(聰)이고, 자(字)는 총지(聰智)이며, 호는 빙월당(氷月堂)이다. 그리고 시호는 홍유후(弘儒侯)이다. 설총은 육두품(六頭品)[100] 출신으로 유학(儒學)을 공부하였고, 관직은 한림(翰林)에 이르렀다.

설총의 출생에 대해서는『삼국유사』「원효불기(元曉不羈)」조

---

100) 골품제도는 신라 왕족으로 이루어진 골신분(骨制)과 지방 호족으로 구성된 두품(頭品制)을 합쳐 골품제라 하였다. 성골(聖骨)과 진골(眞骨)로 구성되는 왕족과 6두품 이하 5두품, 4두품 등의 일반귀족이 있었다. 이러한 골품제도는 관등조직과도 일정한 관계를 갖는다. 신라 통일 이전까지는 성골 출신이 왕위를 계승했으나 28대 진덕여왕에서 끊기고, 29대 무열왕부터는 진골이 왕위를 계승했다. 관등을 보면 1등급 이벌찬(伊伐飡), 2등급 이찬(伊飡), 3등급 잡찬(迊飡), 4등급 파진찬(波珍飡), 5등급 대아찬(大阿飡), 6등급 아찬(阿飡), 7등급 일길찬(一吉飡), 8등급 사찬(沙飡), 9등급 급벌찬(級伐飡), 10등급 대나마(大奈麻), 11등급 나마(奈麻), 12등급 대사(大舍), 13등급 사지(舍知), 14등급 길사(吉士), 15등급 대오(大烏), 16등급 소오(小烏), 17등급 조위(造位) 등이다.

에 다음과 같이 기록되어 있다.

스님이 일찍이 어느 날 상례를 벗어난 행동(風顚)으로 거리에서 노래를 부르기를, "누가 자루 빠진 도끼를 빌려 주겠는가? 나는 하늘을 떠받치는 기둥을 찍어 내겠다."라고 하였다. 사람들은 모두 깨닫지 못하였다. 그 때 태종이 그것을 듣고 "이 스님이 아마 귀부인을 얻어서 어진 자식을 낳고자 하는 것인데 나라에 큰 현인(大賢)이 있으면 이로움이 크지 않겠는가!"라고 하였다. 그 때 요석궁(瑤石宮)에 과부가 된 공주가 있었다. (무열왕은) 궁의 관리에게 원효를 찾아 궁으로 데리고 들어오라고 명하였다. 궁의 관리가 명을 받들어 장차 찾으려고 나섰을 때 (원효는) 이미 남산에서 와서 문천교(蚊川橋)<사천(沙川)인데, 속언에는 연천(年川)이라고 하고, 문천이라고도 한다. 또 다리 이름을 유교(楡橋라고도 한다.>를 지나다가 그를 만났는데, 일부러 물속에 떨어져서 옷을 적셨다. 관리가 스님을 궁으로 인도하여 옷을 벗겨 말리고 유숙(留宿)시킴으로 인해서 공주가 과연 잉태하여 설총(薛聰)을 낳았다.

설총은 나면서부터 총명하고 예민(睿敏)하여 경사(經史, 경서와 사기)에 널리 통달하여 신라 십현(十賢) 중의 한사람이 되었다. 방음(方音, 우리나라 말, 이두)으로 중국과 우리나라의 지방풍속(地方風俗)과 문물의 이름을 회통하고, 육경문학(六經文學)을 훈해(訓解, 새겨 읽고 뜻을 해석함)하였다. 지금까지 해동(海東, 우리나라)의 명경(明經, 경서의 뜻을 명확히 함)에 종사하는 자가 전수하여 끊어지지 않는다.[101]

이 기록에 의하면, 원효와 요석공주와의 만남과 결혼, 설총의 출

101) 『삼국유사』 「원효불기」.

생 등에 대해서는 비교적 상세하게 기록되어 있지만, 설총의 출생지에 대해서는 언급이 없다.

설총의 출생지에 대해서 『홍유후실기목록(弘儒侯實紀目錄)』에서는 요석공주가 아이를 낳기 위해 원효의 고향으로 오던 중 유곡(油谷)에서 아이를 낳았고, 유천(柳川)에서 자랐으며, 도수암(道修庵)에서 가르쳤다고 하고 있다. 그리고 남산면 하대리에 있는 도동재 편액의 하나인 「도동재단소창설사실기(道東齋壇所刱設事實記)」에는 『자인지(慈仁誌)』를 인용하여 홍유후(弘儒侯) 설선생(薛先生)은 현(縣)의 서쪽 유천촌(柳川村)에서 태어났다고 하고, 유천은 유곡의 동쪽에 있고, 도수암은 유곡의 남쪽에 있다고 하였다.[102] 여기서 언급되는 유곡이나 유천은 현 경산 삼성산 근처의 동리 이름인데, 유곡은 현재 유곡동(油谷洞, 속칭 지름골)이며, 유천은 현재 여천동(麗川洞, 버드내)이다. 이 두 마을은 낮은 구릉으로 연결되어 있다.

유곡동 골짜기를 불당곡이라고도 하는데, 이는 원효가 출가하면서 자신의 집을 절로 만들었다는 전설에서 유래한 것이다. 이곳이 설총과 관련된 도수암이 아닌가 추정된다. 현재 이곳 유곡동에는 원효사와 불광사가 세워져 있다.[103] 원효사에는 설총의 신도비인 「홍유후설선생신도비」가 있고, 이곳에는 또 통일신라 혹은 고려시대로 추정되는 탑재 등이 남아 있어 오래 전부터 이곳에 사찰이 있었음을 알 수 있다. 원효사에 있는 신도비는 이곳의 유림들이 1913년에 설총을 기념하기 위해 세웠다. 이 지방의 선비들은 이곳에서 봄과 가을에 향사(享祀)를 받들었다. 불광사는 옛 이름이 총

102) 서수생, 「薛弘儒候와 花王戒 硏究」, 『삼성현의 생애와 학문』, 경산대학교출판부, 1997, 121쪽.

103) 김종국·이동근·정호완, 『삼성현 원효·설총·일연 스토리텔링연구』, 272쪽.

금사(聰金寺)인데, 설총이 출생하여 공부를 한 곳이라는 설화를 바탕으로 창건된 사찰이라 한다. 이후 설총은 아버지 원효가 창건한 호국사찰인 반룡사에서 어머니와 함께 일시 기거했던 것으로 보인다.

삼성산 아래인 남산면 하대리에는 설총의 위패를 모신 도동서원(道東書院)이 있다. 이곳은 본래 도동재(道東齋)로 불리던 것을 마을의 유림들이 규모를 키워서 서원이라고 하였다고 한다. 원래 유곡동의 원효사에 있는 신도비에서 설총선생의 향사를 올렸으나 교통이 좋지 않아 유림들이 1924년에 하대리에 설총선생의 재실인 도동재를 세우고 원효사의 신도비를 복사하여 1925년 3월 1일에 「홍유후설선생신도비」란 제호의 비를 세웠다고 한다. 도동재에는 설총의 묘라고 하는 자그만 봉분이 있고, 그 봉분 앞에 신도비가 있다.

그런데 설총의 묘에 대해서는 여러 견해가 있다. 1912년에 간행된 『홍유후문집(弘儒侯文集)』에 의하면, 정조 3년인 1799년에 예조(禮曹)에서 발급한 명문(明文)에 "홍유후 설총의 자는 은지(隱智)로 경주에 묻었다."고 하고 있다. 헌종 14년인 1848년에 편찬된 『순창설씨족보(淳昌薛氏族譜)』「무신보(戊申譜)」는 "묘는 원토산 자좌(子坐)에 있다."고 하고 있다. 그리고 『경주지(慶州志)』에는 "설총 분묘는 경주 이십리 동쪽 오문 밖 월토산 자좌에 있고, 비에 이르기를 「신라홍유후설총지묘」로 되어 있는데, 월토산은 계림에 있다. 이는 오늘날 경주부이다."라고 하고 있다.[104] 현재 경주 설씨, 순창 설씨들의 후손들은 경주시 보문동에 있는 분묘를 설총의 묘로 보고 있다. 그리고 『증보문헌비고(增補文獻備考)』에

104) 김종국·이동근·정호완, 같은 책, 274쪽.

는 설총을 경주 설씨(慶州薛氏)의 시조로 기록하고 있다. 그러나 경주 설씨 집안에서는 6촌장의 한사람인 명활산 고야촌의 호진(虎珍)을 시조로 삼는다. 왜냐하면 유리왕 9년(32년)에 6촌이 6부로 개칭될 때 고야촌을 습비부로 바꾸고 설씨를 하사받았기 때문이다.

설총의 어릴 적 행적에 대해서도 고증할만한 자료는 없다. 설총이 경산의 유곡동에서 태어나 유천동에서 자랐지만, 원효가 자신의 생가를 초개사로 바꾸었기 때문에 그 후에는 반룡사나 경주의 요석궁에서 자랐을 것으로 추정된다. 반룡사는 원효가 창건한 사찰로 왕실의 기원 사찰이었다. 설총의 외할아버지인 태종 무열왕은 왕재를 넘어 이곳을 방문하기도 하였는데, 국태민안을 기원하는 법회의 참석과 딸 요석공주와 손자 설총을 보기 위해서였다.

그리고 설총은 성장해서는 경주, 또는 경주 인근에 살았을 것으로 추정된다. 왜냐하면 『삼국유사』 「원효불기」 조에 원효가 살던 혈사 옆에 설총의 집터가 있었다고 기록하고 있기 때문이다.[105] 설총은 아버지 원효에 대한 사모의 정과 존경심을 가지고 있었다. 『삼국유사』 「원효불기」 조에서는 원효가 입적하자, 설총은 아버지 원효의 유해를 잘게 부숴 생전의 얼굴 모양으로 만들어서 분황사에 안치하였다고 한다. 설총이 분황사로 예불하러 갔을 때 아버지의 소상(塑像)이 홀연 돌아보았다고 한다.

『삼국사기』에는 8세기인 779년(혜공왕 15년)에 일본의 황족이자 관리였던 오우미노 미후네(淡海眞人三船, 722~785)가 신라에서 사신으로 온 판관 한나마(韓奈麻) 설중업(薛仲業)에게 준 시의 서문이 소개되어 있다.

---

105) 『삼국유사』, 「원효불기」.

> 일찍이 원효거사가 지은 『금강삼매론』을 본 적이 있다. 그러나 그 사람을 보지 못해 매우 한스럽게 여겼다. 듣자 하니 신라국 사신 설(薛)이 바로 거사의 손자라고 하니, 비록 그의 할아버지는 보지 못하였으나, 손자 된 이를 만나보았으니, 기뻐서 시를 지어 그에게 준다.106)

원효를 흠모하였던 일본의 관리가 원효를 직접 보지 못한 것을 매우 한스럽게 여기다가 신라에서 사신으로 온 원효의 손자 즉 설총의 아들을 만나서 매우 기뻐했다는 것이다. 원효는 이미 일본에서 존경과 숭배의 대상이 되고 있었기 때문에 이 이야기는 상당히 설득력이 있다고 할 수 있다.

고려시대가 되면, 유학은 통치자의 학문으로 완전하게 자리매김하게 된다. 그에 따라 유학자에 대한 평가가 이루어지고 문묘(文廟) 배향에 대한 문제가 거론되었다. 최치원이 현종 11년에 문창후(文昌侯)라는 시호를 받아 문묘에 종사되었다. 설총에게도 고려 현종 13년(1022년) 1월에 홍유후(弘儒侯)라는 시호가 추증되었고, 동방 18현 중의 한사람이며, 문묘(文廟) 동무(東廡)에 신라 2현이라고 하여 최치원(崔致遠)과 함께 배향되었다.107) 그리고 경주 서악서원(西岳書院)에 제향되어 한국유학의 종주(宗主)로 추앙되고 있다. 서악서원은 1561년(조선 명종 16년)에 창건되었는데 원래 경주 분윤 이정(李楨)이 김유신 장군을 기리기 위해 세운 사당이었다. 그러나 경주지역의 선비들이 설총과 최치원의 위패도 같이 모실 것을 건의하여 명종 18년(1563)에 설총, 김유신, 최치원을 모셔 봉

106) 『삼국사기』, 「설총」.

107) 문묘(文廟)에는 18현이 배향(配享)되어 있는데, 동서무(東西廡)로 9현씩 나누어져 배향되고 있다. 설총은 동무(東廡), 최치원은 서무(西廡)에 배향되어 있다.

향하였다. 이 서원은 임진왜란 때 소실되었으나 인조 때 다시 세워졌고, 1623년(인조 원년)에 사액(賜額)되었다. 설총은 강수, 최치원과 더불어 신라 3대 문장가의 한 사람일 뿐 아니라 신라 10현(新羅十賢)의 한 사람으로 추앙되고 있다.

<설총의 신도비 : 원효사에 있는 설총의 신도비이다. 원효사는 원효의 생가 즉 초개사라고 추정되는 곳이다. 신도비는 1913년 유림들이 설총을 기념하기 위해서 세웠다.>

<불광사 : 옛 이름이 총금사로 설총이 어린 시절 공부를 한 곳으로 추정된 곳에 세운 사찰>

2 설총과 유학(儒學)

설총은 아버지 원효와 달리 유학을 공부하였다. 당시 신라사회는 정치적 체제 정비 때문에 유학을 필요로 하였다. 아버지 원효가 승려였음에도 불구하고 설총이 유학을 공부하게 된 이유는 분명치 않지만, 이 시대 국가의 제도가 정비되고, 왕권의 전제화가 이루어지면서 관료가 요청되고, 그에 따라 많은 유학자들이 필요하게 되었다고 할 수 있다.

『삼국사기』에 의하면 설총은 천성이 명예(明銳)하고 태어나면서부터 도리를 깨달아 알았고, 우리말로 구경(九經)을 해독하여 후

학들을 훈도하였으므로 지금에 이르기까지 학자들의 조종(祖宗)으로 삼고 있다고 하고 있다.[108] 그리고 『삼국유사』에서도 설총은 나면서부터 총명하고 예민(睿敏)하여 경사(經史, 경서와 사기)에 널리 통달하여 육경문학(六經文學)을 훈해(訓解, 새겨 읽고 뜻을 해석함)하였다고 하고 있다.[109] 이러한 내용에 근거해 볼 때 설총은 어릴 적부터 매우 총명했었고, 유학을 공부하여 9경이나 6경문학을 우리말(이두)로 읽고 뜻을 해석하여 유학의 종주가 되었음을 알 수 있다.

특히 설총의 위대한 점은 유교 경전을 보다 쉽고 정확하게 읽을 수 있게 그것을 방언(方言)으로 표기하였다는 점이다. 9경이나 육경문학에 대해서는 그것이 구체적으로 무엇을 가리키는지 분명치 않다. 9경(九經)은 당 나라 때부터 일컬어져 왔는데, 서수생에 의하면 구경(九經)은 여러 종류가 있다고 한다.

첫째, 육덕명(陸德明)의 『경전석문(經典釋文)』에는 역(易), 서(書), 시(詩), 삼예(三禮 : 主禮, 儀禮, 禮記), 춘추(春秋), 좌씨전(左氏傳), 효경(孝經), 논어(論語)를 말하고 있고, 둘째, 서견(西堅)의 『초학기(初學記)』에는 역(易), 서(書), 시(詩), 삼례(三禮 : 主禮, 儀禮, 禮記), 삼전(三傳 : 春秋左傳, 公羊傳, 穀梁傳)을 말하고 있다. 셋째, 『소학감주(小學紺珠)』에서는 역(易), 서(書), 시(詩), 주례(主禮), 의례(儀禮), 예기(禮記), 춘추(春秋), 효경(孝經), 논어(論語)를 말하고 있다. 넷째, 곡나율(谷那律)의 『구경고(九經庫)』에서는 역(易), 서(書), 시(詩), 예(禮), 악(樂), 춘추(春秋), 효경(孝經), 논어(論語), 소학(小學)을 거론하고, 다섯째, 위료옹(魏了翁)의 『구경요의(九經要義)』에서는 역(易), 서(書), 시(詩), 주례(主禮),

108) 『삼국사기』, 「설총」.
109) 『삼국유사』, 「원효불기」.

의례(儀禮), 예기(禮記), 춘추(春秋), 논어(論語), 맹자(孟子)를 말하고 있다. 여섯째, 강조석(姜兆錫)의 『구경보주(九經補注)』에서는 이아(爾雅), 춘추좌전(春秋左傳), 효경(孝經), 예기(禮記), 서경(書經), 의례(儀禮), 공양(公羊), 곡양(穀梁), 주례(周禮)를 말하고, 일곱째, 혜련(惠棟)의 『구경고의(九經古義)』에서는 역(易), 서(書), 시(詩), 삼례(三禮), 공양(公羊), 곡양(穀梁), 논어(論語)를 말하고 있다. 그리고 6경(六經)에 대해서는 시(詩), 서(書), 역(易), 춘추(春秋), 예기(禮記), 악(樂)이라 하고 있다.[110]

서수생에 의하면 설총이 훈해한 9경은 『주역』, 『상서(尙書)』, 『모시(毛詩)』, 『예기』, 『춘추좌씨전』, 『곡례(曲禮)』, 『이아(爾雅)』, 『논어』, 『효경』이라 할 수 있고, 『이아(爾雅)』 대신 『문선(文選)』을 넣을 수 있으나 『이아』를 넣어 9경으로 하는 것이 옳다고 하고, 6경도 시, 서, 역, 예, 춘추, 주례일 것이라고 하였다.[111] 9경이나 6경문학이 무엇인지는 분명하지 않지만 설총이 방언으로 9경을 읽었다는 것이나 육경문학(六經文學)을 새겨 읽고 뜻을 해석하였다는 것은 모두 설총이 중국의 경서를 읽고 해석하였다는 것이다.

신문왕 2년에 국학이 설치되었는데, 설총은 강수(强首)와 함께 국학의 창설에 관여하였고, 그곳에서 학생들을 가르쳤다. 신문왕은 재위 11년에 설총을 발탁하여 그 이듬해 여진기도위병마도원수(女眞騎都尉兵馬都元帥)에 임명하였고, 성덕왕 10년에는 한림박사겸이부상서(翰林博士兼吏部尙書)가 되었다. 설총은 신라시대 최대의 문장가인 강수(强首), 최치원(崔致遠) 등과 더불어 신라의 3문장가의 한 사람으로 꼽힌다. 이들 세 사람은 각자 독창적인 학문의 세계

110) 서수생, 「薛弘儒候와 花王戒 硏究」, 117쪽.

111) 서수생, 같은 논문, 119쪽.

를 전개하였다.

『신라고기』에 의하면 신라에서 문장으로 유명한 학자로 강수(强首), 제문(帝文), 수진(守眞), 양도(良圖), 풍훈(風訓), 골답(骨沓) 등이 있다고 하였다. 이중 신라 3대 문장가의 한 명인 강수(强首)는 신라의 대당외교의 성공에 크게 기여한 인물이다. 강수는 630년경 중원경 즉 현재의 충청북도 충주에서 태어나 신문왕(681~692) 때에 죽었다. 원래 이름은 우두(牛頭)이다. 그의 조상은 임나가야(任那伽倻, 고령의 대가야)에서 살았는데, 신라 진흥왕 23년(562년)에 임나가야가 신라에 멸망한 후 중원경으로 집단 이주해서 살았다. 그는 계급사회인 신라사회에서 6두품이었을 것으로 추정된다.

강수는 어려서부터 매우 총명했으며, 저절로 책을 읽고, 의리를 통달했다고 한다. 어느 날 아버지 석체(昔諦)가 아들의 뜻을 알아보기 위해 불교와 유교 중 어느 것을 배울 것이냐고 물었을 때 강수는 "제가 듣기로 불교는 세속을 벗어난 가르침입니다. 저는 이 세상 사람인데, 어찌 불교를 배우겠습니까? 유자(儒者)의 도를 배우고 싶습니다."112)라고 대답했다고 한다. 강수는 불교를 세속을 벗어난 종교라 보고, 유교를 현세의 인간 학문으로 보았던 것이다.

강수는 스승에게 『곡례(曲禮)』, 『이아(爾雅)』, 『문선(文選)』 등을 배워 당대 대표적인 유학자가 되었다. 태종 무열왕이 즉위(654년)하자 당나라 사신이 조서를 전하였는데, 그 중에 이해되지 않는 부분이 있어 왕은 강수에게 의뢰해서 그 문제를 해결하였다고 한다. 왕이 강수의 두골을 보고 "그대의 두골을 보니 강수(强首) 선생이라 불러야 하겠다."라고 하여 이후 강수로 불려졌다. 강수는 태어날 때부터 머리 뒤편에 뼈가 불쑥 나와 있어서 특이한 골상을

112) 『삼국사기』, 「강수」.

갖고 있었는데, 그것을 본 무열왕이 그를 강수라고 불렀던 것이다. 무열왕은 또한 강수에게 당나라 황제의 조서에 감사하는 답서를 쓰게 하였다. 이 일이 있은 후 무열왕은 그의 이름을 부르지 않고 임생(任生)이라고만 불렀다고 한다. 강수가 뛰어난 외교 능력과 문장가였음은 문무왕의 다음과 같은 말에서 잘 알 수 있다.

> 강수는 문장을 잘 지어 중국이나 고구려, 백제 등의 나라에 편지로 뜻을 다 전할 수 있었으므로 우호를 맺는데 성공할 수 있었다. 나의 선왕이 당나라에 군사를 청하여 고구려와 백제를 평정할 수 있었던 것은 비록 군사적 공로라 하지만, 또한 문장의 도움이 있었기 때문이다. 그런즉 강수의 공을 어찌 소홀히 여길 수 있겠는가.[113]

문무왕은 강수에게 사찬의 관직을 주었고, 봉록을 매년 200섬으로 하였다. 강수는 일찍이 부곡(部曲)의 대장장이 딸과 사귀고 있었다. 그의 나이 스무 살 때 부모가 중매를 통하여 그 마을에 사는 용모와 덕행이 있는 여자와 그를 결혼시키려 하였다. 그러나 강수는 사양하고, 그 여자에게 장가들 수 없다고 하였다. 그리고 그는 부모에게 "가난하고 천한 것은 부끄러운 것이 아닙니다. 도를 배우고 실행하지 않음이 진실로 부끄러운 것입니다. 일찍이 옛사람의 말을 들으니 조강지처(糟糠之妻)는 뜰아래에 내려오지 않게 하며, 가난하고 천할 때에 사귄 친구는 잊을 수 없다고 했습니다. 이러하니 미천한 아내를 차마 버릴 수 없습니다."라고 하였다. 그 후 강수는 부곡의 대장장이 딸과 결혼했다.

강수가 죽었을 때 장례비용을 국가에서 지급하였고, 그의 아내는 남은 물품을 불사(佛事)에 바쳤다고 한다. 홀로된 강수의 아내가

---

113) 『삼국사기』, 「강수」.

식량이 부족하여 고향으로 돌아가려 하자 이 소식을 들은 국가에서 조(租) 100섬을 주었다. 그러나 강수의 아내는 끝내 받지 않고 "저는 천한 사람입니다. 입고 먹는 것은 남편을 따랐으므로 나라의 은혜를 받음이 많았는데 지금 이미 홀로 되었으니 어찌 감히 거듭 후한 하사를 받을 수 있겠습니까?"라고 하고 고향으로 돌아갔다고 한다.

최치원(崔致遠, 857~ ?)은 신라 문성왕 19년인 857년에 태어났다. 그는 사량부(沙梁部, 지금의 경주)에서 6두품의 신분으로 태어났으며, 오늘날 경주 최씨의 시조로 여겨지고 있다.[114] 그의 아버지는 38대 원성왕(元聖王, 재위 785~798) 때 숭복사(崇福寺) 창건에 참여했다고 전해지는 견일(肩逸)이다. 최치원의 자(字)는 고운(孤雲), 해운(海雲), 해부(海夫)이다.

최치원의 저술로는 시문집에 『계원필경(桂苑筆耕)』 20권, 『사시금체부(私試今體賦)』 5수 1권, 『오언칠언금체시(五言七言今體詩)』 100수 1권, 『잡시부(雜詩賦)』 30수 1권, 『중산복궤집(中山覆櫃集)』 1부 5권, 『사륙집(四六集)』 1권, 『문집』 30권 등이 있었다. 사서(史書)에는 『제왕연대력(帝王年代曆)』이 있고, 불교 관련 저서로는 『부석존자전(浮石尊者傳)』 1권, 『법장화상전(法藏和尙傳)』 1권, 『석이정전(釋利貞傳)』, 『석순응전(釋順應傳)』, 『사산비명(四山碑銘)』[115] 등이 있었다. 그런데 이들 저서 중 현재 남아 있는 것은 『계원필경』, 『법장화상전』, 『사산비명』 뿐이다. 그리고 『동문선』에 약간의 시문이 전해지고, 『사기(寺記)』 등에 기(記), 원문(願文), 찬(讚) 등의 일부가 전해지고 있다.

---

114) 『삼국유사』에는 그가 본피부(本彼部) 출신이라 하고 있다.

115) 사산비는 대숭복사비(大崇福寺碑), 진감국사비(眞鑑國師碑), 지증대사적조탑비(智證大師寂照塔碑), 무염국사백월보광탑비(無染國師白月光塔碑)이다.

최치원은 12세 때인 경문왕 9년(869년)에 당나라에 유학하였고, 874년에 18세의 나이로 외국인을 위한 과거시험인 빈공과(賓貢科)에 합격하였다. 헌강왕 2년인 876년에 당나라 선주(宣州)의 율수현(溧水縣, 지금의 江蘇省 南京市) 현위(縣尉)가 되었으나 이듬해 사직했다. 이후 회남 절도사 고변의 추천으로 관역순관이라는 지위에 올랐다. 이 무렵 황소의 난이 일어나 고변이 이를 토벌하러 나가면서 최치원을 종사관으로 발탁했고, 최치원은 「토황소격문(討黃巢檄文)」을 썼다. 이 격문에 의해 황소의 난이 평정되었다고 할 정도로 최치원의 글은 뛰어났었다. 879년 승무랑(承務郎) 전중시어사내공봉(殿中侍御史內供奉)으로 도통순관(都統巡官)의 직위에 올랐으며, 포상으로 비은어대(緋銀魚袋)를 받았다. 황소의 난이 진압된 뒤 882년 황제는 최치원에게 정5품 이상의 신하에게만 하사하는 자금어대(紫金魚袋)를 하사했다.

최치원은 당에서 17년간 머무른 후 884년 그의 나이 28세 때 신라로 돌아왔다. 헌강왕은 최치원을 신라 조정에서 당에 올리는 표문을 비롯한 문서를 작성하는 직책인 시독(侍讀) 겸 한림학사(翰林學士)로 임명했다. 헌강왕이 죽은 후 최치원은 태산군 태수가 되었고, 이후 대산군, 천령군, 부성군 등의 태수를 역임했다. 그는 894년에 국가 개혁안으로 시무책(時務策) 10여 조를 진성여왕에게 올렸다. 진성여왕은 그것을 받아들여 최치원에게 아찬(阿飡)의 벼슬을 내리고 개혁정책을 펼치려 했다. 그렇지만 그의 시무책은 중앙귀족의 반발로 시행되지 않았다. 시무책의 내용은 알려지지 않지만 유교적인 덕치(德治)와 애민(愛民)정신을 바탕으로 한 정치개혁이었을 것이라고 추정된다. 진성여왕이 물러나고 효공왕(孝恭王, 재위 897~912)이 즉위한 뒤 최치원은 관직에서 물러나 각지를 유랑하였다. 그는 경주의 남산(南山), 합천 매화산의 청량사(淸凉寺), 하동의 쌍계사(雙磎寺) 등을 떠돌다가 말년에 가야산 해인사에 머물렀다. 그의 마지막 글은 『신라수창군호국성팔각등루기(新羅壽昌郡護國城八角燈樓記)』이다.

최치원을 한국유학에 있어서는 최초의 도통이라고 한다. 그렇지만 그의 사상은 불교, 유교, 도교가 혼합된 것으로 유불선 통합사상이다. 그의 이러한 입장은 『난랑비서(鸞郎碑序)』에 잘 나타나 있다. 최치원은 여기서 불교, 유교, 도교를 포용하고 조화시키는 것으로 풍류도(風流徒)를 말하고 그것을 우리의 고유사상이라 하고 있다.

> 나라에 현묘한 도가 있으니 풍류(風流)라 한다. 그 가르침을 베푼 근원은『선사(仙史)』에 상세히 실려 있다. 실로 삼교(三敎)를 포함하여 중생을 교화한다. 집에 들어와서는 효도하고 나가서 나라에 충성하는 것은 공자의 가르침이다. 무위(無爲)로 일을 처리하고 말없이 가르침을 행하는 것은 노자의 뜻이다. 악한 일은 하지 않고 선을 받들어 행하는 것은 부처의 가르침이다.[116]

최치원에 의하면 우리의 고유사상이라는 풍류도는 그 내용이 3교의 핵심적인 가르침을 모두 포함하고 있다. 최치원은 이것을 현묘한 도(玄妙之道)라고 불렀다. 풍류도는 화회와 조화라는 우리 고유의 전통을 그대로 나타내고 있다.

최치원은 이같이 불교, 유교, 도교에 정통했던 학자이자 뛰어난 문장가였지만 신라 사회의 신분제에 막혀 자신의 뜻을 현실에 펴지 못하고 말년에는 지리산, 가야산 등에서 은둔의 삶을 산 학자였다. 전설에 의하면 그는 신선이 되었다고 한다. 고려 현종(顯宗) 14

---

116)『삼국사기』, 「진흥왕」.

년 즉 1023년에 내사령(內史令)으로 추증되었으며, 문묘(文廟)에 배향되어 문창후(文昌侯)라는 시호(諡號)를 받았다. 최치원은 조선시대에는 태인(泰仁)의 무성서원(武成書院), 경주의 서악서원(西岳書院), 함양의 백연서원(柏淵書院), 영평(永平)의 고운영당(孤雲影堂) 등에 제향(祭享)되었다.

강수와 설총은 거의 동시대에 살았고, 최치원은 통일신라 말기에 활동하였다. 강수가 탁월한 외교 문서를 담당한 외교 전문가라면, 설총은 국학의 기초를 세웠다고 할 수 있다. 그리고 최치원은 대문장가로 불교 유교 도교의 통합적인 사상을 주장한 인물이라 할 수 있다.

3 설총의 사상

1) 한국 유학의 기원

유교가 고구려에서 372년인 소수림왕(小獸林王) 2년에 관학이 된 것을 보면 우리나라 유교의 역사는 매우 오래되었다고 할 수 있다. 신라에서는 국학을 세워 유교경전을 가르쳤고, 독서삼품과(讀書三品科)를 통하여 인재를 등용하였다.

우리나라 유학의 기원과 전래에 대해서는 몇 가지 견해가 있다.

첫째, 기자동래설(箕子東來說)이다. 『삼국유사』에 의하면 "주(周)나라 호왕(虎王)이 즉위한 기묘년에 기자를 조선(朝鮮)에 봉했다."라고 하고 있는데, 이 설에 의해서 기자가 우리나라에 유학을 전했다는 것이다. 이 설은 조선 말엽까지 조선의 학자들이 주장한 견해이다. 기자(箕子)는 중국 은(殷)나라 3현(賢) 중의 한 사람으로 성은 자(子), 이름은 서여(胥餘)이다. 기(箕)에 봉해졌다고 하여 기자(箕子)라고 한다. 기자는 상(商)의 주(紂)왕에게 간언을 하였으나 받아들여지지 않았다. 그는 미친 것처럼 위장하여 노비가 되려 하였지만, 주왕은 그를 유폐시켰다. 그 후 주(周)의 무왕(武王)이 주왕(紂王)을 공격하여 그를 패배시키고 기자를 맞아 조선에 봉했다고 한다.[117] 기자는 홍범구주(洪範九疇)를 주(周)의 무왕에게 가르쳤다고 하며, 공자에 앞서 유교사상을 형성하는데 크게 기여한 인물로 평가받는다. 기자동래설에 대해 율곡은 "기자가 우리 동녘에서 군주로 일하였음을 생각하면 정전(井田)제도와 8조의 가르침이 한결 같이 왕도에서 나왔음이 틀림없다."[118]라고 하여 기자의 유학 전래를 주장하고 있다. 만약 우리나라 유학의 시원을 기자동래설에 의해 둔다면, 우리나라의 유교는 공자 이전부터 독자적인 연원을 가지는 것이 된다. 그런데 기자가 우리나라로 온 것에 대한 진위가 분명하지 않다는 점이 기자동래설의 가장 큰 문제점이다.

둘째, 한사군이 설치된 이후 우리나라에 유학이 들어왔다는 주장이다. 이는 이병도(李丙燾) 등이 주장한 것이다. 그는 한사군의 낙

117) 상(商)의 주(紂)왕은 신하의 간언을 듣지 않고 애첩 달기(妲己)를 위해 호화로운 궁전을 짓고 주지육림(酒池肉林)의 방탕한 생활을 하였다. 주왕의 숙부인 기자는 형 비간(比干)과 함께 간언하였으나 주왕은 폭정을 계속하였다. 주왕은 비간(比干)의 충심(忠心)을 확인한다는 명분 아래 숙부 비간의 심장을 꺼집어 내는 패륜을 저지르기도 하였다. 주위 사람들이 기자에게 상(商)을 떠날 것을 권유했지만 기자는 임금이 간언을 듣지 않는다고 해서 임금을 떠나게 되면 임금의 악행을 부추기는 것이 되기 때문에 신하된 도리로 임금을 떠날 수 없다고 하여 거절하였다. 그는 미친 척하면서 다른 사람의 노비가 되려하였으나 주왕은 그를 유폐시켰다. 주(周)의 무왕이 충신을 잔혹하게 살해한 주왕을 토벌한다는 명분으로 제후를 규합하여 상의 주왕을 정벌하여 멸망시켰다.

118) 윤사순·고익진 편, 『한국의 사상』, 열음사, 1985, 25쪽.

랑을 중심으로 하여 유교가 중국의 다른 문화와 함께 우리나라에 전래되었다고 주장한다. 따라서 우리나라 유교의 기원은 공자 이후이며, 고구려에 태학이 설립된 시점을 한국유학의 기원으로 보아야 한다고 주장한다. 유학의 기원을 한사군 설치 후 고구려 태학 설립으로 보는 이 이론은 태학 설립 이전에도 이미 유교가 들어와 있었을 가능성이 많다는 점에서 수긍하기 어려운 주장이다. 또한 한사군의 위치에 대한 논란도 제기되고 있다.

셋째, 한자(漢字)의 전래를 유학의 기원으로 보는 주장이다. 이 주장은 유교의 발달과 전파가 한자와 맥을 같이 하고 있기 때문에 생긴 것이다. 이 견해에 따르면 우리나라에 한자가 전해진 시기가 대체로 기원 전 5세기경이기 때문에 이 시기에 유학이 전래되었다는 것이다. 그러나 이 주장은 당시 한자를 이해할 수 있는 계층이 극히 소수였다는 점에서 설득력이 부족하다고 할 수 있다.119)

우리나라에서 유학이 본격적으로 가정, 사회, 국가적으로 역할을 하게 된 시기는 고구려에서 태학을 설립하여 관리를 등용하고, 통일신라시대에 국학(國學)을 설치하여 고급관리를 배출하면서 부터이다. 이 시대 신라에는 강수(强首)와 설총 같은 6두품 계층의 대학자들이 등장하여 활약하였다.

이상과 같이 우리나라의 유교의 전래시기에 대해서는 정확하게 규정할 수 없지만, 우리나라에 전래된 유교는 가정과 사회, 국가에서 필요로 하는 도덕률을 제시하였고 이 도덕률에 절대적인 권위를 부여하려고 하였다. 이 도덕률은 어떤 물질적인 욕망이나 육체적인 향락, 혹은 정치적인 출세보다도 우위에 있다. 또한 유교는 왕권에 대해서조차 권력의 절대적인 행사를 제약하고 있다. 국왕도

---

119) 윤사순·고익진 편, 같은 책, 25~28쪽 참조.

도덕률의 지배를 받지 않을 수 없다는 것이 유교의 입장이다. 개인의 생활에 있어서 뿐 아니라 정치에 있어서도 도덕은 절대적인 권위를 가지고 군림하고 있는 것이다.[120]

유교가 도덕을 강조한 것은 설총과 더불어 대표적인 유학자인 강수의 일화에서 볼 수 있다. 강수는 원래 부곡의 대장장이 집 딸과 정을 통하고 있었는데, 그의 부모가 신분이 높은 집의 여자와 그를 결혼시키려고 하였다. 그러나 강수는 가난하고 천한 것은 부끄러운 것이 아니며, 도를 배우고 실행하지 않음이 진실로 부끄러운 것이라 하고, 가난하고 천할 때 사귄 친구를 버릴 수 없다고 하고 있다.[121] 즉 권력과 재물, 체면보다는 인간이 마땅히 지켜야 될 도리를 강조한 것이다.

유교는 충효(忠孝)를 근본이념으로 하고, 이를 바탕으로 가부장적인 전제정치를 주장한다. 따라서 유교는 왕권 중심의 중앙집권화에 응용될 수밖에 없었다. 또한 유교는 왕의 전횡을 경계하고 예(禮)와 덕(德)에 근거한 민본정치를 행해야 함을 강조한다. 설총이 『화왕계』를 지어서 국왕에게 자기 수양과 도덕적 가치를 강조한 사실은 바로 유교의 정치이상이 예치(禮治)와 덕치(德治)에 있음을 주지시키고 그것을 실천하도록 하기 위함이었다고 할 수 있다.

2) 설총의 유학사상

(1) 구경(九經)과 이두

설총은 삼국시대에서부터 수용하여 온 중국의 경학(經學), 그 가

---

120) 조명기 외, 『한국사상의 심층연구』, 우석, 1986, 183쪽.

121) 『삼국사기』, 「강수」.

운데서도 훈고학(訓詁學)을 공부하였다. 설총이 아버지 원효를 따르지 않고 유학을 공부한 것은 불교의 가르침을 이단으로 보았기 때문이라 한다.

설총은 유학(儒學)의 경전을 연구하여 우리말로 해석하고, 경전(經典)의 한자에 훈고학적인 주석을 달았다. 한림원 태학사였던 설총은 승문원 태학사 방천경과 함께 당나라에 들어가 문물을 배웠는데, 신라로 귀국한 후 방천경은 육례회통(六禮會通)을 건의하였고, 설총은 구경대의(九經大義)를 임금에게 건의하여 신라인들이 예법과 문학을 알게 하였다고 한다.

구경(九經)과 관련해서 설총에게는 다음과 같은 이야기가 전해진다. 설총이 신문왕 때 백의정륜학사 신분으로 중국에 사신으로 갔을 때 천자가 구경을 보여주며 "신리에도 이 책이 있는가?"라고 물었다고 한다. 이에 설총은 "저희 나라에는 없습니다. 청컨대 신이 머무는 곳으로 반출하여 보기를 원합니다."라고 하였다. 설총은 왕의 허락을 얻어 하룻밤 만에 그것을 모두 암기하였다고 한다. 다음날 왕에게 책 한질을 하사하기를 원하였지만 왕이 허락하지 않았다. 신라로 돌아온 설총은 하룻밤 만에 암기한 것을 바탕으로 9경을 편찬하였다고 한다.[122)]

『삼국유사』에서는 설총에 대해 "방음(方音, 이두)으로 중국과 우리나라의 지방풍속과 문물의 이름을 회통하고, 육경문학(六經文學)을 훈해(새겨 읽고 뜻을 해석함)하였다. 지금까지 해동(海東)에서 경서의 뜻을 명확히 하는 것에 종사하는 자가 전수하여 끊어지지 않는다."[123)]라고 하고 있다. 그리고 『삼국사기』에도 "우리말(方言)로 구경(九經)을 읽고 후생들을 훈도하였다."[124)]고 하였다.

122) 김종국·이동근·정호완, 같은 책, 255쪽.

123) 『삼국유사』, 「원효불기」.

이 내용을 보면 설총은 방음(이두)으로 경을 해석하였는데, 경에 대해서 『삼국사기』에는 9경, 『삼국유사』에는 6경문학이라 하고 있다. 이러한 기록 때문에 설총이 이두를 창제했다고 주장되기도 한다. 예컨대 『대명률직해』에는 "설총이 지은 방언문자를 이두라고 한다."라고 하고 있고, 고려 후기 이승휴(李承休, 1224~1300)가 쓴 『제왕운기(帝王韻紀)』에서도 설총이 이두를 지었다고 하고 있고, 정인지가 지은 『훈민정음』 서문에도 설총이 이두를 처음 만들었다고 하고 있다.

이두란 광의의 개념으로 한자를 빌어 우리말을 표기하는 차자표기 전반을 의미한다. 즉 이두는 중국 한자의 음과 뜻을 빌려서 우리말을 적는 표기방법이다.[125] 여러 기록에서 이독(吏讀), 이도(吏道), 이토(吏吐), 이투(吏套), 이두(吏頭), 이찰(吏札) 등으로 불리는 이 방법은 향가 표기법인 향찰(鄕札)을 가리킨다. 향찰(鄕札)의 향(鄕)은 향언(鄕言), 찰(札)은 글이다. 그러므로 향찰은 우리나라 고유의 글이란 뜻이 된다. 또한 고려 후기 지방고을의 아전 즉 향리들이 공문서에 사용한 것을 이두라고도 한다.

이같이 설총을 이두의 창안자로 한 기록은 많다. 그러나 설총을 이두의 창안자로 보기는 어려운 점이 있다. 왜냐하면 향가의 표기식 방법인 향찰은 설총 이전부터 이미 사용되고 있었기 때문이다.

---

124) 『삼국사기』, 「설총」.

125) 한자 차용표기에는 서기체(誓記體), 이두체, 향찰체, 구결체(口訣體) 등이 있다. 이것은 모두 설총이 정리한 이두체 영향으로 발전한 표기방법이다. 서기체는 한자를 우리 어순에 맞게 배열하는 표기법이다. 이두체 표기는 한자에다 문법관계 표기를 개발하여 사용한 표기법이다. 향찰체 표기는 일명 시가 표기식, 이두라고 하는데, 기능부뿐만 아니라 의미부도 국어 모습대로 표기하기 위해 의미부를 훈으로 표기한 표기법이다. 구결체는 한문문장에 토를 부착하는 방법으로 구결문장을 빼면 한문문장이 된다.(김종국·이동근·정호완, 같은 책 257쪽~258쪽).

예컨대 진흥왕 29년(568년)에 북한산에 세워진 「진흥왕순수비」의 비문에 향찰이 쓰였고, 또 향가 작품인 진평왕 때의 「서동요(薯童謠)」와 「혜성가(彗星歌)」, 선덕여왕 때의 「풍요(風謠)」도 향찰로 기록되었다. 그리고 설총이 탄생하기 이전에 작성된 「명활산성작성비」, 「임신서기석」과 같은 신라의 금석문에서도 향찰(이두)의 표기 형태가 나타난다. 이러한 사실을 토대로 해서 보았을 때 설총이 향찰(이두)을 창안한 것이 아니라 향찰을 집대성하고 정리한 것으로 보아야 한다.

육두품 신분인 설총은 신라의 철저한 계급사회에서 그가 오를 수 있는 관직에는 한계가 있었다. 그러나 신문왕이 국학(國學)을 설립할 때 설총은 주도적인 역할을 했을 것으로 추정된다. 신문왕이 국학을 세운 것은 유교를 근본으로 하여 왕권을 강화하기 위해서였다. 그것은 설총이 신문왕을 보좌하여 국학을 세울 것을 권하면서 "근본을 세우기 위해서는 존경하는 자를 앞세워야 하고, 근본을 세운다는 것은 존경하는 스승의 사당을 세우는 것입니다. 그러므로 공자에게 제사를 지내야 함이 마땅합니다."[126]라고 한 것에서 알 수 있다.

또한 설총은 효소왕(孝昭王)에게 나라에서 당에 사신을 보내 성인의 화상(畵像)을 받들고 전적(典籍)을 구입하여 선왕인 신문왕의 큰 덕을 계승하라고 진언했다. 성덕왕이 설총에게 정치의 요결을 묻자, 설총은 "정치의 근본은 나랏돈을 내어 사신을 중국으로 보내 여러 성현의 화상, 제기, 성법, 전모를 구하여 사당을 세우고, 춘추로 제향하고 가르치는 자를 임명하고, 서울, 군읍, 여항에 전적을 지급하고, 사람을 가르쳐 실력을 배향하도록 해야 하는데, 재주가

126) 김종국·이동근·정호완, 같은 책, 265쪽.

없는 자는 농공상에 종사토록 하고, 재주가 있는 자는 뽑아서 학문을 가르치는데 심통 의습토록 하고, 불교에 입문하는 것을 금지하고, 변속은 하나의 것으로 할 뿐입니다. 그 외 별도의 술책에 대해서 노신은 알지 못합니다."[127]라고 하였다.

설총이 불교에의 입문을 금지했다는 것은 『홍유후실기』에서 "설총은 불서(佛書)가 이단이고 허탄함을 깨달아 집에서 선대로부터 소장하고 있던 불서를 모두 수습하여 불태웠다. 박학하여 경전을 꿰뚫고 이두를 잘 지어 어리석음을 깨우쳐 후학을 인도했다. 이로서 지각이 있는 자들은 공자의 무리가 있음을 알고 또 자신의 도로 삼아 따르게 되었다."[128]고 하고 있는 것에서도 나타난다. 불교가 이단적이고 허망한 것이기 때문에 불교 대신 유교를 도의 근본으로 삼았다는 것이다. 또 "전사(典祀), 전속(典屬), 예부(禮部)를 설치하고, 백관은 규방(規方)에 나아가서 간쟁(諫爭), 고역(告逆)의 도를 익히고, 연장자에게 기민의 구휼과 홀아비와 과부의 봉양, 그리고 병을 고치는 법을 배우도록 하여야 합니다."[129]라고 하였다. 신문왕과 성덕왕에게 말한 설총의 이러한 견해는 유학을 중심으로 국정의 강령을 삼아야 한다는 것이다. 즉 설총은 여러 왕들에게 치국의 방법으로 유학을 적극 권장하고 있는 것을 볼 수 있다.

(2) 「감산사아미타여래조상기(甘山寺阿彌陀如來造像記)」

설총은 출중한 문학자였기에 많은 작품을 지었을 것으로 추정된다. 그렇지만 오늘날까지 남아 있는 작품은 거의 없다. 『삼국사

127) 김종국·이동근·정호완, 같은 책, 266쪽.
128) 김종국·이동근·정호완, 같은 책, 265쪽.
129) 김종국·이동근·정호완, 같은 책, 266쪽.

기』에 의하면 "글을 잘 지었는데 세상에 전해지는 것이 없다. 단지 지금도 남쪽 지방에 더러 설총이 지은 비명(碑銘)이 있으나 글자가 떨어져 나가 읽을 수가 없으니 끝내 그것이 어떤 것인지를 알 수 없다."130)라고 하고 있다. 설총은 성덕왕 18년(719년)에 「감산사아미타여래조상기(甘山寺阿彌陀如來造像記)」를 지었다고 한다. 그리고 우화적인 단편 산문인 「화왕계(花王戒)」가 설총의 작품으로 전해지고 있다.

1916년 경주 감산사지에서 미륵상과 아미타여래상이 발굴되었는데, 이들 불상의 뒷면에 이 불상을 만든 조상기(造像記)가 있었다. 이것을「감산사아미타여래조상기(甘山寺阿彌陀如來造像記)」라 한다. 「감산사아미타여래조상기」에 의하면 성덕왕 9년인 720년에 왕의 지시에 따라 나마(奈麻)인 총(聰)이 이것을 지었다고 하고 있는데, 이 총(聰)이 설총이라는 것이다. 그것에 의하면 중아찬 김지성(金志誠)이 돌아가신 부모님의 명복을 빌고, 왕과 자신의 가족 등의 복을 빌기 위해서 불상을 조성했다고 하고 있다.

설총의 「감산사아미타여래조상기(甘山寺阿彌陀如來造像記)」의 내용은 다음과 같다.

> 무릇 지극한 도는 생기지도 않고 소멸하지도 않는 것이지만, 오히려 주(周)나라 때 자취를 드러내었다. 부처는 오고 감이 같지만 오히려 후한(後漢) 명제(明帝)의 꿈에 모습을 보인 것이 시원이 되어 비로소 서역으로부터 법등(法燈)을 전하여 이에 동쪽의 땅에 이르렀다. 마침내 불일(佛日)131)의 그림자가 문득 해가 뜨는 땅(신라)에 비추었고,

130) 『삼국사기』, 「설총」.

131) 불일(佛日)은 부처의 빛, 부처의 덕이 무명의 어두움을 깨는 것을 태양에 비유한 것이다.

패엽(貝葉)의 글(불경의 경문)은 저수(沮水)[132]를 넘어 계발(啓發)하였다. 용궁같은 절이 번갈아 우뚝 솟아있고, 기러기 같은 탑이 늘어서 있어서 사위성의 경계가 여기(신라)에 있고, 극락정토와 가깝다.

중아찬 김지전(金志全)은 신령스러운 산천에서 태어나 성진(星辰)이 내린 덕으로 성품은 구름과 노을에 화합하고, 정(情)은 산수와 벗하였다. 현명한 자질을 쌓아서 대대로 명(命)을 받았고, 지략을 품어서 때맞추어 보좌하고, 대궐에 나아가 임금의 뜻을 받드니 곧 상사봉어(尙舍奉御)에 제수되었고, 계림에 머물면서 관인(官印)을 매고 집사시랑을 맡았다. 나이 67세에 벼슬을 사양하고[133] 세상을 피하여 한적한 곳에 머무니 사호(四皓)[134]의 고상함과 같았고, 오히려 영화를 버리고 성품을 기르는 것은 양소(兩疏)[135]가 (물러날) 때를 본 것과 같았다. 무착(無著)[136]의 진종(眞宗)을 우러러 사모하여 때때로 『유가론』을 읽고, 겸하여 장주(莊周)의 그윽한 도를 사랑하여 날마다 「소요유」 편을 열람하였다. 자애로운 부모님의 은덕에 보답함은 십호(十號 : 여래 십호 곧 부처님)의 힘만한 것이 없고, 성스러운 임금의 은혜에 보답함은 삼보(三寶 : 불, 법, 승)의 인(因)을 넘어섬이 없다.

그러므로 나라의 주인인 대왕과 이찬 개원공, 돌아가신 아버지, 돌아가신 어머니, 죽은 동생 소사(小舍) 양성(梁誠), 사문 현도, 죽은 아

---

132) 저수(沮水)는 압록강 또는 대동강을 가리킨다. 예성강이라는 견해도 있다.

133) 현거치사(懸車致仕), 현거(懸車)는 한나라 때 설광덕(薛廣德)이 연로하여 벼슬을 사양하였을 때 천자가 하사한 안거(安車)를 매달아 놓고 행영(行營)의 기념으로 하였다는 고사에서 나온 것이다. 치사(致仕)는 나이가 늙어서 벼슬을 사양하는 것을 의미한다.

134) 사호(四皓)는 한 고조 때 상산(商山)에 숨은 동원공(東園公), 기이계(綺里季), 하황공(夏黃公), 녹리선생(甪里先生) 등 네 명을 말하는데, 이들의 수염과 눈썹이 모두 희다고 하여 호(皓)라고 하였다.

135) 한의 소광(疏廣)과 그의 조카 소수(疏受)를 일컫는다.

136) 무착(無著, Asaṅga)은 인도 유식철학자로 『섭대승론』, 『대승아비달마집론』 등을 저술하였다.

내 고로리, 죽은 여동생 고보리, 또 아내 아호리 등을 위하여 그 감산(甘山)의 장전(莊田 : 농원)을 희사하여 이 가람을 세웠다. 이에 석조 아미타상 한 구를 조성하니 엎드려 바라건대 이 조그마한 인연에 의탁하여 피안에 뛰어오르고, 사생육도(四生六道)의 중생이 아울러 보리(菩提)를 증득하기를 원합니다.

개원 7년 기미 2월 15일에 나마 총(聰)이 교지를 받들어 지었고, 사문 석경융(釋京融)이 대사(大舍) 김취원(金驟源) □□□. 돌아가신 인장(仁章) 일길(一吉, 일길찬)은 나이 47세에 고인이 되어 동해 바닷가에 유골을 뿌렸다. 후대에 다른 사람을 좇아 사랑하는 자는 이 선업의 도움이 있을 것이다. 김지전 중아찬은 삼가 생전에 이 선업을 지었는데, 나이 69세 경신년 4월 22일에 서거하여 그것을 □한다.

이 내용은 부처님을 칭송하고, 김지전의 생애와 발원 내용, 이 불상을 조성할 때 관계한 인물, 죽은 자들에 대한 장례, 김지전의 사망 사실을 기록하고 있다. 말미에 나마(柰麻) 총(聰)이 교지를 받들어 찬했다고 하고 있다. 나마 총(聰)은 설총을 가리킨다.

이와 동일한 이야기는 『삼국유사』「남월산 감산사(南月山 甘山寺)」조에도 그대로 나타나고 있다.

미타불 화광 뒤에 기록하기를, 중아찬 김지전(金志全)은 일찍이 상의(尙衣)로서 봉어(奉御)하였고, 또 집사시랑(執事侍郎)을 맡았다가 67세에 치사(致仕, 벼슬을 사양하고 물러남)하고 한거하였다. 이때 나라의 주인인 대왕과 이찬 개원, 돌아가신 아버지 인장 일길간(一吉干), 돌아가신 어머니, 죽은 아우 소사(小舍) 양성(梁誠), 사문 현도, 죽은 아내 고로리(古路里), 죽은 누이 고파리, 또 아내 아호리(阿好里)를 위해 감산의 장전을 희사하여 이 절을 짓고, 또한 아버지 인장 일길간을 위하여 돌미타 한 구를 조성하여 모셨다. 그가 이미 고인이 되

었기 때문에 동해 유우변에 산화시켰다.[137]

여기서도 감산사를 설립한 인연과 아미타불을 조성하게 된 연유를 기록하고 있다. 일연의 『삼국유사』 「남월산 감산사(南月山 甘山寺)」 조의 내용이나 설총이 지었다는 「감산사아미타여래조상기(甘山寺阿彌陀如來造像記)」의 내용은 거의 같다. 이 조상기를 보면 설총이 비록 유학자이지만 불교와 도교에 대해서도 상당한 지식을 가지고 있었음을 알 수 있다.

(3) 「화왕계(花王戒)」

그리고 설총이 지은 것으로 전해지는 「화왕계(花王戒)」가 있다. 『삼국사기』 열전 「설총」 편에 나오는 내용은 다음과 같다.

> 신문대왕(神文大王)이 한 여름(仲夏)에 높고 밝은 방에 거처하였는데, 설총을 돌아보며 말하기를 "오늘은 오랫동안 내리던 비가 처음으로 그치고 훈풍(薰風)이 조금 서늘하게 부니 비록 좋은 음식과 애절한 음악이 있다 하더라도 고상한 이야기와 재미있는 농담으로 울적한 마음을 푸는 것만 같지 못하다. 그대는 틀림없이 기이한 이야기를 들은 것이 있을 것이니 어찌 나를 위해서 이야기 해주지 않겠는가?"라고 하였다.
>
> 설총이 신이 들으니 옛날 화왕(花王)이 처음 전래하였을 때 그것을 향기로운 정원에 심고 비취색 장막을 둘러 보호하였고, 봄이 되어 그 아름다움을 발산하니 온갖 꽃을 능가하여 홀로 빼어났습니다. 이에 가까운 곳과 먼 곳에서 아름다운 정령과 고운 꽃들이 달려와 화왕을

137) 『삼국유사』, 「남월산 감산사」.

뻡고 오직 (다른 사람에) 미치지 못할까 두려워하지 않음이 없었습니다. 홀연 붉은 얼굴에 옥같은 이를 가진 한 가인(佳人)이 곱게 화장하고 옷을 단장하여 아장거리면서 와서 얌전하게 앞에 나와서 말하기를, "첩(妾)은 눈처럼 흰 모래밭을 밟고, 거울처럼 맑은 바다를 대하며, 봄비로 목욕하여 때를 씻고, 상쾌하고 맑은 바람을 쐬면서 자적(自適)하는데 그 이름을 장미라 합니다. 임금님의 미덕을 듣고 향기로운 장막 안에서 잠자리를 모시고자 하는데 임금님께서는 저를 받아들이시겠습니까?"라고 하였다.

또 한 장부(丈夫)가 있어 베옷을 입고 가죽 띠를 하고, 흰 머리에 지팡이를 짚고 노쇠한 모습으로 걸으면서 몸을 굽히며 와서 말하기를 "저는 서울 성 밖의 큰 길 가에 살고 있습니다. 아래로는 푸르고 아득한 들판의 경치를 내려다보고, 위로는 우뚝 솟은 산의 경치에 기대여 사는데, 그 이름을 백두옹(白頭翁)이라 합니다. 몰래 생각하건대 좌우에서 공급하는 것이 비록 충분하여 고량진미로 배를 채우고 차와 술로 정신을 맑게 하고, 피륙이 넘치게 저장되어 있어도 반드시 좋은 약으로 기운을 북돋우고 악석(惡石)으로 독을 없애야 합니다. 그러므로 비록 실을 만드는 명주실과 삼실이 있더라도 관괴(菅蒯)를 버려서는 안되며, 무릇 모든 군자는 다하여 없어짐을 대비하지 않으면 안 된다고 하였습니다. 임금님께서도 또한 뜻이 있으신지 모르겠습니다."라고 하였다.

누군가가 말하기를, "두 사람이 왔는데, 누구를 취하고 누구를 버리겠습니까?"라고 하였다. 화왕이 말하기를. "장부의 말에도 도리가 있으나 가인(佳人)은 얻기 어려우니 장차 어찌하면 좋겠느냐?"라고 하였다. 장부가 나아가서 "저는 왕께서 총명하셔서 도리의 뜻을 아신다고 생각하였기 때문에 왔었는데, 이제 보니 그렇지가 않습니다. 무릇 임금 된 자는 간사하고 아첨하는 자를 친근히 하지 않고, 정직한 사람을 멀리하지 않음이 드뭅니다. 그래서 맹가(孟軻)는 등용되지 못하고 일생을 마쳤고, 풍당(馮唐)은 낭관(郎官)으로 파묻혀 늙었습니다. 옛부터 이와 같았으니 제가 그것을 어찌하겠습니까?"라고 하였다. 이에 화왕이 "내가 잘못하였오. 내가 잘못하였오."라고 말하였다.

왕이 수심에 잠겨 안색이 달라지면서 말하기를, "그대의 우화에는 진실로 깊은 뜻이 있으니 청컨대 그것을 글로 써서 임금 된 자의 경계가 되기를 바랍니다."라고 하였다. 마침내 설총을 발탁하여 높은 벼슬을 주었다.[138]

신라 제31대 신문왕은 즉위하던 해인 681년 8월에 장인 김흠돌과 파진찬(波珍飡, 4등급) 흥원, 대아찬(大阿飡, 5등급) 진공 등의 모반사건을 평정하였다. 684년에는 안승의 족자(族子) 대문(大文)의 모반을 평정하고, 고구려 유민들을 금마군에 분산시켜 거주하게 하였다. 이러한 일련의 사건에 많은 귀족들이 참여하였는데, 왕은 이 모반의 주동자뿐만 아니라 단순 가담자까지 모두 처벌하였다. 즉 이 사건을 계기로 신문왕은 귀족세력에 대한 정치적 숙청을 단행하고 중앙집권적 율령의 정비와 전제군주제를 확립하였다. 이러한 시대적 정치적 상황에서 설총은 왕을 도와 관료조직을 정비하고, 왕으로 하여금 덕치를 베풀게 하는 왕의 정치적 조언자 역할을 담당하였다고 할 수 있다.

신문왕 때 지어진 이 「화왕계」는 꽃을 의인화(擬人化)한 우화(寓話)이다. 화왕(花王)인 모란꽃과 아부 잘 하는 가인(佳人)인 장미와 어질고 충직한 신하인 할미꽃을 내세워 신문왕의 정치를 풍자하여 간언한 것이다. 즉 장미와 할미꽃을 국왕의 측근에 있는 가인(佳人)과 노신(老臣)에 대한 태도로 비유한 것이다. 여기서 할미꽃은 늙은 신하인 유학자에 비유되고, 장미는 왕의 가인에 비유된

138)『삼국사기』, 「설총」.

다. 화왕인 모란꽃이 수청을 들겠다는 아름다운 장미꽃과 내면의 원기를 북돋우고 독소를 제거시켜주겠다는 할미꽃 앞에서 우유부단한 태도를 보이자 이에 할미꽃은 왕이란 총명하고 이치를 헤아릴 줄 알아야 하고, 간사한 신하보다는 정직한 신하를 가까이 해야 함을 충언하고 있다.

설총이 이 설화를 통해 신문왕에게 말하고자 한 것은 왕이 정사를 수행함에 있어서 감각적인 욕망보다는 이성적인 절제와 도덕성이 필요하다는 것이다. 다시 말하면 국왕은 간사한 신하보다는 정직하고 충직한 신하를 가까이 해야 하며, 정치를 함에 있어 자신의 욕망보다는 도덕적인 규범을 우선시해야 한다는 것이다. 이것은 "군자를 가까이 하고 소인을 멀리하라."는 유교적 정치원리를 강조한 것이라 할 수 있다. 즉 덕치(德治)를 강조한 것으로 볼 수 있다.

임금이 올바른 정치를 하기 위해서는 어질고 충직한 신하를 얻어야 한다. 아울러 신하는 비록 왕에 의해 부름을 받지 못하여도 크게 낙심하거나 원망해서는 안 된다. 이 이야기에서는 맹가와 풍당이 언급되고 있다. 풍당(馮唐)은 한 나라 때의 인물로 낮은 계급에 머물러 있으면서도 올바른 정치를 해서 많은 성과를 올렸다. 그러나 그는 더 높은 직책으로 진급하지 못했지만 왕을 원망하지 않았다고 한다. 풍당에 대한 언급은 결국 신라 계급제도에 대한 비판이 내포되어 있다고 볼 수 있다. 탁월한 능력을 가졌지만 계급제도의 한계에 의해 더 이상 진급할 수 없는 신라 육두품의 입장을 대변하고 있는 것이라 할 수 있다. 또한 이 「화왕계」에는 중국의 고전인 『춘추좌씨전』, 『시경』, 『서경』 등의 인용이 있어 설총의 중국경전과 문학에 매우 해박했음을 보여준다.

도덕적인 정치이념은 왕의 견해와 일치하지 않을 수도 있다. 그렇다 하더라도 훌륭한 정치를 하기 위해서 왕은 측근의 감언이설

보다는 도덕적인 규범과 법을 따라야 한다. 철저한 신분사회에서 살았던 신라시대의 유학자들은 신라의 계급제도인 골품제도를 비판하면서도 그것을 적극적으로 개혁하려고 시도하지는 않았다. 그들은 기존의 사회체제 아래에서 국왕에게 정치적인 조언을 하려는 태도를 취하고 있다. 신문왕은 설총의 이야기를 들고, 이 이야기에 담긴 진실하고 깊은 뜻에 크게 공감하였다. 그래서 왕은 이 이야기를 기록해 두어 이후 왕이 될 자의 경계로 삼게 하라고 하였다.

4 관련 자료

『삼국사기』, 열전 「설총」

설총(薛聰)은 자가 총지(聰智)이며, 할아버지는 담날나마(談捺奈麻)이며 아버지는 원효(元曉)이다. (원효는) 처음에 사문이 되어 불서에 널리 통달하였으나 얼마 후에 환속하여 스스로 소성거사(小性居士)라 일컬었다.

설총은 성품이 총명하고 예민하여 태어나면서부터 도를 깨달아 알았고, 방언(方言)으로서 구경(九經)을 해독하여 후생들을 가르쳐 이끌었으므로 지금에 이르기까지 학자들이 존숭하고 있다. 또 글을 잘 지었으나 세상에 전해오는 것은 없다. 단지 지금 남쪽 지방에 혹은 설총이 지은 비명(碑銘)이 있으나 문자가 떨어져나가 읽을 수 없어 끝내 그것이 어떠한 것인지 알 수 없다.

신문대왕(神文大王)이 한 여름(仲夏)에 높고 밝은 방에 거처하면서 설총을 돌아보며 말하시기를 "오늘은 오랫동안 내리던 비가 처음으로 그치고 훈풍(薰風)이 조금 서늘하게 부니 비록 좋은 음식과 애절한 음악이 있다 하더라도 고상한 이야기와 재미있는 농담으로 울적한 마음을 푸는 것만 같지 못하다. 그대는 틀림없이 기이한 이야기를 들은 것이 있을 것이니 어찌 나를 위해서 이야기 해주지 않겠는가?"라고 하였다.

설총이 신이 들으니 옛날 화왕(花王)이 처음 전래하였을 때 이를 향기로운 정원에 심고 비취색 장막을 둘러 보호하였더니 봄이 되어 그 아름다움을 발산하니 온갖 꽃을 능가하여 홀로 빼어났습니다. 이에 가까운 곳과 먼 곳에서 아름다운 정령과 고운 꽃들이 달려와 화왕을 뵙고 오직 (다른 사람에) 미치지 못할까 두려워하지 않음이 없었습니다. 홀연 붉은 얼굴에 옥같은 이를 가진 한 가인(佳人)이 있어 곱게 화장하고 옷을 단장하고 아장거리면서 와서 얌전하게 앞에 나와서 말하기를, "첩(妾)은 눈처럼 흰 모래밭을 밟고 거울처럼 맑은 바다를 대하며 봄비로 목욕하여 때를 씻고 상쾌하고 맑은 바람을 쐬면서 자적(自適)하는데 그 이름을 장미라 합니다. 임금님의 미덕을 듣고 향기로운 장막 안에서 잠자리를 모시고자 하는데 임금님께서는 저를 받아들이시겠습니까?"라고 하였다.

또 한 장부(丈夫)가 있어 베옷을 입고 가죽 띠를 하고, 흰 머리에 지팡이를 짚고 노쇠한 모습으로 걸으면서 몸을 굽히면서 와서 말하기를 "저는 서울 성 밖의 큰길가에 살고 있습니다. 아래로는 푸르고 아득한(蒼茫) 들판의 경치를 내려다보고, 위로는 우뚝 솟은 산의 경치에 기대여 사는데, 그 이름을 백두옹(白頭翁)이라 합니다. 몰래 생각하건대 좌우에서 공급하는 것이 비록 충분하여 고량진미(膏粱珍味)로 배를 채우고 차와 술로 정신을 맑게 하고, 피륙이 넘치게 저장되어 있어도 반드시 좋은 약으로 기운을 북돋우고 악석

(惡石)으로 독을 없애야 합니다. 그러므로 비록 실을 만드는 명주실과 삼실이 있더라도 관괴(菅蒯)를 버리면 안 되며, 무릇 모든 군자는 다하여 없어짐을 대비하지 않으면 안 된다고 하였습니다. 임금님께서도 또한 뜻이 있으신지 모르겠습니다."라고 하였다.

누군가가 말하기를, "두 사람이 왔는데, 누구를 취하고 누구를 버리겠습니까?"라고 하였다.

화왕이 말하기를, "장부의 말에도 도리가 있으나 가인(佳人)은 얻기 어려우니 장차 어찌하면 좋겠느냐?"라고 하였다. 장부가 나아가서 말하기를, "저는 왕께서 총명하셔서 도리의 뜻을 아신다고 생각하였기 때문에 왔었는데, 이제 보니 그렇지가 않습니다. 무릇 임금 된 자는 간사하고 아첨하는 자를 친근히 하지 않고, 정직한 사람을 멀리하지 않음이 드뭅니다. 그래서 맹가(孟軻)는 등용되지 못하고 일생을 마쳤고, 풍당(馮唐)은 낭관(郎官) 숨어서 늙었습니다. 옛부터 이와 같았으니 제가 그것을 어찌하겠습니까?' 화왕이 말하기를, "내가 잘못하였소. 내가 잘못하였소."라고 하였다.

이에 왕이 수심에 잠겨 안색이 달라지면서 말하기를, "그대의 우화에는 진실로 깊은 뜻이 있으니 청컨대 그것을 글로 써서 임금된 자의 경계가 되기를 바랍니다."라고 하였다. 마침내 설총을 발탁하여 높은 벼슬을 주었다.

세상에 전하기를 일본국 진인(眞人)이 신라 사신 설 판관(判官)에게 준 시의 서문에 이르기를, "일찍이 원효거사가 지은 『금강삼매론(金剛三昧論)』을 보고 그 사람을 보지 못한 것을 깊이 한탄하였는데, 신라국의 사신 설씨가 곧 거사의 손자라는 것을 듣고, 비록 그 할아버지를 보지 못하였지만 그 손자를 만난 것이 기뻐서 이에 시를 지어 보낸다."라고 하였다. 그 시가 지금까지 남아 있는데, 단지 그 자손의 이름과 자(字)를 알지 못할 뿐이다.

우리 현종 재위 13년(1022) 천희(天禧) 오년(五年) 신유(辛酉)에 이르러 홍유후(弘儒侯)로 추증되었다. 어느 사람은 말하기를 설총이 일찍이 당나라에 들어가서 공부를 하였다고 하는데, 그런지 아닌지는 알 수 없다

3 장

일연(一然)의 생애와 사상

1 일연의 생애

1) 일연의 생애

일연(一然, 1206~1289)이 살았던 13세기의 고려 사회는 대내외적인 격동기였다. 일연이 태어나 활동하던 시기에는 무신의 난이 일어나 최충헌(崔忠獻, 1149~1219) 등 무신들이 집권하여 전횡을 일삼았고, 대외적으로는 여진, 거란, 몽고의 침입에 의해서 국가가 피폐해져 있던 시기였다. 다시 말하면 이 시기는 고려 민족의 주체성이 극도로 위기상황에 있었던 시기라고 할 수 있다. 아울러 이러한 민족적, 국가적 위기상황을 극복하기 위해서 민족의 저항의식과 자주의식의 고취가 일어나고 있었던 시기이기도 하다. 이같이 일연이 생존한 시기는 무신의 난 이후 대몽 항쟁기를 거쳐 원나라의 간섭을 받던 시기인데, 대내외적으로 대단한 변동의 시기였다.

12세기 후반의 고려불교는 무신의 난을 기점으로 하여 새로운 국면을 맞이하였다. 즉 기존의 문벌체계와 결탁된 불교에 대한 자각과 반성의 운동이 전개되어 신앙결사가 이루어지게 된다. 이러한 신앙결사운동은 지방의 지식인이나 향리, 나아가 서민대중의 적극적인 호응을 얻게 되었다. 주도적인 신앙결사 운동에는 지눌(知訥, 1158~1210)을 중심으로 하는 선종 계통의 수선사와 요세(了世, 1163~1245)의 백련사를 중심으로 하는 천태종 계통이 있었다. 이러한 신앙결사운동은 고려불교의 개편을 촉진하였다. 일연이 속해 있었던 가지산문은 고려조에서 소수 종파였다. 그러나 가지산문은 인종 연간에 학일(學一, 1052~1144)이 출현하면서 산문의 세력을 크게 확장시켰다. 학일이 활동한 시기의 가지산문의 근거지는 경상도의 운문사였다. 가지산문은 13세기 후반 일연의 활동에 의해서 더욱 발전하게 된다.

일연의 생애는 민지(閔漬)가 쓴 비문 「고려국화산조계종인각사가지산하보각국존비명(高麗國華山曹溪宗麟覺寺迦智山下普覺國尊碑銘)」에 상세하게 소개되어 있다. 이 비문에 의하면 일연은 1206년(고려 희종 2년) 6월에 장산군(章山郡) 즉 현재 경상북도 경산시에서 태어나서 1289(충렬왕 15년)년 7월 8일에 입적했다. 일연이 경산에서 태어났다는 것은 『고려사지리지』에 경산은 원래 감무(監務)를 두었는데, 일연의 고향이기 때문에 승격해서 현령(縣令)을 두었다[139]는 기록에서도 확인할 수 있다. 『고려사』에는 경산을 장산군(章山君), 자인은 자인현(慈仁縣), 하양은 하양현(河陽縣)으로 표현하고 있다.

일연의 속명은 김견명(金見明)이며, 뒤에 일연으로 바꾸었다. 아버지는 김언필(彦弼)이고, 어머니는 이 씨이다. 이후 일연의 아버지는 좌복야(左僕射), 어머니는 낙랑군부인(樂浪郡夫人)으로 추봉되었다. 견명(見明)이란 어머니가 태양이 방안에 들어와 그 빛이 복부에 비추기를 사흘 밤을 계속하는 태몽을 꾸고 임신하였다고 해서 붙인 이름이다. 일연의 (字)는 회연(晦然)이고, 호는 무극(無極), 목암(睦庵), 원경충조(圓經沖照)이며, 시호는 보각(普覺)이고, 탑호는 정조(靜照)이다.

일연은 태어나서 9살 이전까지는 현 경산인 장산군에서 살았지만, 9살 이후 공부를 위해 고향을 떠났다. 그리고 그의 나이 78세 때 늙으신 어머니를 봉양하기 위해 다시 고향으로 돌아왔다. 일연

139) 『고려사』 지(志), 장산군(章山君).

은 어려서부터 용모가 준수하고 몸가짐이 단정하였고 예절을 잘 지켰다고 한다. 9살 때(1214년)는 해양(海陽)의 무량사로 들어가 공부하였다. 그는 특별한 스승 없이 스스로 터득했다고 한다. 최이가 정권을 장악한 해엔 1219년 그의 나이 14살 때 설악산 진전사(陳田寺)로 출가하여 대웅장로(大雄長老)로부터 구족계(具足戒)를 받았다. 진전사는 가지산문의 개창자 도의(道義)선사가 있었던 곳이다. 이곳 진전사에서 일연은 가지산문(迦智山門)[140]과 인연을 맺게 되었다. 일연은 그 뒤 여러 선문을 방문하면서 수행하였다.

일연은 1227년에는 승과의 최고 시험인 선불장(選佛場)에서 상상과(上上科)에 합격하였고, 그 후 현풍 포산(비슬산)의 보당암(寶幢庵)으로 옮겨 수행에 정진하였다. 보당암은 현 비슬산 대견사[141]로 신라 헌덕왕 때 창건하였던 사찰이다. 일연은 이곳에 있으면서 『삼국유사』를 구상하였다고 한다. 고종 18년(1231년) 8월에 몽고군이 침략하였다. 고려 조정에서는 몽고 장수 사르타이(撒禮塔)와 화의하여 몽고군은 요동으로 물러갔지만, 이후 몽고의 부당한 엄청난 물자 요구 때문에 고려는 1232년 6월 강화도로 천도하여 대몽항쟁을 계속하였다.

1232년 몽고 침략에 의해 팔공산 부인사에 보관 중이던 초조대장경이 소각되었는데, 고려 조정에서는 호국불교로 난국을 타개하

140) 가지산문(迦智山門)은 구산선문 중의 가지산파(迦智山派)를 말한다. 도의(道義)가 마조도일(馬祖道一)의 제자 서당지장(西堂智藏)에게 배우고 귀국하여 설악산 진전사에 거주하였고, 염거(廉居)에게 법을 부촉하고 염거는 체징(체징(體澄))에게 법을 전하였다. 도의, 염거, 체징의 일파를 가지산파라 한다. 체징은 전라남도 장흥군 유치면에 있는 보림사(寶林寺)를 세웠다.

141) 대견사는 1917년 일제 강점기 때 강제로 폐사되었는데, 그 이유는 대견사가 대마도를 향해 있어 일본인의 기를 누른다는 이유에서이다. 현재는 대구시 유형문화재 42호인 3층 석탑만이 남아 있다. 일부 복원되었다.

기 위해 1236년 선원사에 대장도감을 설치하였다. 1236년 몽고가 남부지방까지 침략하자 포산 무주암에 주석하던 일연은 중생의 병화를 들어주고자 문수의 오자주(五字呪)를 염하면서 감응을 빌었다. 그의 비문을 보면 이 때 일연은 소극적으로 수행에 전념하고 있었던 것으로 보인다.

> 병신년(丙申, 1236) 가을에 병란이 있어 스님께서 피할 곳을 찾고자 하여 곧 문수의 오자주(文殊五字呪)를 염(念)하면서 감응을 기약하였더니, 홀연히 벽간으로부터 문수보살이 현신하여 이르시기를 무주난야(無住蘭若)에 주석하라고 계시하였다.[142]

일연은 무주암에서 "생계불감 불계부증(生界不減 佛界不增)"을 참구(參究)하다가 홀연히 깨달음을 얻어서 "오늘 곧 삼계가 꿈과 같음을 알았고, 대지가 작은 띠끌 만큼의 거리낌도 없음을 보았다." 라고 하였다. 1237년에는 포산 묘문암에 주석하였고, 그 해 고려 조정에서 그에게 삼중대사(三重大師)의 승계(僧階)[143]를 내렸다.

전란의 시기에 일연이 왜 이러한 소극적인 수행에 전념했는가는 알 수 없지만, 아마 그가 소속해 있던 가지산문(迦智山門)과 연관이 있을 가능성이 있다. 가지산문은 무인정권 시기에 대무인항쟁으로 인해 그 세력이 위축되어 있었다. 또한 무신의 난 이후 경상도 지역에서 발생한 여러 민란 중 운문적(雲門賊), 운문산 등으로 표

142) 「보각국사비명」(이지관, 『교감역주 역대고승비문』, 고려편 4, 가산불교문화연구원, 2000년, 239쪽).

143) 고려시대의 승과는 교종과 선종으로 나누어진다. 선종의 승계(僧階)는 대덕(大德), 대사(大師), 중대사(重大師), 삼중대사(三重大師), 선사(禪師), 대선사(大禪師)이고, 교종은 대덕, 대사, 중대사, 삼중대사, 수좌(首座), 승통(僧統)이다.

현된 일련의 민란이 있었는데, 가지산문이 이 민란에 가담했을 가능성도 배제할 수 없다. 만약 민란에 가지산문이 가담되었다면 운문사를 중심으로 한 가지산문은 큰 타격을 입었을 것임에 틀림없다.

1246년에 조정에서는 일연에게 선사(禪師)를 제수했고, 1249년에 최항 정권이 들어섰다. 이 해에 일연은 정안(鄭晏 : ?~1251)에 의해 남해에 있는 정림사(定林社)로 초대되어 그곳에서 10년 동안 거주했다. 정안의 아버지 정숙첨(鄭叔瞻)이 최우의 장인이었기 때문에 정안은 최씨 정권과 밀접한 관계를 가지고 있었다. 그렇지만 정안은 최씨 정권에 염증을 느껴 남해에 은거하면서 불교를 신봉하여 그의 집을 정림사로 만들고 대장경 간행에도 참여하였다.[144] 그런데 일연은 정안을 매개로 최씨 정권과 연결되었고, 이때 수선사와도 사상적 연관을 가지게 되었다. 이를 계기로 가지산문은 당시 집권층과 연결되게 된다. 또한 일연은 정림사에 머물면서 경판조조 남해분사(南海分司) 작업에(분사대장도감) 참여하였다. 대장경 조판은 몽고가 침입하여 나라가 피폐해져 가고, 팔공산 부인사의 초조장경이 불에 탄 이후 부처님의 가피력에 의해서 몽고군을 물리치고 나라를 보호할 수 있다는 신념에 의해서 시작되었다. 일연은 이 때 『대장수지록(大藏須知錄)』 3권을 지었을 것으로 보인다. 재조대장경은 1251년에 완성되었다. 일연은 1256년 여름에 남해에 있는 윤산(輪山)의 길상암으로 거처를 옮겼고, 1259년에 대선사의 승계를 제수 받았다. 1260년에는 『중편조동오위(重編曹洞五位)』 2권을 간행했다.

최씨 정권이 붕괴되고, 강화도로 천도한 정부가 몽고에 항복한

144) 『고려사』 권100, 鄭世裕 附 晏傳.

후 원종은 1261년 일연을 선월사에 초청하였다. 원종의 이러한 조처는 일연을 통해 정치적 차원에서 불교계를 통솔하기 위한 것으로 보인다. 일연은 선월사에 주석하면서 보조국사(普照國師) 지눌(知訥)의 법을 이었다. 1264년에는 경북 영일군 운제산의 오어사(吾魚寺)로 옮겨 주석하였고, 그후 포산(비슬산) 인홍사(仁弘寺)에서 주석하였다. 1268년에 조정에서는 선종과 교종의 고승 100명을 개경에 초청하여 운해사(雲海寺)에서 대장낙성(大藏落成) 회향법회(廻向法會)를 열었는데, 일연으로 하여금 그것을 주관하게 하였다. 이를 계기로 일연은 불교계의 명실상부한 최고의 위치에 오르게 되었다.

일연은 1274년에 인홍사를 중수하고 확장하여 조정에 이 사실을 알렸다. 원종은 사액(賜額)을 내려 절의 명칭을 인흥사(仁興寺)로 바꾸고, 왕 자신이 직접 쓴 제액(題額)을 하사했다. 일연은 또 포산(비슬산) 동쪽의 용천사(湧泉寺)를 중창하고 불일사(佛日社)로 삼았다. 1277년에는 칙명에 따라 운문사(雲門寺)에서 1281년까지 주석하면서 선풍을 크게 진작시켰다. 이 시기에 『역대연표(歷代年表)』를 판각 간행하였는데, 이는 『삼국유사』를 찬술하기 위한 예비작업으로 볼 수 있다. 『역대연표』에서는 중국과 주변 국가의 왕명과 연호를 기록한 후 신라, 고구려, 백제, 고려의 왕명과 재위 연수를 밝히고, 연호를 부기하고 있는데, 이것은 『삼국유사』 왕력편의 기재양식과 일치한다.

1282년에는 왕명에 의해 개경으로 가서 선(禪)을 설법하고, 광명사(廣明寺)에 머물렀다. 1283년에 국존으로 책봉되어 원경충조(圓經沖照)라는 호를 받았다. 일연이 국존으로 책봉됨으로써 그가 속한 가지산문은 선과 교를 통합한 불교계의 중심교단이 되었을 것으로 추정된다. 그러나 일연은 늙은 어머니를 간호하기 위해 고향으로 돌아갈 것을 여러 번 요청하여 1283년에 비로소 왕의 윤허를 얻어 고향으로 돌아왔다. 1284년 일연의 노모가 돌아가신 후 조정에서는 경북 군위군 화산의 인각사(麟角寺)를 중수하여 그곳에 일연이 주석하게 하였다.

인각사에 주석한 지 5년인 1289년 7월 7일에 선승(禪僧) 노덕(老德)과 더불어 문답을 마치고 대중의 질문에 일일이 대답한 후 손으로 금강인(金剛印)을 맺고 입적했다. 그의 세속 나이 84세이며, 법랍 71세였다. 시호(諡號)는 보각(普覺), 탑호(塔號)는 정조(靜照)이다. 일연스님 입멸 후 제자인 운문사 주지 법진(法珍) 대선사가 행장을 지었다. 왕은 민지(閔漬)에게 비문을 짓게 하고, 1259년(충렬왕 21)에 법진이 보각국사비를 인각사에 세웠다.

일연이 활동할 때의 고려는 몽고의 침입을 받았고, 이후 완전히 원에 예속되어 원의 문화가 파급되고, 또한 원의 일본 정벌에 대한 부담으로 사회가 피폐된 시기였다. 불교계에서는 이 시기에 일연의 가지산문이 세력을 떨쳤지만, 일연이나 그가 속했던 가지산문은 불교계의 타락과 사회의 여러 모순을 직접 개혁하려는 의지가 없었던 것으로 보인다. 일연은 1258년 왕정복고를 주도한 보수적인 정치세력에 힘입어 선월사로 초청되었는데, 이러한 한계 때문에 가지산문은 원 지배 하의 고려 사회의 모순이나 불교의 타락상을 극복하기 위한 사상적 기능을 하지 못하였고, 무신의 난 이후에 등장한 신앙 결사운동도 계승하지 못했던 것으로 보인다.

<운문사 : 경상북도 청도군 운문면에 있는 사찰. 일연이 주석하며 삼국유사를 구상하였다>

2) 저서

일연의 저술로는 『삼국유사』를 비롯하여 『어록(語錄)』 2권, 『게송잡저(偈頌雜著)』, 『조파도(祖派圖)』 2권, 『대장수지록(大藏須知錄)』 3권, 『제승법수(諸乘法數)』 7권, 『조정사원(祖庭事苑)』 30권, 『선문염송사원(禪門拈頌事苑)』 30권, 『중편조동오위(重編曹洞五位)』 2권 등이 있다. 그러나 현재 남아 있는 것으로서는 『중편조동오위』와 『삼국유사』 뿐이다.

조사가 한 말의 기록인 『어록(語錄)』(2권)은 일연의 법어(法語)를 수록한 것으로 일연의 선사상을 알 수 있는 핵심적인 저술이었을 것으로 추정된다. 『게송잡저(偈頌雜著)』는 게송과 시문, 그

외의 내용이 수록되었을 것으로 추정된다. 게송은 원래 부처님의 공덕을 찬양하는 노래이지만, 후대 승려들의 시구(詩句)를 의미하게 된다. 그리고 잡저(雜著)는 게송 이외 여러 종류의 글을 모은 것으로 일연의 사상을 가장 잘 보여줄 수 있는 저서로 보이지만 현존하지 않는다.

『중편조동오위(重編曹洞五位)』 2권은 서문에 51세 때인 1256년 여름에 남해현에 있는 윤산(輪山) 길상암(吉祥庵)에서 이 책의 개편에 착수하였고, 1260년에 2권으로 엮었다고 하고 있다. 조동오위는 동산양개(洞山良价, 807~869)가 지은 『조동오위현결(曹洞五位顯訣)』에 조산본적(曹山本寂)이 주를 단 것이다. 이것을 조산혜하(曹山慧霞)가 편집하고 제자인 광휘(廣輝)가 해석하여 세상에 유통시켰다. 그런데 그 말이 난삽하고 쉽지 않아서 보법선사(普法禪師) 노겸(老謙)이 송본(宋本)을 얻어 중간하고, 거기에 조동의 유문(遺文)과 소산(疏山)과 말산(末山) 2가(家)의 어결(語訣)을 합편하여 하편(下篇)을 만들었다. 그러나 이 책도 상세하지 못하고, 그릇되거나 오류가 많았기 때문에 일연은 1256년에 길상암에 머물 때 구본의 3가 어구를 검열(檢閱)하여, 그 어구를 문에 따라 끼워 넣었고, 구본에 의거하여 2책으로 분리하였다고 하고 있다.[145] 일연이 이 책을 다시 편집한 이유는 동산양개 시대의 가르침이 오랜 세월이 지나 자못 어지러워져 사람들을 미혹하였고, 그리고 그 가르침이 끊어질 위기에 처했기 때문에 진실로 그들을 올바르게 인도하기 위함이었다고 하고 있다.

일연의 『중편조동오위』는 이후 국내에서는 소실되었지만, 1680년 일본에서 중간되었다. 그때 착간(錯簡), 탈문(脫文), 다른

145) 일연, 『중편조동오위서』, 한국불교전서 6, 216쪽 하~217쪽 상.

문장의 혼입과 내용의 착종(錯綜)이 심해 맥락을 찾아내기 힘들만큼 원저(原著)이 모습이 변형되었다고 한다. 그리고 다시 후대 인물의 주석이 추가되어서 원래 2권이었던 것이 3권으로 되었다.[146]

『조파도(祖派圖)』 2권은 『조도(祖圖)』라고 알려져 왔지만 「인각사보각국존비명」의 탑본에는 『조파도(祖派圖)』로 되어 있다. 제목으로 볼 때 조사(祖師)들의 전등록으로 보여진다. 『대장수지록(大藏須知錄)』 3권은 대장경 열람을 위한 입문서이거나 대장경의 목록일 가능성이 많다. 일연이 남해 정림사에 거주하면서 대장경 보유판 간행에 관여하면서 이 책을 지었을 것으로 추정된다. 『제승법수(諸乘法數)』 7권은 사전적 성격의 저술로 보인다. 즉 여러 종파나 학파에서 규정한 수의 의미를 종합해서 풀이한 사전적 성격의 저술이다.[147] 또한 이것을 당나라 현수(賢首)의 『제승법수』 11권을 바탕으로 다시 편저한 저술로 보는 견해도 있다.[148]

『조정사원(祖庭事苑)』 30권은 선불교 사전이라 할 수 있다. 동일한 이름의 책으로 중국 북송 때인 1108년에 선경(善卿)이 지은 것이 있다. 이 책은 『운문록(雲門錄)』을 비롯한 여러 선종의 저서 중 처음 입문하는 수행자들이 이해하기 어려운 부분에 주석과 해석을 한 것이다. 아마 일연의 『조정사원(祖庭事苑)』도 북송의 이 책을 근본으로 하여 다시 주석과 해석을 단 것으로 추정된다. 『선문염송사원(禪門拈頌事苑)』 30권은 『선문염송』의 주석서

146) 민영규, 「일연의 重編曹洞五位二券과 그 日本重刊本」, 『인문과학』 31, 연세대학교 인문과학연구소, 1974.

147) 김상영, 「일연의 저술과 불교사상」, 『경산지역 삼성현 유적조사 및 정비계획 보고서』, 경산대학교 국학연구원·경상북도, 1998, 245쪽.

148) 채상식, 「일연의 사상적 경향」, 『고려후기불교사연구』, 일조각, 1991, 145쪽의 주 122 참조.

이다. 『선문염송』은 선문의 공안집으로 염(拈)은 한 사건을 예로 들어 제시하고 풀이해 주는 형식이고, 송(頌)은 화두 속의 사건을 운문으로 찬송하는 형식을 취한다.

일연의 저서 중 가장 온전하게 전해지고 있는 것은 『삼국유사』 뿐이다. 『삼국유사』는 유교사관을 바탕으로 한 『삼국사기(三國史記)』가 기록하지 않은 부분 즉 고조선에서 기원하는 삼국 이전의 우리나라의 역사, 그리고 불교의 전래와 불교와 관련되는 각종 신이한 일들을 중심으로 기록하고 있다.

일연의 저서 목록을 통해서 보면 일연은 선(禪)은 물론이고 교(敎)에 관해서도 저서를 남기고 있다. 특히 『삼국유사』에는 화엄사상을 비롯한 일연의 해박한 교학사상이 나타난다. 이것을 통해 일연은 선과 교를 대립적으로 보지 않고 그것을 회통시키기 위해서 노력했음을 알 수 있다.

2 일연의 사상

1) 고려불교의 특징

고려시대의 불교는 우리나라의 대표적인 교학불교인 화엄학과 통일신라 말부터 우리나라에 전래된 선불교가 대립 발전하던 시기이다. 아울러 의천(義天, (1055~1101)이나 지눌(知訥, 1158~1210)에 의해서 불교통합사상이 전개된 시기이며, 가장 한국적이고 주체적인 불교교학이 발전한 시기이기도 하다. 또한 고려불교는 전통적인 민간신앙을 대폭 수용하여 혼합불교적 형태를 이루고 있었다.

고려가 불교를 국교로 한 것은 태조 왕건의 신불(信佛)에 의한다. 왕건은 "우리나라의 국가 대업은 여러 부처님의 호위에 힘입은 것이었으므로 선(禪)과 교(敎)의 사원을 창건하고 주지를 파견하였다. 만일 후세에 간신 정권이 승도(僧徒)의 청으로 사원을 경영하게 되면 쟁탈이 있을 것이니 마땅히 이것을 막아야 한다."라고 하고, 또 "나의 소원은 연등(燃燈)과 팔관(八關)에 있다. 연등은 부처를 제사하고, 팔관은 하늘과 5악(岳)·명산·대천·용신(龍神) 등에 봉사하는 것이다. 후세의 간신이 신위(神位)와 의식절차의 가감(加減)을 건의하지 못하게 하라. 나도 마음속에 행여 회일(會日)이 국기(國忌: 황실의 祭日)와 서로 마주치지 않기를 바라고 있으니, 군신이 동락하면서 제사를 경건히 행하라."[149]라고 하고 있다.

태조 왕건은 국가의 대업이 부처님의 호위에 의해서 이루어졌기 때문에 붓다의 정법(正法)에 따른 국가 경영을 강조한다. 따라서 부처님의 가피력(加被力)을 얻는 방법으로 연등회 등 여러 불교 행사를 실행해야 함을 말하고 있다. 태조 왕건에 의해서 국교로 된 고려불교는 경전에 의한 교리연구와 실천수행이라는 자력적(自力的)인 불교와 개인이나 국가의 소원 성취를 이루기 위해 부처님의 가피력(加被力)에 의지하는 타력적(他力的)인 불교라는 양면성을 띠고 있다. 교학연구는 비록 신라에 미칠 만큼 활발하지는 않았지만 독창성이 있는 불교연구가 행해졌다. 그리고 부처님의 힘에 의해서 국가를 보호하기 위한 방안으로 대장경이 조판되고, 호국법회 등이 빈번하게 개최되었다.

이러한 고려불교의 특징을 살펴보면 그것은 다음과 같다.

---

149) 『고려사(高麗史)』 태조세가 26년 4월조와 『고려사절요(高麗史節要)』 태조세가 26년 4월조, 「훈요십조」.

첫째, 국가적 불교이다. 불교를 국교로 정한 고려 왕조는 승려의 질적 향상과 사회 지위 보장을 제도화하기 위해 승과제를 실시하였다. 아울러 승려와 교단을 관리하고, 불교행사를 주관하는 국가적인 대행기관으로 승록사(僧錄司)를 두었다. 이러한 작업은 불교교단을 통일적으로 지도하고, 불교교단의 체제나 질서를 확립시키기 위한 것이었지만, 그것은 또한 왕족이나 귀족, 승려라는 사회 지도층을 결속시키는 방편이기도 했다. 그렇지만 불교의 국교화는 불교교단이 국가체제에 예속되고, 불교가 정치의 영향을 받게 되어 독자성을 상실하게 되는 문제를 낳았다.

둘째, 호국불교이다. 고려불교의 호국적 성격은 「훈요십조」 제1조에 "국가 대업은 여러 부처님의 호위에 힘입은 것이었다."는 것에서 잘 나타난다. 불교의 국교화는 불교의 왕실화, 귀족화 현상을 초래하여 많은 왕자와 귀족의 자제들이 출가하여 불교 승려의 질적인 향상을 촉진했다. 승단과 왕실은 호국신앙이라는 공통의 관심사 아래 긴밀하게 결부되었다. 국가적 이익이나 재난 방지를 위해 많은 불사(佛事) 즉 대장경 조판이나 『인왕반야경(仁王般若經)』과 『금광명경(金光明經)』 등을 강설하는 법회가 성행하였다. 그러나 권력과 결탁한 불교는 승단이 왕실에 예속되게 됨으로써 독자성을 잃게 되고, 정치화하게 된다.

셋째, 고려불교의 현실치중적 성격이다. 종교의 원래 사명은 미래세에 있어서의 영혼의 구제이다. 불교는 현실에서의 미혹과 집착을 벗어나 궁극적인 깨달음을 이룰 것을 가르친다. 또한 보살정신에 의해서 중생들을 고난으로부터 구원하기 위해 적극적 현실참여를 주장하기도 한다. 그런데 고려시대에 있어 민중의 신앙형태는 현세이익적 소망 성취가 그 근본 전제로 되어 있다. 공적인 법회나 재(齋) 등의 불사(佛事)는 거의 대부분 현세에서의 온갖 소원 성취를 기원하는 것이었다. 즉 불교를 신앙함으로써 자신의 괴로움으로부터 벗어남은 물론 현세에서 그가 희구하는 것들이 성취될 수 있다고 생각하였다.

넷째, 고려불교는 화회와 회통을 지향한다. 고려불교는 교학적인 측면에서는 원효의 회통정신을 이어받아 계승하고 있다. 예컨대 균여(均如, 923~973)는 대표적인 교학이던 화엄학의 종합을 시도하고 있고, 의천(義天, 1055~1101)은 교관쌍수(教觀雙修)을 주장하면서 불교교학을 천태(天台)의 입장에서 융합하려고 하였다. 그리고 보조 지눌(知訥, 1158~1210)은 선교융합(禪教融合)을 주장하여 선의 입장에서 불교 회통을 시도하고 있다. 이런 점에서 일연도 동일한 입장을 취하고 있다.

다섯째, 불교의 민간 신앙의 포용이다. 불교는 민중들의 신앙대상인 천령, 오악, 산천, 용신 등의 전통신앙을 받아들이고 있다. 또한 불교는 도교, 샤머니즘, 지리도참설 등을 받아들여 그것이 혼재된 형태를 취하고 있는데, 불교를 중심으로 한 이러한 혼합종교적 성격은 불교의 관용성에 근거한 것이다.

이러한 여러 특징을 갖는 고려불교는 불교문화의 발달과 함께 정신적 물질적으로 화려한 꽃을 피웠지만, 아울러 고려불교가 가진 여러 폐단으로 인해 고려의 국운을 쇠퇴시키는 결과를 초래하기도 하였다. 고려불교의 폐단을 지적해 보면 다음과 같다.

첫째, 국가의 재정을 넘어선 무리한 불사(佛事)로 인하여 국력낭비를 가져왔고, 그로 인해 민생의 궁핍을 초래하게 되었다. 수많은 갖가지 종류의 법회와 반승(飯僧 : 승려에게 식사를 공양하는 것)행사가 개최되었고, 조상이나 자신의 복, 국가의 안태를 기원하기 위한 사경(寫經)행사가 빈번하게 일어나 국가 재정의 궁핍을 가져왔다.

둘째, 불교가 지리도참사상과 밀접하게 결부되어 불교 본래의 가르침이 퇴색하게 되었다. 비보사탑설에 의해 지형의 역처(逆處)에 많은 사탑을 건설하게 되는 등 불교 본래 정신의 퇴색 및 지나친 사탑 건립에 따른 국력의 낭비를 초래하였다.

셋째, 승단의 비대화로 인한 국가 재정의 축소 및 병력의 감소 현상을 가져왔다. 사원은 납전(納田), 납노(納奴) 즉 면세, 면역의 특혜를 받았는데, 병역의 의무와 세금을 내지 않기 위한 방편으로 승려가 되려는 자들이 날로 증가하였다. 그 결과 병력이 줄어들게 되어 국력이 쇠퇴하게 되고, 승려들의 면세로 인해 국가의 재정 압박이 심해지게 되었다.

넷째, 승단이 불교 장려의 목적으로 설치한 광학보(廣學寶), 사원의 유지를 위해 설립한 장생고(長生庫) 등의 식재기구가 서민의 금융경제를 좌우하는 기구가 되어 서민들을 수탈하는 기관으로 변모하였다. 이외에도 일부 사찰에서 밀가루, 술, 차 등을 제조 판매하여 사찰은 상거래를 하는 하나의 이익집단으로 변질하기도 하였다.

다섯째, 문종(文宗)이 한 집에 3명의 아들이 있으면 그 중 한 아들은 승려가 될 수 있다는 훈시에 따라 많은 사람들이 출가하게 되어 승려의 수가 증가하였다. 그 결과 승려들의 자질이 나빠졌고, 일부 승려들은 자기 정화보다는 탐욕에 눈이 멀어 승려의 질적 저하 현상이 두드러졌다. 불교의 이러한 여러 폐단은 고려가 쇠망하게 되는 하나의 원인을 제공했다고 할 수 있다.

2) 일연의 불교사상

원효 이래 한국불교의 일반적인 전통은 회통불교 즉 통불교(通

佛敎)라고 할 수 있다. 일연의 불교사상도 회통불교적인 성격을 지니고 있다. 「고려국화산조계종인각사가지산하보각국존비명(高麗國華山曹溪宗麟覺寺迦智山下普覺國尊碑銘)」에서는 "학문은 깊고 깊어 백가에 정통하고", "선림(禪林)에서는 그 조령(朝令)·호소(虎嘯)와 같고, 교해(敎海)에서는 그 변재 용음(龍吟)과 같네!"[150]라고 하여 일연의 학풍이 광대하여 선과 교를 관통하고 있음을 말하고 있다. 이같이 일연은 선(禪)과 교(敎)를 겸수하고 있는데, 선불교의 기반 위에 교학을 겸수하고 있다고 할 수 있다.

「비문」에 의하면 그가 비슬산 보당암에 거주하고 있을 때 "심존선관(心存禪觀)"이라 하였는데, 이것을 보면 일연은 간화선(看話禪)에 바탕한 선승임이 확실하다. 또한 그가 깨달음을 얻었다는 다음의 말도 그가 선사(禪師)임을 말하고 있다.

> 항상 "생계(生界)는 줄어들지 않고, 불계(佛界)는 늘어나지 않는다."는 부처님의 말씀을 참구하다가 어느 날 홀연히 활연대오하고 사람들에게 이르기를, "금일에야 비로소 삼계가 한 몸임을 알고 보니 모든 대지가 조금도 장애함이 없다."라고 하였다.[151]

일연의 깨달음이 "생계불감 불계증감(生界不減 佛界不增)"이라는 화두참구를 통해서 이루어졌다고 하고 있다. 또한 「비문」에 보이는 그의 임종 때의 문답도 선문답의 형태를 띠고 있다. 비문에는 임종 때의 상황을 다음과 같이 기록하고 있다.

> 또 어떤 스님이 묻기를 "화상께서 백년 후에 구하는 것이 무엇입

---

150) 「보각국사비명」, 257쪽.

151) 「보각국사비명」239쪽~240쪽.

니까?" 하니, 스님께서 이르되, "다만 일상생활 이것뿐이다."라고 하였다. 나아가 이르기를 "군왕과 더불어 일개 무봉탑(無縫塔)을 조성하더라도 무방하시겠습니까?" 하니, 스님께서 이르시기를 "어느 곳으로 왔다 갔다 하는가?"라고 하였다. 나아가 이르기를 "법을 묻고자 하기 위해서입니다."라고 하니, 스님께서 이르시기를 "이 일은 모두 아는 사실이니, 더 이상 묻지 말라."라고 하였다. 또 어떤 스님이 화상에게 묻기를 "스님은 세상에 살아 있는 것이 마치 세상에 없는 것과 같으며, 몸을 보되 또한 몸이 없는 것과 같으니 더 오래도록 세상에 살아 계시면서 대법륜을 전하는 것이 좋지 않겠습니까?" 하니, 스님께서 이르되, "이 세상에 있거나 저 세상에 있거나 가는 곳마다 불사(佛事)를 하고 있느니라."라고 하셨다. 이와 같이 문답이 끝난 다음 스님께서 모든 선덕(禪德)에게 이르시되, "날마다 공부하는 경지를 보고하라. 가려운 통양지(痛痒之: 有念)와 가렵지 않는 불통양지(無念)가 모호하여 구분이 되지 않는다."라고 하고는 주장자를 들어 한 번 내리치고 이르되 "이것이 곧 통양이다." 하고, 또 한 번 내리치고 이르되 "이것은 불통저(不痛底)이다." 하며 세 번째 내리치고는 "이것은 통(痛)이냐 불통(不痛)이냐? 시험 삼아 자세히 살펴보라."[152]

일연은 1249년 정안(鄭晏 : ?~1251)의 초청에 의해 남해 정림사에 거주하게 된 이후 간화선을 주로 참구했다. 이 당시 『선문염송(禪門拈頌)』이 남해분사에서 간행되었는데(1244~1248), 이것을 일연이 열람하였을 가능성은 매우 크기 때문이다.

또한 일연이 선월사의 주지로 부임한 것에서 그가 보조 지눌의 법을 이은 것으로 본다. 보조국사 지눌(知訥 1158~1210)은 정혜결사(定慧結社)를 통해 고려불교의 수행풍토를 혁신하였다. 지눌 선

152) 「보각국사비명」, 249쪽~250쪽.

사상의 중심 이론은 선교일원론(禪敎一元論), 돈오점수론(頓悟漸修論), 정혜쌍수론(定慧雙修論), 진심론(眞心論) 등이다. 선교일원론은 선의 입장에서 교를 융합하는 것이다. 지눌은 "내 마음이 곧 부처의 마음이고, 선이 곧 마음이다(自心是佛心 禪卽是心)"라고 하여 자기가 본래 부처요, 중생이 본래 부처라고 하였다. 그리고 선(禪)이 바로 부처의 마음(佛心)이며, 교(敎)는 부처님의 말씀이기 때문에 모든 부처님의 마음과 말씀이 서로 어긋날 수 없다고 하였다. 일연은 지눌의 이러한 선교일원의 화회사상의 정신을 계승하고 있는 것이다.

일연은 수선사 계통의 간화선 외에도 다른 계통의 선사상인 조동선(曹洞禪) 등을 적극 수용함으로써 9산선문으로 갈라져 있던 선사상의 융합과 조화를 도모하려고 하였다. 그러한 의도에서 그는 『중편조동오위(重編曹洞五位)』를 편찬했다. 『중편조동오위』는 2권으로 일연의 불교관 연구에 중요한 자료인데, 각 권마다 "문인 후조산 혜하편, 문인 광휘석, 후학 회연보(門人 後曹山 慧霞編, 門人 廣輝釋, 後學 晦然補)"라고 하여 조동선을 보급시킨 신라의 승려 20여명을 거명하고 있다.[153)]

조동오위(曹洞五位)설은 중국 조동종(曹洞宗)의 중심사상이다. 조동종은 청원 행사(靑原 行思)와 석두 희천(石頭 希遷) 계통에서 유래한다. 동산 양개(洞山 良介, 807~869)와 그의 제자 조산 본적(曹山 本寂, 840~901)이 조동종을 세웠다. 동산양개(洞山 良介)는 편정오위송(偏正五位頌)과 공훈오위송(功勳五位頌)이라는 2개의 오위송을 말했다. 편정오위(偏正五位)는 정위각편(正位却偏 : 평등

153) 『중편조동오위』는 원래 국내에서는 전해지지 않았으나 1984년 민영규(民泳珪)가 일본의 『조동종전서』에서 발견하였다. 일연의 비문에는 2권으로 되어 있으나 여기서는 3권으로 되어 있다.

한 세계가 오히려 차별의 세계이다), 편위각정(偏位却正 : 차별의 세계가 오히려 평등한 세계이다), 정위중래(正位中來 : 평등한 세계에서 나타난다), 편위중래(偏位中來 : 차별의 세계에서 나타난다), 상겸대래(相兼帶來 : 두 개의 세계를 동시에 갖추어 나타난다)이다. 이 오위를 제자인 조산 본적이 정중편(正中偏), 편중정(偏中正), 정중래(正中來), 편중지(偏中至), 겸중도(兼中到)로 개편하고 주석을 달았다.154) 이것이 조동종의 중심사상이 된다. 일연은 고려에 유통되고 있던 조동오위설(曹洞五位說)의 잘못된 부분을 바로잡기 위해 노겸(老謙)이 중간한 판본을 검열하여 배열을 변경하고 생략할 것은 생략하면서 후세의 오위설을 가미하고, 자신의 견해를 보완하여 거듭 편찬하였다. 이것이 바로 일연의 『중편조동오위』이다.

『중편조동오위』는 조산간운(曹山揀云), 휘석운(輝釋云), 보왈(補曰) 등의 형식으로 이루어져 있다. 즉 조산의 주에 광휘(廣輝)가 해석하고, 거기에 일연이 보왈의 형태로 문제점과 부족한 점을 제시하였다. 즉 일연은 조산의 주와 광휘의 해석을 하나하나 대조하여 편집하고 그 오류를 바로잡고 자신의 견해를 보충하였던 것이다. 17곳에 일연의 견해가 들어있는데, 일연의 조동선을 알 수 있는 귀중한 자료라 할 수 있다.

그리고 일연은 선 수행 외에도 교학의 연구도 게을리하지 않았고, 나아가 불교 외의 여러 사상까지도 포용하여 폭넓게 받아들이고 있다. 그의 「비문」에 다음과 같은 말이 있다.

또 참선하는 여가에는 다시 장경을 열람하여 제가의 장소(章疏)를

154) 키무라 키요타카, 『중국불교사상사』, 장휘옥 역, 민족사, 1989, 164쪽.

연구하고, 곁으로 유가의 서적을 섭렵하는 한편 백가제서(百家諸書)를 겸수(兼修)하여 곳에 따라 중생을 이롭게 하되, 그 연마한 묘용이 종횡 무애하였다. 무려 50년 동안 닦은 법도(法道)가 고매하여 있는 곳마다 서로 다투어 경모(景慕)하였다. 그리하여 많은 사대부들이 스님의 당하(堂下)를 참방하지 못한 것을 부끄럽게 여겼으며, 비록 저마다 괴걸(魁傑)이라 자부하던 자라도 다만 스님의 유방여윤(遺芳餘潤) 곧 법문을 들으면 모두 심취하여 망연자실하지 않는 이가 없었다.155)

일연이 간화선뿐만 아니라 교종의 여러 장경과 유가의 서적 등도 공부하여 가르침을 폈음을 알 수 있다. 이같이 일연은 선과 교에 모두 능통하였다. 그것은 그가 구산문도회(九山門都會)나 대장낙성회(大藏落成會)를 개최하고 있는 것을 통해서도 알 수 있다.

또한 일연이 지눌의 법을 잇는다고 하는 것은 지눌의 선교일원론(禪敎一元論)을 계승한다는 의미이기도 하다. 그 예로 일연은 화엄(華嚴)사상을 매우 중시하고 있다. 일연이 화엄학을 중시했다는 것은 그의 깨달음의 과정이 화엄적 색채가 짙다는 것에서도 일 수 있다. 즉 일연은 문수(文殊)에 의한 문수오자주(文殊五子呪), 무주법문(無住法問), 무주암(無住庵)을 거쳐서 깨달음을 얻고 있다. 문수보살은 『화엄경』에서 여래의 지혜를 상징하는 보살이다. 무주(無住)는 일반적으로 『반야경』의 공(空)과 같은 의미로 무집착을 의미하는 불교의 근본진리이다. 일연이 깨달음을 얻은 참구 즉 "생계(生界)는 줄어들지 않고, 불계(佛界)는 늘어나지 않는다."는 것은 화엄의 무애(無碍)의 세계를 나타낸 것이다. 그것은 사바세계가 바로 연화장(蓮華藏)세계라는 것의 다른 표현이라고 말할 수 있다.

일연과 화엄사상과의 관계는 그가 머무르며 수행했던 사찰들이

155) 「보각국사비명」, 252쪽.

거의 화엄사찰이라는 것에서도 나타난다. 그가 불일결사(佛日結社)를 했던 옥천사도 화엄사찰이며, 『삼국유사』를 찬술한 시기에 머무르며 수행했던 사찰 즉 그의 나이 70에서 84세까지 머무르며 수행했던 용천사, 운문사, 광명사, 인각사 등의 사찰은 모두 화엄사찰이다. 그리고 그가 보인 많은 이적(異蹟)과 기이한 꿈의 예도 그의 화엄사상과의 관계를 말하고 있다. 즉 "일연이 처음 용검(龍劍)에 갈 때 마산역리(馬山驛吏)의 꿈에 명일 천사가 담무갈(曇無竭菩薩)보살의 뒤를 닦기 위해서 이곳을 지난다 함을 들었는데 일연이 왔다."[156]라는 기록이 있다. 담무갈보살은 『화엄경』「보살주처품」에 나오는 보살로 이 이야기는 일연의 이타행을 담무갈보살에 비유한 것이다.

이 외에 『삼국유사』에는 일연의 화엄사상을 엿볼 수 있는 많은 기록들이 있다. 예컨대 자장(慈藏)이 문수에게 받은 범문(梵文)의 게송 "요일체법 자성무소유 여시해법성 즉견노사나(了一切法 自性無所有 如是解法性 卽見盧舍那)"는 『80화엄경』「수미정상게찬품」에 나오는 것이다. 또 보타낙가산이라는 관음보살의 주처도 『80화엄경』에 나오는 명칭이다. 그런데 자장이나 의상이 연구한 것은 『60화엄경』인데, 이들의 기록에 『80화엄경』의 내용이 삽입된 것은 『80화엄경』을 공부한 일연의 견해가 나타난 것이라 할 수 있다.

『삼국유사』「사복불언(蛇福不言)」의 찬문에서 일연은 "괴로운 생사가 원래 괴로움이 아니니 화장(華藏)에 부휴(浮休)하는 세계가 넓기도 하다."[157]라고 하고 있는데, 이것은 생사 즉 열반이라는 『화엄경』의 연화장 세계관을 나타내고 있는 것이다. 그리고

156) 『조선금석총람』 상, 472쪽.

157) 『삼국유사』, 「사복불언」.

「남백월 이성 노힐부득과 달달박박조」에서는 달달박박과 노힐부득의 인연을 일연은 다음과 같이 논평하고 있다.

> 낭자는 부녀의 몸으로 섭화한 것이라 하겠다. 『화엄경』에는 마야부인 선지식이 11지에 살면서 부처를 낳아 해탈문이 환상과 같음을 나타냈는데, 지금 낭자가 해산한 것도 미묘한 뜻이 여기에 있다.158)

노힐부득과 달달박박은 화현한 관음보살의 도움에 의해 깨달음을 얻게 된다. 두 성인을 성도케 한 관음의 화현인 낭자는 『화엄경』「입법계품」의 53선지식 중 마야부인의 권화라는 것이다. 즉 『화엄경』에 나오는 마야부인의 해탈문에 의해서 노힐부득과 달달박박이 성불을 이룬다는 것이다.

『삼국유사』에서 일연이 의상을 존숭하고 극찬한 것도 화엄사상에 대한 그의 견해의 일단을 나타낸 것이라 할 수 있다. 그리고 다른 불교신앙에 비해서 화엄의 우위를 논한 것도 동일한 입장에 연유한 것이라 할 수 있다. 이와 관련된 예로는 「전후소장사리」조에 의상을 호위하는 화엄신중(華嚴神衆) 때문에 종남산의 도선율사(道宣律師)가 천공(天供)을 받지 못했다는 이야기, 의상이 친견한 낙산의 관음진신을 원효가 보지 못하였다는 일화, 그리고 유식사상보다는 화엄사상이 우위에 있음을 비유적으로 말하고 있는 「현유가 해화엄」조의 기록 등이 그것이다.

일연은 관음신앙 등의 정토신앙도 매우 강조한다. 그는 인홍사에 주석하면서 『법화경』의 보문행을 강의하고, 관세음보살 육자대명진언을 외우는 공덕에 대해서 말하고 있다. 일연이 타력적인 관

158) 『삼국유사』, 「남백월 이성 노힐부득과 달달박박조」.

음신앙의 공덕을 강조한 것은 오랜 전란으로 고통 받고 있는 민중들에게 관음신앙이라는 구원의 신앙을 통해 삶에 대한 희망을 갖도록 하기 위한 것이다. 다시 말하면 일연은 전란으로 피폐된 국가와 민족에 자주적 민족의식을 고취시켜 민족의 정통성과 민족의 주체성을 주지시킴과 함께 정토신앙을 통해서 민중의 마음을 편안하게 할 수 있는 적극적인 실천신앙을 강조한 것이라 할 수 있다.

3) 일연의 화회사상

일연은 선교일원론을 주장한 보조 지눌의 계승자임을 자처하고 있다. 일연의 활동을 보면 그는 선불교뿐만 아니라 『화엄경』 등의 교학을 열심히 공부했으며, 정토신앙도 매우 강조했음을 알 수 있다. 일연의 이러한 회통 화회적인 사상은 『삼국유사』에서도 분명하게 나타난다. 여기서 일연은 불교 내부, 불교와 다른 종교, 불교와 전통적인 토속신앙 간의 반목과 갈등을 불교를 중심으로 화회시키려고 하고 있다.

『삼국유사』에는 천신(天神), 수신(水神), 산신(山神), 지신(地神), 그 외의 무속신앙 등 여러 유형의 전통적인 토속신앙이 나타나고 있다. 이들 토속신앙은 서로 조화 협력하기도 하지만, 갈등 대립관계에 있기도 하다. 특히 천신과 용신(龍神), 무속신앙과 천신 사이에는 갈등 대립관계가 표출되고 있는데, 그것은 이들 신앙의 담지자들 사이의 갈등 대립관계를 말한 것이라 할 수 있다. 불교가 전래된 이후 이들 토속신앙 간의 갈등은 불교에 의해 화회 조화된다.

천신과 용신의 갈등은 「보양이목」조에 불법을 보호하고 비를 내려 민중의 고통을 벗어나게 해 준 용신을 천제가 죽이려 했을 때 보양이 그를 구해주고 있다.[159] 보양법사(寶壤法師)가 작갑사(鵲岬寺)를 세워 머물고 있을 때 심한 가뭄이 들었다. 이때 불법을 도와주던 이목(璃目)이라는 용신이 비를 내려 민중의 고통을 덜어주었다. 그런데 그것이 자신의 권능에 도전한다고 생각한 천신이 용신 이목을 죽이려 하였다. 이때 보양이 기지를 발휘하여 용신을 보호하고 있다. 즉 보양법사는 천신의 반감을 사지 않고 용신을 불법에 의해서 보호하고 있다. 천신과 용신의 갈등을 불법에 의해 화회시키고 있는 경우이다.

무속신앙과 천신과의 갈등은 「김현감호」 조에 보이고 있다. 원성왕 때 김현(金現)이라는 사람이 절에서 탑돌이 하는 호녀(虎女)를 만나 사랑을 나누고 부부의 연을 맺었다. 호랑이가 사람을 해치는 것이 심각하여 하늘이 벌을 주려고 했을 때 호녀가 오빠들을 대신하여 벌을 받기로 하고 김현에게 자신을 위해서 절을 짓고 불경을 강론하여 좋은 과보를 얻는 데 도움이 되게 해 달라고 하였다. 김현이 호녀(虎女)를 죽여 그 공로로 벼슬에 오른 후 서천가에 절을 지어 호원사라 하고, 항상 『범망경』을 강론하여 호랑이의 저승길을 인도하고, 또한 호랑이가 자기 몸을 희생하여 자기를 성공하게 해 준 은혜에 보답했다고 하고 있다.[160] 여기서는 호랑이가 사람이 된다는 종래의 전통적 무속신앙이 나타나고, 무속신앙과 천신의 갈등관계가 나타난다. 그러나 무속신앙은 불교에 귀의하여 그 잘못을 참회하고, 불교는 무속신앙을 적극적으로 포용하고 있다.

또한 천신, 용신, 무속신앙 간의 갈등을 불교가 화회시키고 있는 경우도 있다. 그것은 「어산불영(魚山佛影)」 조에 다음과 같이 말

---

159) 『삼국유사』, 「보양이목」.

160) 『삼국유사』, 「김현감호」.

해지고 있다.

> 『고기』에 이렇게 말했다. "만어산은 옛날의 자성산 또는 아야사산이다. 그 곁에 가락국이 있었다. 옛날 하늘에서 알이 바닷가로 내려와서 사람이 되어 나라를 다스렸으니 이가 바로 수로왕이다. 이 때 국경 안에 옥지(玉池)가 있고, 못 속에는 독룡이 살고 있었다. 만어산에 다섯 나찰녀가 있어서 독룡과 왕래하면서 사귀었다. 그 때문에 때때로 번개가 치고 비가 내려 4년 동안 오곡이 익지 못했다. 왕이 주문을 외어 금지하려 했으나 할 수 없었다. 머리를 숙여 부처님을 청하여 설법하고 나찰녀가 오계를 받은 뒤에는 재앙이 없어졌다. 그래서 동해의 물고기와 용이 마침내 화하여 골짜기 속에 가득 찬 돌이 되었는데, 각각 쇠북과 경쇠의 소리를 내었다.[161]

이 이야기는 『관불삼매경』에 근거한 것으로 경에서는 난동을 부리는 나찰과 독룡에게 부처님이 삼귀의, 오계를 설법하여 그들을 불교에 귀의시키고, 악한 마음이 생기지 않도록 하기 위해서 부처님의 그림자를 남겼다고 하고 있다.[162] 하늘에서 내려온 김수로왕은 천신, 독룡은 바다를 상징하는 용신이다. 천신과 용신간의 싸움을 막으려는 왕의 주문은 무속신앙이다. 여기서는 천신과 용신, 나찰, 무속신앙이 혼재한 전통신앙 간의 갈등 관계를 볼 수 있다. 천신이 독룡과 나찰의 횡포를 제압할 수 없자 부처님에게 부탁하여 부처님의 위신력에 의해서 독룡과 나찰녀를 제압하고, 또한 부처님이 그들에게 설법하여 계를 주고 악심을 조복시켜 불교에 귀의시켰다는 것이다. 즉 불법에 의해서 토속신앙 간의 갈등을 화회시키

---

161) 『삼국유사』, 「어산불영」.

162) 『관불삼매경』, 대정 15, 679쪽 중~681쪽 중.

고 그들을 불법으로 귀의시켰다는 것이다.

불교가 우리나라에 전래될 때 불교와 토속신앙은 당연히 갈등 대립하였다. 이러한 갈등과 대립관계는 불교의 위신력, 불교의 자비와 관용의 정신에 의해서 해소된다. 무속신앙과 불교와의 갈등관계는 「원광서학」 조에 나타난다. 원광이 불법을 배우고 있을 때 다른 한 승려가 멀지 않는 곳에서 주술을 즐겨 배우고 있었다. 신이 원광의 수행 정진을 칭찬하고 주술을 배우는 승려를 산사태로 묻어 버렸다. 이후 원광은 신의 권유에 의해서 중국에 유학한 후 돌아와 신에게 감사를 드리고 신에게 계를 주고 생생상제(生生相濟)의 약속을 맺었다고 하고 있다.[163] 늙은 여우가 변신한 신은 토속신앙을 상징하는데, 그것은 주술적인 승려와 대립 투쟁관계에 있었다. 주술을 행하는 승려를 신이 죽였다는 것은 올바르지 못한 불법수행에 대해 토속신앙이 경고한 것이라 할 수 있다. 그리고 원광이 신의 도움으로 유학을 떠난다는 것은 토속신앙이 불교를 적극적으로 수용하고 그 발전을 돕는 즉 호법적 입장에 섰다는 것이며, 원광이 중국유학에서 돌아와 신에게 계를 주었다는 것은 불교가 토속신앙을 포섭하고 화회하였다는 것을 의미한다.

「밀본최사」 조에서는 무속신앙과 불교와의 갈등을 특히 밀교의 위신력에 의해서 해결하고 있다.

> 선덕왕 때 덕만이 병이 들어 오랫동안 낫지 않자, 흥륜사의 승려 法惕이 임금의 부름을 받아 병을 치료했으나 오래되어도 효력이 없었다. 이 때 밀본법사의 덕행이 나라 안에 소문이 퍼져서 좌우 신하들이 바꾸기를 청했다. 왕이 그를 궁중으로 불러들였다. 밀본은 宸仗 밖에서 『약사경』을 읽었다. 경을 다 읽고 난 뒤 가졌던 육환장이 침실 안

163) 『삼국유사』, 「원광서학」.

으로 날아가 늙은 여우 한 마리와 중 법척을 찔러서 뜰아래에 거꾸로 내던지니 왕의 병은 이내 나았다. 이 때 밀본의 이마 위에 오색의 신비스러운 빛이 비치어 보는 사람이 모두 놀랐다.164)

여기서 늙은 여우는 전통의 무속신앙을 대표하고 있고, 법척은 밀교와는 다른 계통의 승려이다. 밀본이 『약사경』으로 마괴를 물리쳤다는 것은 무속적 전통신앙에 비해서 불교 특히 밀교의 우위를 말하는 것이다. 즉 밀교가 무속신앙이나 다른 불교신앙보다 우위에 있다는 것이다.

「밀본최사」 조에서는 김양도가 병이 나자 무당이나 법류사 승려를 불러 병을 고치려 했을 때, 귀신들이 무당을 모욕하고, 법류사 승려인 망명을 죽게 하였지만, 밀본법사에 의해서 귀신이 퇴치되고 김양도의 병이 나았다고 하고 있다. 여기서 법류사 승려는 무당과 동일시되고, 김양도가 밀교에 의해서 병이 나았다는 것은 무속신앙이나 밀교 이외의 다른 불교 가르침보다 밀교의 우위를 말하는 것이다. 귀신들에 의해서 죽임을 당하는 법류사 승려로 대표되는 불교는 토속신앙 보다 우월할 것이 없으며, 이러한 대립과 갈등의 관계를 해소한 것이 바로 밀교라는 것이다.

불교가 토속신앙을 포섭 화회하였다는 것은 대개 토속신앙의 신들이나 신앙의 담지자들이 불교의 계(戒)를 받거나 원찰을 짓는 것 등의 방식으로 불교에 포섭된다는 것이다. 이것은 종래 전통적인 토속신앙의 역할이 불교로 대체되었다는 것을 의미한다. 『삼국유사』에서는 불상이나 탑이 하늘에서 내려오거나, 바다, 못, 물속, 또는 땅속으로부터 나타났다고 말하는 경우가 많다. 하늘과 바다, 땅

164) 『삼국유사』, 「밀본최사」.

은 천신, 용신, 지신, 산신을 상징한다. 그런데 하늘, 땅, 바다로부터 탑이나 불상이 도래하였다고 하는 것은 불교가 전통신앙을 대신하여 이 땅에 정착하였음을 말하고 있는 것이다. 다시 말하면 종래의 천신, 수신, 지신 신앙은 불교와 융합되고, 종래 그들의 역할을 불교가 대신하게 되었다는 것이다.

『삼국유사』에 나타나는 천신(天神)은 불교적으로 변용되어 있다. 상제, 도솔천, 33천, 제석천, 범천, 변재천녀, 천제, 친의천사, 천인 등의 천신이 등장하는데, 이들 천신들은 대체로 불법(佛法)의 수호자가 된다. 수신(水神)은 일반적으로 용(龍)으로 대변된다. 용은 토착적인 용과 불교에 적대적인 용, 호국용, 호법용 등으로 분류된다. 불교에 적대적인 용들은 우리나라에 불교가 전래되는 것을 가장 반대했던 신앙과 사상, 세력을 대표한다. 그러나 불교와 갈등 대립관계에 있던 용들도 불교의 위신력, 관용과 자비에 의해서 불교에 포섭, 융화되어 호법룡(護法龍)이 된다. 지신(地神)과 산신(山神)은 대체로 불법을 보호하고 나라의 위기를 예측하는 신들로 등장한다. 특히 산신은 불법의 흥기와 보호에 매우 적극적이다.

불교와 유교, 도교와의 관계에 있어서도 일연은 불교가 유교와 도교를 모두 포용할 수 있는 가르침이라 하여 이들 사상을 불교에 포섭하고 있다. 「전후소장사리」 조에서는 도교와 불교와의 갈등과 그로 인한 불교 탄압의 내용을 전하고 있다. 일연은 불교는 도교와 유교를 다 포용할 수 있는 가르침인데, 고구려가 불교를 배척했기 때문에 승려들이 다른 나라로 이주해 갔고, 또 나라가 멸망했다고 하였다. 그런데 도교와 불교가 항상 갈등 관계에 있었던 것은 아니다. 도교의 신들은 때로 불법을 보호하는 신이 되기도 한다. 「가락국기」에 의하면 아유타국의 공주 황옥이 상제의 명에 따라 도가의 선물인 반도를 예물로 가지고 와서 마침내 수로왕의 비가 되고 치세를 이루었다고 하고 있다.[165] 허황옥은 가락국으로 오는 도중 수신(水神)을 달래기 위해서 파사석탑을 싣고 항해함으로써 무사히 도착할 수 있었다. 그 파사석탑이 금관성 호계사에 있다고 전하고 있는데, 이 허황후의 설화에는 불교와 도교가 서로 융합되어 있음을 볼 수 있다.

「선도성모수희불사(仙桃聖母隨喜佛事」조에 의하면 선도성모는 원래 도가의 신이었다. 그렇지만 그는 신라에서 국가를 진호하는 호국신이자 한 가난한 비구니의 소원을 들어 불상 조성을 성취시키고 불법의 신행과 전파를 위해 노력하고 있는 호법신으로 등장한다. 그리고 신선사상은 도교의 기본사상 중의 하나이지만, 그것은 단군 이래 우리 민족의 가장 고유한 사상의 하나이기도 하다. 『삼국유사』에서 신선들은 대체로 불법을 수호하고 불법의 홍기를 도와주는 신들로 등장한다.[166] 이것은 신선사상과 불교가 융합하였다는 것을 의미한다.

일연은 불교 내에서의 사상적 갈등이나 사회적인 신분, 계층 간의 갈등도 불교의 근본정신으로 화회 융합시키고 있다. 중국의 다양한 불교종파의 전래는 우리나라의 불교사상가들 사이에 이견과 대립을 생기게 하였다. 『삼국유사』에서는 화엄에서의 의상계와 비의상계의 대립, 화엄과 유식의 대립, 재가자와 출가자 사이의 갈등, 밀교와 다른 불교와의 갈등 대립이 있었음을 전하고 있다.

통일신라시대 이래 불교 교학의 양대 산맥을 이루고 있던 것은 화엄학과 유식학이었다. 이들 사이에 미묘한 경쟁관계가 있었음이 「현유가해화엄」 조에서 보여진다. 경덕왕 때 가뭄이 심하여 궁중의 우물이 말랐을 때 유가승 대현(大賢)이 기도하여 우물물을 솟아나

165) 『삼국유사』, 「가락국기」.
166) 『삼국유사』, 「선도성모 수희불사」.

오게 하였다. 그 다음 해에 왕은 고승 법해(法海)를 불러 『화엄경』을 강론하게 하였는데, 대현이 우물물을 솟아나게 하였다는 왕의 말에 그건 사소한 일이어서 칭찬할 것이 되지 못한다고 하고, 연못을 넘치게 하여 홍수가 나 궁궐의 일부가 떠내려가게 하였다고 한다. 이 이야기는 유가승 대현과 화엄승 법해의 위신력 비교를 통해 화엄의 신이력이 유가종보다 우위에 있음을 말하고 있다. 그러나 화엄과 유가종이 반드시 갈등관계로 일관했던 것은 아니다. 「경흥우성」 조에서는 유가종의 승려인 경흥이 병이 났을 때 관음의 화신인 여승이 『화엄경』에서 선우장자가 원병하던 말로 문병하고 춤을 추어 병을 낫게 하였다고 하고, 다른 한편에서는 문수보살의 화신이 나타나 경흥의 승려답지 못한 행위를 경계하고 있다.[167]

화엄사상 내에서도 의상계와 비의상계의 대립이 보인다. 비의상계는 자장과 황룡사계의 화엄사상을 말한다. 비의상계의 화엄은 의상계의 화엄과는 교학, 신앙 등 여러 면에서 차이를 드러내고 있다. 비의상계의 화엄은 『80화엄경』에 근거하고 있고, 황룡사를 중심으로 하고 있었기 때문에 황룡사계라고 한다. 황룡사계는 경주에서 신라 왕실과 직결되어 중앙교단에서 주류적인 위치를 차지하고 있었고, 오대산을 중심으로 하여 문수신앙을 강조하고 있다. 의상계의 화엄은 『60화엄경』에 근거하고 있으며, 중앙 왕실과는 별 관련 없이 영주 부석사를 중심으로 태백산, 소백산, 낙산, 금강산 등지에서 주로 관음신앙 쪽에 치우쳐 있다.

의상계 화엄에서는 교학보다는 오히려 신앙을 강조하고 있다. 의상계가 비의상계를 압도하고 신라 화엄사상의 주류가 된 것은 경덕왕대 이후 의상의 직계인 표훈(表訓), 신림(神琳), 순응(順應) 등

---

167) 『삼국유사』, 「경흥우성」.

의 활동에 의해서이다. 그래서 『삼국유사』의 「의상전교」 조나 최치원의 『법상화상전』에 열거된 화엄십찰이나 십대제자는 의상계 중심으로 편성되고 있다. 또한 원효와 자장에 대한 비판적 이야기 역시 의상계의 화엄승들의 비판의식의 발로라고 보여진다.

원효와 의상의 관계에 있어 두 사람의 초기 행적을 보아서는 갈등이나 대립관계가 없을 것으로 보이지만, 『삼국유사』에는 이들 양자 사이에 미묘한 갈등 관계를 암시하는 부분들이 있다. 의상은 근엄하고 성실한 수행자로 묘사되는 반면 원효는 활달 무애하다. 「낙산이대성관음정취 조신(洛山二大聖 觀音正趣調信」조에 의하면 원효가 관음의 진신을 만나러 가는 도중 자기 앞에 2번이나 나타난 관음보살의 진신을 알아보지 못하고 있으며, 또한 의상이 관음보살을 친견한 성굴에는 풍랑으로 인하여 들어가지도 못하였다고 하고 있다.168)

일연은 불교 내에서의 이러한 갈등과 대립을 하나로 화회시키는 구체적인 원리는 제시하지 않고 있다. 다만 일연은 불교의 궁극적인 목표가 깨달음에 있으며, 불교의 모든 종파가 그러한 궁극의 목적에 있어서는 동일하다는 것을 말하고 있다.

그리고 일연은 당시 상존하고 있던 남녀, 승속, 귀천이라는 사회적, 신분적인 계층 간의 차별과 그에 따른 갈등을 불교의 보편적이고 평등한 인간관에 근거하여 화회시키고 있다. 『삼국유사』에 나타나고 있는 인간 평등의 유형은 신분상의 평등, 남녀의 평등, 승속의 평등 등으로 나눌 수 있다. 「진신수공(眞身受供)」조에서는 망덕사 낙성회 때 일어난 사건을 다음과 같이 묘사하고 있다.

168) 『삼국유사』, 「낙산이대성 관음정취 조신」.

8년 정유에 낙성회를 열고 효소왕이 친히 가서 공양하는데, 한 비구가 매우 허술한 모양을 하고 몸을 움추리면서 뜰에 서서 말하기를 "빈도도 또한 이 재(齋)에 참석하기를 바랍니다."라고 하였다. 왕은 허락하여 그를 말석에 참여하게 했다. 재가 끝나자 왕은 그를 희롱하여 말하기를 "그대는 어디에 사는가?"라고 하였다. 비구승이 대답하여 "비파암에 있습니다."라고 하였다. 왕이 또 말하기를 "이제 가거든 다른 사람들에게 국왕이 친히 불공하는 재에 참석했다고 말하지 말라."라고 하였다. 중은 웃으면서 대답하기를 "폐하께서도 역시 다른 사람들에게 진신 석가를 공양했다고 말하지 마십시오."라고 말하고는 몸을 솟구쳐 하늘로 올라가 남쪽을 향하여 갔다. 왕이 놀랍고 부끄러워 동쪽 언덕에 올라가서 그가 간 곳을 향해 멀리 절하고 사자를 시켜 찾아가게 했더니 남산 삼성곡에서 돌 위에 석장과 발우를 두고 숨었다. 사자가 와서 복명하자 석가사를 비파암 아래에 창건하고, 불무사를 그의 그림자가 없어지던 곳에 세웠다. 석장과 발우는 두 절에 나누어 두었는데, 절은 지금까지 있으나 석장과 발우는 없어졌다.169)

이 이야기는 인간의 외형적인 모습을 가지고 사람을 판가름해서는 안 된다는 것이며, 인간은 빈부 귀천, 사회적 신분, 승속을 막론하고 모두 평등하다는 것을 말하고 있다. 특히 일연의 민중의식은 인간 평등이라는 불교의 근본사상에 근거하고 있다.

인간 평등과 존엄에 대한 견해는 불교 인간관의 근본을 이루는 것이다. 철저하게 가부장적인 인도 계급사회에서 붓다가 선언한 가장 기본적인 인간관이 인간은 평등하며 각자 존엄성을 가지고 있다는 것이다. 붓다는 출생, 가문, 직업에 의해서 이루어지는 계급적 신분은 무의미하다고 말한다. 붓다는 마음이 정결하고, 행위가 법

169)『삼국유사』, 「진신수공」.

에 맞고, 올바르고 덕행이 뛰어나다면 그는 존경받아야 한다고 주장하였다.[170]

이같은 불교의 인간관에 근거하여 일연도 인간성 회복과 인간의 존엄성을 강조한다. 일연은 깨달음을 이루는 데 있어 어떠한 차별도 없다고 주장한다. 왜냐하면 모든 사람에게는 모두 부처가 될 수 있는 가능성인 불성을 가지고 있기 때문이다. 모든 사람에게 불성이 있기 때문에 우리들은 자신에게 불성이 있음을 확신하고 수행 정진하면 누구나 다 부처가 될 수 있다는 것이다. 그리하여 일연은 계급적 신분이나 승속, 남녀 구별 없이 모두 올바른 마음으로 수행 정진하면 구원을 얻을 수 있다고 하였다. 그리고 고통스러운 이 세계가 바로 이상세계라는 불이(不二)의 세계관을 주장하여 이상적 불국토와 우리가 살아가는 현실의 세계가 둘이 아님을 강조한다.

이상과 같은 내용을 근거로 해서 보면, 일연이 우리 사회나 불교 교단의 화회와 조화를 위해서 내세운 이론적 근거는 첫째, 인간 평등사상, 둘째, 관용과 자비의 정신, 셋째, 차별과 대립을 넘어서 불이(不二)사상에 근거한 보편적 세계관 등이라 할 수 있다.

170) 조수동, 『인도철학사』, 이문출판사, 1995, 84~85쪽 참조.

<인각사 : 경상북도 군위군 고로면에 있는 사찰로 일연스님이 삼국유사를 지필하고 입적한 곳이다.>

3 『삼국유사』의 문헌적 성격

1) 『삼국유사』의 저술 목적

『삼국유사』라 할 때의 유사(遺事)는 정사(正史)에 기록되어 있지 않거나 빠져 있는 것들을 기록한 것이다. 다시 말하면 『삼국유사(三國遺事)』는 1145년 김부식(金富軾)이 편찬한 『삼국사기(三國史記)』에는 기록되지 않은 내용 즉 고조선에서 기원하는 삼국 이전의 우리나라의 역사와 각종 신이한 일들을 불교를 중심으로 기록하고 있다. 『삼국사기』가 유교사관에 입각한 정사(正史)로 고구려, 백제, 신라에 국한되어 있다면, 『삼국유사』는 불교가 중심이 된 야사(野史)라 할 수 있고, 유문일사(遺聞逸事)를 모아서 다시 채록한 것이다. 『삼국유사』의 기록은 논리적 일관성은 부족하지만, 우리 민족의 시조인 단군에 대한 기록뿐만 아니라 『삼국사기』에는 기록되지 않는 가야나 기타 여러 국가들의 흥망성쇠에 대해서도 기록하고 있다. 또한 『삼국유사』에는 불교 관련 내용이 주류를 이루면서도 민간에서 전승되고 있는 여러 기이한 이야기도 전하고 있다.

일연이 『삼국유사』를 저술한 목적은 몽고의 침략에 의해 우리 민족이 치욕적인 수난을 받고 있는 상황에서 민족의 자주의식을 일깨우고 민족의 혼을 되찾기 위해서라고 할 수 있다. 즉 몽고의 침략에 의해서 실추된 민족의 정기와 정체성을 되찾고, 민족 자존심과 자부심을 드높이기 위해서 『삼국유사』를 저술한 것이다. 그래서 우리 민족 최초의 국가인 단군조선의 건국과 홍익인간(弘益人間)이라는 건국이념을 기록하고 있으며, 단군조선의 건국연대도 중국의 전설시대인 요순시대와 맞추어 우리나라의 역사가 중국과 나란히 할 정도로 유구함을 기록하고 있다. 이같이 일연은 민족주의적 사관에 기초하여 우리 민족의 정통성과 민족의 뿌리, 그것에 기초한 민족의 자존심을 찾고자 하였다.

『삼국유사』의 문헌적 성격에 대해서는 연구하는 학자들의 접근방식에 따라 다양한 견해가 제시된다. 즉 불교사서(佛敎史書), 설화집성집(說話集成集), 불교신앙을 포함하는 역사에 관한 문헌, 잡록적(雜錄的) 사서(史書), 야사(野史) 등 여러 견해가 있다.[171] 즉

171) 『삼국유사』에는 고대사회의 역사, 종교, 문화, 예술, 풍속, 언어 등과 같은 다기다양한 사상(事象)들이 기록되어 있는 다층성 내지 복합성을 띠고 있기 때문에 국사학, 불교학, 신화학, 국문학, 한문학, 국어학, 민속학, 철학, 고미술사 등 여러 학문 분야

학문 분야나 연구자의 문제의식에 따라 『삼국유사』의 문헌적 성격이 달라짐을 알 수 있다. 이러한 다양한 견해가 있음에도 불구하고 일반적으로 『삼국유사』의 문헌적 성격은 사서(史書), 민속지, 국어 자료집, 국문학 자료집, 한문문체 자료집, 불서(佛書) 등으로 말해지고 있다.

『삼국유사』가 사서(史書)로서 가지는 위상은 첫째, 민족 최초의 건국설화인 단군신화를 역사적 사실로서 최초로 수록하였다는 점, 둘째, 한국상고사의 서술에 있어 최초로 체계적인 인식을 가지고 서술하였다는 점, 셋째, 『삼국사기』를 보유(補遺)하고 있고, 넷째, 삼국의 불교전래 이래의 역사를 충실하게 전하고 있다[172]는 점이다. 일연은 고조선과 부여, 고구려의 혈연관계를 고증하였고, 이를 통해 우리 민족의 단일 민족의식을 고취시켰다. 그리고 우리의 역사 무대를 아시아의 동북방지역에서 한반도까지 확대시켰고, 아울러 삼국의 역사적 전통을 고조선에서부터 수립하고자 하였다.

민속지(民俗誌)적 성격은 일연이 문헌조사와 자신의 사상에 의한 문화의 제구성이라는 방법론에 의해 고대사회의 생활양식을 체계화할 수 있는 자료들을 집대성했다는 점에서 역사적 민족지나 민속지 내지 민속사로 볼 수 있다.[173] 국어자료집의 성격은 어휘자료, 문법자료, 언어 등의 국어자료와 향가자료, 명칭어휘 자료가 있다는 점에서 말해진다.[174] 국문학 자료집으로서의 성격은『삼국유사』가 향가, 신화, 전설, 민담, 일화를 수록하고 있다는 점에서 말해진다.[175] 『삼국유사』에는 7언 4구로 된 찬이 43편 47수가 기록

에서 자료집으로 활용하거나 연구의 대상으로 삼아왔다.(박진태·전호완·이동근·김복순·이강옥·조수동, 『삼국유사의 종합적 연구』, 박이정, 2002, 85쪽.)

172) 박진태·전호완·이동근·김복순·이강옥·조수동, 같은 책, 93~95쪽 참조.

173) 박진태·전호완·이동근·김복순·이강옥·조수동, 같은 책, 110쪽.

174) 박진태·전호완·이동근·김복순·이강옥·조수동, 같은 책, 142~156쪽 참조.

되어 있다. 이것은 일연의 문학이나 사상 등을 연구하는 데 중요한 자료가 된다. 향가도 14수나 들어있고, 설화도 원형 그대로 잘 보존되어 있다.

『삼국유사』는 문헌자료로서도 매우 귀중한 가치를 가진다. 『삼국유사』에는 우리나라의 문헌뿐만 아니라 중국, 일본서적 등 수많은 문헌들이 인용되어 있다. 최남선은 「삼국유사해제」에서 『삼국유사』에 인용된 서적을 상세하게 조사 분류했는데, 그 중 『고기(古記)』, 『고전(古典)』, 『고전기(古典記)』, 『향전(鄕傳)』, 『향기(鄕記)』 등과 같이 애매한 것도 있지만, 수많은 책이 인용되어 있다. 거기에는 불교 관련 저서가 가장 많고, 중국서적, 삼국의 역사에 관한 사료, 승전, 개인 전기 등이 있다고 하였다.[176]

2) 『삼국유사』의 불교적 성격

『삼국유사』의 문헌적 성격을 어떻게 볼 것이냐에 대해서는 여러 견해가 있지만 『삼국유사』에서 「왕력」과 「기이」편을 제외하면 불교 관련 기록이 다수를 차지한다. 그래서 『삼국유사』를 불교사서 내지 불교문화사로 보는 견해가 많다.

최남선의 분류에 의하면 『삼국유사』는 「왕력(王曆)」, 「기이(紀異)」, 「흥법(興法)」, 「탑상(塔像)」, 「의해(義解)」, 「신주(神呪)」, 「감통(感通)」, 「피은(避隱)」, 「효선(孝善)」의 9편으로 되어 있는데[177], 그것을 다시 크게 분류하면 연표인 「왕력」과 「기

175) 박진태·전호완·이동근·김복순·이강옥·조수동, 같은 책, 156쪽.

176) 최남선, 「三國遺事 解題」, 『삼국유사연구론선집(1)』, 백산자료원, 1986, 17~28쪽 참조.

177) 최남선, 같은 책, 3쪽.

이」, 그리고 그 밖의 불교 관련 기사 7편으로 3등분 할 수 있다. 즉 『삼국유사』의 전체 9편 중 7편이 불교 관련 기사가 차지하고 있다.

일연이 「흥법」편 이하 7편에서 주로 불교 관련 기사를 찬술한 동기는 몽고의 침략으로 국가의 자주성이 실추되고, 사탑(寺塔) 등 불교문화재가 파괴되는 시대적 상황에서 불교 자료를 수집 정리하고, 불교 신앙심을 고취시키는 데 있었다고 보인다. 일연은 또한 구체적인 불교신앙의 사례를 제시하여 불교 교리에 대한 이해보다는 불교가 개인과 사회, 국가 속에서 어떻게 신앙되고 기능 하는가를 밝히려고 하였음을 알 수 있다.

『삼국유사』가 불교 관련 저술이라는 견해는 최남선의 "삼국본사(三國本史)에서 거의 고채(顧採)되지 아니한 석교홍통(釋敎弘通)의 사실을 철습(綴拾)하기에 주력을 주(注)하니"[178]라고 하는 말에서 잘 나타나고 있다. 『삼국유사』를 불교 관련 저술이라 볼 경우 그것은 불교사서, 승전(僧傳), 종합적 불교문화사서로 볼 수 있다.

그런데 『삼국유사』의 불교관련 기록에는 난해한 불교교리보다는 불교적 영험이나 신앙을 통한 구체적인 인간의 모습을 주로 기록하고 있으며, 그것들은 하나의 정신문화로 전개되고 있다. 이런 의미에서 보면 일연은 당시 고려사회를 불교적 의미에서 파악하려 하고 있다고 하겠다.

(1) 불교사서(佛敎史書)적 성격

『삼국유사』의 「흥법」편 이하 「효선」까지의 7편은 불교 관

178) 최남선, 『증보삼국유사』, 민중서관, 1973, 2쪽.

련 기록인데, 구성이나 체제 면에서 볼 때 불교사서라 할 수 있다. 「흥법」 편은 삼국에 불교가 처음 전래된 사실과 흥법(興法)에 관한 사항을 기록하고 있는데, 거기서는 고구려, 백제, 신라에 불교가 전래된 과정을 소개하고 있다. 아울러 고구려에서 불교가 쇠퇴하게 된 이유와 백제에서 적극적으로 불교교리를 실천하기 위해 살생금지를 내렸다는 내용 등이 기록되어 있다. 그리고 신라에서는 불교가 공인되기 이전 민간에 불교가 전래된 과정과 이차돈의 순교를 통한 극적인 불교 공인과 그 이후의 흥법의 내용을 적고 있다.

「탑상」 편에서는 불교 전래 이후 신앙의 고취를 위해 사탑(寺塔)이 건립되고, 경전과 불사리가 전래된 과정이 기록되어 있다. 또한 구체적인 불교신앙과 의례들에 대해서도 기록하고 있다. 「의해」 편은 고승들의 주요 행적을 통한 교리이해와 신앙의 실례를 들고 있으며, 「신주」 편은 신이승(神異僧)들의 행적을 통해 밀교의 전래와 불교와 민간신앙과의 습합들을 기술하고 있다. 「감통」 편에서는 불교신앙을 통해서 일어나는 극적인 내용 즉 종교적 감동을 기록하고 있고, 「피은」 편에서는 불교신앙의 사회적 전개를 기록하고 있다. 그리고 「효선」 편에서는 효행을 통한 불교윤리를 말하고 있다.

이상과 같이 『삼국유사』에서는 전체 9편 중 7편에서 불교 관련 기록을 하고 있다. 『삼국유사』를 불교사서로 볼 수 있는 근거는 다음과 같다.

첫째, 『삼국유사』 전체의 내용은 불교 관련 기사와 사회, 역사에 관련된 사항이 거의 비슷한 비중을 차지하고 있다. 불교 관련 기사를 보면 불교 전래와 전개과정, 불교신앙을 중심으로 서술되고 있으며, 또한 그것이 사회와 국가에 어떻게 기능하고 있는가를 기록하고 있다.

둘째, 『삼국유사』에는 불교가 전래된 역사적 사실을 충실하게 기록하고 있다. 고구려, 백제, 신라의 순서로 불교가 전래된 과정을 역사적 사실에 맞추어서 서술하고 있다. 그리고 가야불교 전래도 기록하고 있다. 이같이 『삼국유사』는 우리나라 고대불교의 전래와 발전을 충실하게 전하고 있다.

셋째, 『삼국유사』에는 수많은 자료가 인용되어 있는데, 그 중 불교관련 서적이 다수이다.

이상과 같이 『삼국유사』를 통해서 우리는 삼국시대 이후 고려에 이르기까지 국가불교적인 흐름을 강하게 느낄 수 있는 데, 그것은 일연이 우리나라의 역사 전통을 불교 중심으로 이해하고 있는데 기인하는 것이라 볼 수 있다.

그러나 『삼국유사』는 「왕력」이나 「기이」편 등 불교와 관련 없는 부분의 분량도 상당 부분 있으며, 삼국의 불교사 전반을 포괄하고 있지 않고, 불교 관련 기록 중에서도 「물계자」나 「향득사지 할고공친」 등과 같이 불교와 전혀 관계없는 기사도 있다. 이같이 불교의 역사적 사실과 무관한 신이적(神異的)인 기록이 많기 때문에 『삼국유사』를 불교사서로 규정하기에는 문제가 있다는 점도 지적된다.

(2) 승전(僧傳)적 성격

승전(僧傳)전 성격은 『삼국유사』가 고승전의 체제를 갖추고 있다는 주장이다. 즉 『삼국유사』의 편목이 중국의 양(梁), 당(唐), 송(宋)나라의 『고승전』의 편목과 유사한 체제를 갖추고 있다는 것이다. 『삼국유사』에서는 『승전』, 『고승전』, 『해동승전(海東僧傳)』이 인용되고 있는데, 『승전』이라는 명칭은 「순도조려」,「난타벽제」, 원종흥법」, 보장봉노 보덕이암」,「고려영탑사」, 「명랑신인」,「욱면비염불서승」,「연회도명 문수점」조 등에서 11번 나오고 있고, 『고승전』은 「아도기라」조, 『해동승전』은 「원광서학」, 「보양이목」조 등에서 각각 한 번씩 나오고 있다. 최남선은 내용상으로 보면 「순도조려」,「난타벽제」,「아도기라」,「원종흥법」 등의 인용은 『해동고승전』 권1에 의한 것이며, 「원광서학」은 『해동고승전』 권2에 근거한 것이라고 하여, 삼자를 동일한 것, 즉 『해동고승전』으로 보고 있다.

그런데 『삼국유사』의 편목이 단지 중국의 세 『고승전』의 편목과 일부 유사성이 있다고 해서 『삼국유사』가 『고승전』 체제로 쓰여진 것이라고는 할 수 없다. 『삼국유사』는 그 내용의 신빙성을 높이기 위해서 인용된 사료와 찬자의 의견을 엄밀히 구분하여 서술하고 있으며, 아울러 인용 자료의 전거를 제시하는 방법을 취하고 있다. 그런 점에서 『삼국유사』는 『해동고승전』과 구분된다. 또한 『삼국유사』의 「탑상」과 같은 편목은 중국 『고승전』에는 없는 항목이다. 이외 「왕력」과 「기이」등 불교 관련 기록이 아닌 내용이 『삼국유사』 전체의 절반을 넘을 정도로 많은 분량을 차지하고 있다는 점에서도 이것을 『고승전』의 체제로 보기 어렵다.

또한 내용에 있어서도 일반 『고승전』이 주요 승려를 중심으로 기록되고 있음에 비해 『삼국유사』에서는 승려에 국한되지 않고 승속(僧俗)을 모두 포함시키고 있다. 그리고 『고승전』이 고승들의 위대한 업적을 중심으로 기록되고 있는데 비해 『삼국유사』에서는 승려들의 승려답지 못한 행위뿐만 아니라 그들의 잘못된 점이나 폐해를 기록하고 있다는 점에서도 차이가 난다고 할 수 있다. 이러한 점에서 『삼국유사』를 승전이라 하기 어려운 점이 있다.

(3) 불교문화사서(佛敎文化史書)적 성격

『삼국유사』는 불교문화사서로서의 성격을 갖추고 있다. 일연은 『삼국유사』를 통해 우리 민족의 자주성과 민족 문화의 우월성을 강조하려고 하였다. 단군왕검에 대한 기록을 통해서 우리 민족이 하늘과 직결된 민족임을 강조하였고, 불교신앙을 통해서는 우리나라가 원래 부처와 인연이 있는 나라라는 불연국토설(佛緣國土說)을 주장하였다. 이러한 사실을 통해서 보면 일연은 『삼국유사』를 통해 우리 민족문화의 유구성, 자주성, 우월성을 말하고자 하였던 것을 알 수 있다. 또한 일연의 『삼국유사』 찬술은 야만시되던 몽고인들의 침략에 의해 불교문화재가 파괴되어 가는 현실에서 불교 자료들을 수집하고 정리하려는 의도도 있었던 것으로 보인다.

『삼국유사』를 불교문화사서로 볼 수 있는 또 다른 이유는 『삼국유사』가 단순한 불교역사만이 아니라, 불교사상과 불교예술, 건축 또는 불교 설화문학과 윤리 도덕 및 정치, 사회에 관계되는 자료 등을 다방면에 걸쳐 기술하고 있기 때문이다. 이것은 『삼국유사』가 불교교리의 서술과 전개보다는 불교가 이 사회에 어떻게 수용되어지고, 민중들에게 어떻게 전파 전개되었는가에 주안점을 두고 서술되었기 때문이다. 그런데 『삼국유사』는 삼국이라는 명칭을 붙이고 있지만 내용상 신라에 치중하고 있다. 따라서 신라 중심의 불교문화사서라는 것이 더 타당하다.

불교문화사적으로 보았을 때 『삼국유사』에는 민족적 자주의식과 역사의식, 민족문화의 우위성과 호국신앙 등이 짙게 깔려 있으며, 일연의 불교적 인간관에 입각한 평등한 민중의식이 나타나고 있다. 또한 당시 불교계 및 사회의 모순에 대한 비판의식이 나타나고 있다. 즉 타락하고 부도덕한 승려들과 무질서하고 부패한 고려 왕실의 맹목적 불교 신앙 등에 대한 비판의식이 암암리에 깔려 있다고 볼 수 있다.

4 『삼국유사』와 불교

1) 불교 전래

『삼국유사』는 일연의 자료 수집의 한계나 신라 중심의 사고에 의해 신라 중심이라는 한계를 벗어날 수는 없지만, 고구려, 백제는 물론 가야의 불교 전래도 기록하여 한국 고대불교의 모습을 충실하게 전하고 있다.

고구려의 불교 전래는 소수림왕(小獸林王) 2년에 전진(前秦)왕 부견(符堅)이 사신과 함께 승려 순도(順道)를 보냈는데, 이때 불상과 불경도 함께 전래되었다. 소수림왕 4년(374)에는 승려 아도(阿道)가 고구려에 왔다. 고구려에서는 초문사(肖門寺)를 지어 순도가 머물게 했고, 이불란사(伊佛蘭寺)를 지어서 아도를 머물게 하였다.[179] 순도 불교 전래설 외에 일연은 담시(曇始) 전래설을 소개하고 있다. 원위(元魏, 북조의 후위)의 석담시(釋曇始)가 진(晋) 효무제 대원 말년(396년)에 경(經)과 율(律) 수십 부를 가지고 요동에 와서 불법을 펼쳤는데, 삼승(三乘)으로 가르치고, 수계(受戒)한 것이 고구려에서 도를 듣게 된 시작이라 하고 있다.[180]

179) 『삼국유사』, 「순도조려」.

그리고 동진(東晋)의 고승 지둔도림(支遁道林, 314~366)이 고구려의 도인에게 글을 보냈다는 기록도 있다. 지둔(支遁)은 366년에 세상을 떠난 고승으로 당시 중국의 대표적 고승이었던 축법심(竺法深, 286~374)을 소개하는 글을 이름을 알 수 없는 고구려의 도인에게 보냈다고 하고 있다. 이 기록에 근거한다면 고구려에는 순도가 불법을 전한 공식적인 기록보다 훨씬 이전에 이미 불교가 전래되었던 것임을 알 수 있다.

백제의 불교는 15대 침류왕 때 호승(胡僧) 마라난타(摩羅難陀)가 384년 진(晋)에서 오면서 전래되었다. 마라난타에 대해서는 『해동고승전』에서 "여환삼매를 얻어 물에 들어가도 젖지 않고, 불에 들어가도 타지 않으며, 금이나 돌을 변화시킬 수 있는 등 그 변화가 무궁하였다."[181]라고 하는 『속고승전』의 기록을 전하고 있다. 마라난타가 온다는 소식을 듣고 백제왕이 그를 멀리 마중 나가 맞아들였다는 것은 백제 왕실에서 이미 불교에 대한 소식을 알고 있었던 것으로 풀이된다. 침류왕은 한산에 불사(佛寺)를 건립하고 10인의 승려를 득도시켰다고 하고 있다.[182]

신라 불교의 전래에 대해서 일연은 두 가지 설을 소개하고 있다. 첫째, 19대 눌지왕(訥祇王, ?~458) 때 고구려에서 묵호자(墨胡子)가 일선군 모례(毛禮 혹은 毛錄이라고도 함)의 집에 와서 불법을 전하였고, 묵호자는 향을 피워 공주의 병을 낫게 하였다고 한다. 그리고 비처왕(毗處王, 475~499 재위) 때 아도화상(我道和尙)이 시종 3명과 함께 모례의 집에 왔는데 그 거동이 묵호자와 같았다고 하고 있다. 둘째, 일연은 263년(미추왕 2년)에 고구려에서 온 아도

---

180) 『삼국유사』, 「아도기라」.

181) 『삼국유사』, 「난타백제」.

182) 『삼국유사』, 「난타백제」.

에 의해서 불교가 전래되었다는 「아도본비(我道本碑)」설을 소개하고 있다.[183] 그러나 일연은 미추왕 때에 신라에 불교가 전래되었다는 설은 순도가 고구려에 온 것보다 100여년을 뛰어넘고, 고구려에도 불교가 전래되지 않았는데 고구려를 넘어 신라에 불교가 전래되었다는 것은 신뢰할 수 없다고 하고 있다.

그리고 가야의 불교전래에 대해서는 『가락국기』를 인용하여 수로왕이 43년 정월에 "짐이 경도(京都)를 마련하려 한다고 하고, 임시 궁전의 남쪽 신답평에 납시어 사방의 산들을 바라보고 좌우에게 말씀하시기를, 여기는 땅이 협소하여 여귀풀잎과 같으나 특이하여 16나한(羅漢)이 거주할 만한 곳이 되겠다."[184]라고 하였다고 한다. 16나한이란 부처님의 가르침을 수행하는 수행자를 가리키는 것으로 이 말을 근거로 하면 수로왕은 이미 불교를 알고 있었다는 것이 된다. 그리고 수로왕의 부인 허황옥이 인도에서 가야국으로 올 때 불교가 함께 전래되었다고 알려진다. 「금관성 파사석탑(金官城 婆娑石塔)」조에 의하면 금관성 호계사(虎溪寺) 파사석탑은 허황옥이 인도 아유타국에서 올 때 싣고 온 것이라 한다. "돌에는 희미한 붉은 무늬가 있고, 품질이 매우 좋은데 우리나라에서 나는 종류가 아니다."[185]라고 하였다. 수로왕의 8대손 질지왕(銍知王, 451년 즉위)이 허황옥의 명복을 빌기 위해 453년에 원군이 황후와 결혼하던 땅에 절을 짓고 왕후사라 하였다[186]라고 하고 있는데, 이 기록을 미루어 보면 가야 최초의 사찰 건립 기록은 신라 불교 공인보다 앞서 있다.

---

183) 『삼국유사』, 「아도기라」.
184) 『삼국유사』, 「가락국기」.
185) 『삼국유사』, 「금관성 파사석탑」.
186) 『삼국유사』, 「가락국기」.

우리나라의 불교 전래과정을 볼 때 불교가 공식적으로 공인된 것은 고구려 소수림왕 2년 즉 372년이지만, 그 이전에 여러 경로를 통해서 불교가 민간에 이미 전래되었을 것으로 추정된다. 우리나라에 처음 전래된 불교의 내용에 대해서는 구체적으로 알려져 있지 않다. 단지 고구려나 백제의 경우 왕이 칙령으로 "불교를 믿어 복을 구하라."라고 하고 있는 것을 볼 때 우리나라에 처음 소개된 불교는 그것을 신앙하는 인연에 의해 복을 받을 수 있다는 인과불교였을 것으로 보인다. 이러한 견해는 각훈(覺訓)이 『해동고승전』에서 순도의 교화를 말할 때 "스님은 일찍이 다른 나라에 와서 서역의 자비의 등불을 전하고, 동이(東暆)에 지혜의 해를 매달아 인과로써 드러내어 화복의 이치로 유인하니 난초의 향기로운 내음과 안개가 스며들 듯이 점차로 스며들어 익숙하게 되었다. 그러나 세상이 질박하고 사람들이 소박하여 그 교화하는 까닭을 알지 못하였다. 스님이 아무리 학문이 깊고 아는 것이 많다 해도 아직 많은 것을 선창할 수 없었다."[187]라고 하고 있다. 이것을 통해서 보면 순도스님은 심오한 철학적 교리보다는 선인선과(善因善果) 악인악과(惡因惡果)의 인과적 교리를 이 땅에 전한 것으로 보인다.

고구려의 불교는 왕실에서 도교를 숭상함에 의해서 크게 발전하지 못하였다. 고구려는 668년 멸망하기 약 80년 전부터 억불양도(抑佛揚道) 정책을 폈다. 그 때문에 고구려 승려가 중국, 일본, 신라 등으로 망명했다. 고구려에서의 불교교학에 대한 연구는 삼론학, 열반학, 천태학 등을 연구하였다는 약간의 자료가 있다. 삼론(三論)은 나가르주나(Nāgārjuna, 龍樹)가 지은 『중론송』과 『십이문론』, 나가르주나의 제자 아리아데바(Āryadeva, 提婆, 170~270)가

187) 『해동고승전』 1, 「순도」. 장희옥 역, 민족사, 1994. 61쪽 참조.

저술한 『백론』을 말한다. 고구려 승려로 중국에서 활동한 승랑(僧朗)은 삼론학의 대가였다. 승랑의 생존 활동 연대는 양(梁) 무제(武帝) 연간 서기 502~556년으로 추정된다. 중국 길장(吉藏, 549~623)의 저서를 통해서 보면 그에게 삼론학 이론 조직의 간접적 교시를 준 것은 승랑이었다고 하고 있다. 또한 천태종의 6조 담연(湛然, 711~782)에 의하면 승랑은 삼론종 홍포에 지대한 영향을 미쳤다고 하고 있다. 그런데 승랑은 삼론학만 연구한 것이 아니라 화엄, 비담, 성실학도 공부하였다. 양무제가 소승을 버리고 대승의 교리를 쫓은 것도 승랑의 교화 때문이라 한다. 이외 삼론학을 공부한 고구려 승려로 실법사(實法師)와 인법사(印法師)가 있다. 삼론학자인 고구려의 혜관(慧觀)은 일본에 건너가 일본 제2의 승정이 되었다. 『속고승전』에 의하면 고구려 승려 지광(智光)은 설일체유부의 학자라고 하고 있다. 또한 고구려 승려로 신라로 망명한 보덕은 『열반경』을 주로 강의하였다.

백제 승려인 겸익은 인도에 가서 계율을 공부하고 율장(『五分律』)을 구해 인도 승려 배달다삼장(倍達多三藏)과 함께 돌아왔다. 또 담욱(曇旭), 혜인(惠仁) 두 사람은 『율소(律疏)』 36권을 저작하였다고 한다. 『삼국사기』의 「백제본기」에 의하면 제26대 성왕 19년에 백제에서 중국 양나라에 『열반경』 등을 요구하여 양나라는 백제와 고구려에 『열반경소』 등을 보냈다고 하고 있다. 이 기록을 통해서 보면 백제에서 『열반경』이 연구되었다는 것을 알 수 있다. 백제 승려 관륵(觀勒)은 일본의 추고천황(推古天皇) 10년(602)에 일본으로 건너갔고, 천황 32년에 일본 최고의 승정(僧正)이 되었는데, 그는 삼론을 연구하였다고 하고 있다.[188] 백제 제30

188) 『본조고승전』, 「백제국 사문 관륵전」.

대 무열왕대(635)의 혜현(惠現)은 『법화경』과 삼론을 겸학하고 있으며, 성실학자인 백제의 고승 도장(道藏)은 684년에 일본에 『성실론』의 사상을 전하였다고 하고 있다.[189)]

신라에서는 법흥왕에 의해서 불교가 공인되었다. 진흥왕 26년에 명관(明觀)이 진(陳)으로부터 경론 1700여권(각훈은 2700여권이라 함) 갖고 왔다. 그 11년 후 안홍법사(安弘法師)가 수(隋)로부터 『능가경(稜伽經)』과 『승만경(勝鬘經)』 가져왔다. 그리고 자장도 대장경 일부를 가져왔다고 하고 있다. 이후 많은 승려들이 당나라 유학을 통해서 다양한 불교를 공부하고 신라로 돌라와 신라불교의 전성시대를 열게 된다.

2) 호국불교와 불연국토설(佛緣國土說)

『삼국유사』에 나타나고 있는 불교신앙의 유형은 호국불교, 민중불교, 화엄신앙, 밀교신앙, 정토신앙, 미륵신앙, 관음신앙 등으로 나눌 수 있다.

호국불교의 대표적인 유형은 백좌강회(百座講會), 팔관제회, 호국사탑의 건립 등이다. 국왕을 비롯한 집권층은 불교를 보호함에 의해서 나라를 보호하고 백성을 보호할 수 있다고 믿었다. 백좌강회와 팔관회 개설, 호국사찰인 황룡사 9층탑이나 사천왕사를 창건하는 것 등은 모두 불교의 진호국가(鎭護國家) 사상의 발원에 의한 것이다.

백좌강회(百座講會) 등의 호국법회는 진흥왕 시대부터 개최되었다. 진흥왕 12년에 고구려 승려인 혜량(惠亮)이 신라에 귀화하였는

189) 『일본서기』, 천무 12년.

데, 왕은 그에게 승직을 주고 백좌강회(百座講會), 팔관재회(八關齋會)를 개최하게 하였다.[190] 진흥왕 33년에는 전사한 사졸(士卒)을 위해 팔관재회를 외사(外寺)에서 개최하였고, 37년에는 원화(源花)제도를 부활하였다. 26대 진평왕 35년 7월에는 수(隋)의 사자 왕세의(王世儀)가 황룡사에 이르러 백좌도량을 설치하고, 많은 고승들을 청하여 경을 설하였다. 이때 원광(圓光, ?~630)이 제일 상수(上首)였다.[191] 그리고 명랑(明朗)의 사천왕사 건립 등도 진호국가사상에 근거한 것이다. 신라가 삼국을 통일한 이후 당이 신라를 침공하기 위해 준비를 하고 있었다. 당시 당에 볼모로 잡혀 있던 김인문이 이 사실을 알고 당에 머물고 있던 의상대사에게 신라로 돌아가서 당의 침공을 전하라고 하였다. 신라에서는 명랑법사에게 사천왕사 창건을 명하여 부처님의 힘으로 당병을 물리치려고 하였다.[192] 또한 원광, 자장, 의상 등의 승려들이 왕의 정치적 자문을 한 것도 왕법(王法)과 불법(佛法)이 둘이 아니며(不二), 진속일여(眞俗一如)라는 불교사상에 근거한 것이라 할 수 있다.

호국법회의 가장 근본경전은 『인왕경』(『인왕반야경』)과 『금광명경(金光明經)』이다. 『인왕경』은 보살이 불과(佛果, 부처)를 이루기 위해 보살십지(菩薩十地)을 수행하는 것과 국왕의 호국의 인연을 연관시켜 말하고 있는 경전이다. 즉 보살이 십지를 수행하여 부처가 되듯이 국왕이 반야바라밀다를 자기 정신화하고, 이 경을 수지(受持), 독송(讀誦), 의해(義解)하는 것이 곧 국가를 진호하는 인연이 된다는 것이다. 이 경에서는 일체 중생이 부모에게 불효하고, 스승과 어른에게 불경하고, 사문, 바라문, 국왕, 대신이 정

190) 『삼국사기』, 「진흥왕」.

191) 『삼국유사』, 「원광서학」.

192) 『삼국유사』 「문호왕 법민」.

법(正法)을 행하지 않는다면, 이런 여러 악덕으로 말미암아 국가에 재난이 일어난다고 하여 정법(正法)의 준수를 강조하고 있다.

『금광명경(金光明經)』에 의한 호국신앙은 문무왕의 사천왕 신앙[193]에서 나타난다. 사천왕사는 명랑법사의 진언에 의해서 건립된 것인데, 사천왕사 건립을 통해 외적을 방어한다는 것이다. 또한 이 경은 일체제불이 항상 호념(護念)하는 경으로 사천왕이 이 경을 받아 지녀 공양하고 공경하는 자들을 안락케 하고, 삼악도(三惡道)[194]의 고뇌를 지식(止息)시키며, 모든 원적(怨敵)을 물리친다고 하고 있다. 그리고 사천왕은 이 경을 수지 독송하는 왕을 보호한다고 하여 기근 등의 재난에 국토를 풍요롭게 하고, 온갖 질병과 고통을 모두 퇴치시키는 등 일체의 재변과 수많은 고뇌를 모두 소멸케 한다고 한다.

불연국토설(佛緣國土說)은 우리나라가 원래 과거 부처와 인연이 있는 나라라는 것이다. 「아도기라」 조에서는 신라 서울에 일곱 절터가 남아 있으며, 후세에 불교가 다시 번성할 것임을 말하고 있다. 즉 "그 나라 서울 안에 일곱 절터가 있으니 첫째는 금교 동쪽의 천경림(天鏡林, 지금의 흥륜사), 둘째는 삼천(三川)의 갈래(지금의 영흥사), 셋째는 용궁의 남쪽(지금의 황룡사), 넷째는 용궁의 북쪽(지금의 분황사), 다섯째는 사천(沙川)의 끝(지금의 영묘사), 여섯째는 신유림(神遊林, 지금의 천왕사), 일곱째는 서청전(婿請田, 지금의 담엄사)이다. 모두 이전의 부처님 때의 절터이니 불법이 앞으로 길이 전해질 곳이다."[195]라고 하고 있다.

또한 「요동성의 아육왕탑」 조에 의하면 고구려에는 이미 인도

---

193) 『삼국유사』, 「문호왕 법민」.

194) 삼악도(三惡道)는 윤회하는 세계 중 지옥, 아귀, 축생계를 말한다.

195) 『삼국유사』, 「아도기라」.

의 아쇼카왕이 세운 불탑이 전해지고 있었다고 말하고 있다.[196] 「가섭불연좌석」 조와 「황룡사장육」 조, 「낭지승운 보현수」 조, 「포산이성」 조 등에서도 불연국토사상이 나타난다. 예컨대 「가섭불연좌석」 조에 의하면 "신라의 월정터 동쪽 용궁 남쪽에 가섭이 연좌(宴坐)하던 돌이 있다. 그곳은 이전의 부처님 때에 절을 지었던 터이고, 지금의 황룡사 터는 곧 일곱 가람 중의 하나이다."[197] 라고 하고 있다. 이들 기록에 의하면 신라는 가섭불과 석가불이 설법하던 국토이며, 황룡사 터는 과거불 때의 7가람 중의 하나라는 것이다. 이같이 신라에는 과거불인 가섭불이 연좌하시던 자리와 절터가 곳곳에 있다는 것이다.

이러한 불연국토설을 토대로 신라인들은 신라가 석가모니 이전의 부처인 가섭불(迦葉佛)과 인연이 있는 나라이기 때문에 미래불인 미륵이 신라에 출현할 수 있다고 믿었으며, 그 이전에 신라에 미륵이 화랑으로 출현한다고 생각했다. 이러한 내용을 통해서 보면 신라인들은 미륵이 하생(下生)하는 이상적 불국토가 신라에서 이루어질 수 있다고 생각한 것임에 틀림없다.

불연국토설은 또한 우리나라에 부처님이 상주하고 있다는 진신주처설(眞身主處說)로 나타난다. 진신주처사상은 「오대산 오만진신」조, 「명주오대산 보질도태자전기」조, 「대산월정사 오류성중」 조에서 볼 수 있는데, 오대산에는 관음보살, 지장보살, 아미타불, 석가여래, 비로자나부처가 여러 보살들과 함께 상주하고 있다는 것이다.

---

196) 『삼국유사』, 「요동성 아육왕탑」.

197) 『삼국유사』, 「가섭불연좌석」.

3) 화엄신앙

『화엄경』은 법계연기설(法界緣起說), 유심사상(唯心思想), 십지설(十地說), 선재동자의 실천 구도행 등이 중심 내용을 이루고 있다. 『화엄경』의 부처는 법신불(法身佛) 비로자나(Vairocana) 부처로 광명편조(光明遍照)의 뜻을 가지고 있다. 이것은 여래의 지혜 광명이 세상의 모든 존재에 두루 미치는 것을 태양의 광명이 일체 존재에 두루 비추이는 것에 비유한 것이다.[198] 『화엄경』의 세계 즉 연화장 세계는 시간 공간적으로 한정지을 수 없는 세계이며, 부처님의 깨달음(佛正覺)의 세계로 곧 법계(法界, 진리의 세계)이다. 이 법계는 각각의 개체와 전체가 원융무애한 관계를 맺고 있는 세계이다.

『화엄경』의 삼계유심(三界唯心) 사상에 의하면 부처, 중생, 마음은 아무런 차이가 없다. 우리들의 마음이 미혹하면 중생이고, 깨달으면 부처이다. 생사 윤회하는 욕계(欲界), 색계(色界), 무색계(無色界) 등 유정(有情)의 삼계는 미망(迷妄)의 생존의 세계로서 모두 우리들의 마음의 작용과 활동에 의해서 존재한다는 것이다.

『삼국유사』에 나타난 화엄신앙 관련 자료로는 「문호왕 법민(文虎王法敏)」, 「경덕왕 표훈대덕(景德王表訓大德)」, 「혜공왕(惠恭王)」, 「원성대왕(元聖大王)」, 「금부대왕(金傅大王)」, 「흥륜사 금당십성(興輪寺金堂十聖)」, 「흥륜사 벽화 보현(興輪寺壁畵普賢)」, 「전후소장사리(前後所將舍利)」, 「남백월이성 노힐부득과 달달박박(南白

198) 비로자나부처는 『60화엄경』에서는 노사나불(盧舍那佛)로 되어 있다. 비로자나부처는 천 개의 잎을 단 연꽃 위에 앉아 오른손을 시무외인(施無畏印, 모든 사람에게 두려움 없는 無畏의 공덕을 내리는 印), 왼손은 여원인(與願印, 일체 중생의 바람을 이루어 주는 印)을 나타내고 있다.

月二聖努肸夫得怛怛朴朴)」, 「낙산이대성 관음정취조신(洛山二大聖觀音正趣調信)」, 「대산오만진신(臺山五萬眞身)」, 「명주 오대산 보질도태자 전기(溟州五臺山寶叱徒太子傳記)」, 「대산 월정사 오류성중(大山月精寺五類聖衆)」, 「자장정율(慈藏定律)」, 「원효불기(元曉不覊)」, 「의상전교(義湘傳敎)」, 「사복불언(蛇福不言)」, 「승전촉루(勝詮髑髏)」, 「현유가 해화엄(賢瑜珈海華嚴)」, 「경흥우성(憬興遇聖)」, 「낭지승운 보현수(郎智承雲普賢樹)」, 「연회도명 문수점(緣會逃名文殊岾)」, 「진정사효선쌍미(眞定師孝善雙美)」, 「대성효이세부모 신문왕대(大城孝二世父母神文王代)」 등이 있다. 이들 항목들에서는 화엄교학에 대한 철학적 논의 없이 화엄신앙의 전래, 화엄사찰의 건립, 중생교화 등을 중심으로 말해지고 있다.

「자장정율(慈藏定律)」조에 의하면, 자장은 중국 오대산의 문수보살을 친견하려고 태화지 가에 있는 문수석상 앞에서 7일 동안 정성껏 기도하여 게(偈)를 받았다고 한다. 신라에 돌아온 자장은 원령사를 고쳐 낙성연을 열면서 잡화만게(雜花萬偈)를 강설하였는데, 52명의 여성이 나타나 그 강설을 들었다고 한다.[199] 우리나라에서 『화엄경』을 최초로 강의한 사람은 자장이지만 『화엄경』에 대한 그의 저술이 남아 있지 않고, 그의 화엄사상을 제시해 줄 만한 다른 문헌도 현존하지 않는다. 그렇기 때문에 문수보살과 그의 관계를 전하는 자료 외에 다른 내용에 대해서는 정확히 알 수 없다.

『삼국유사』에서 원효와 화엄사상과의 관련을 말하고 있는 자료로는 그의 깨달음이 삼계유심(三界唯心)의 도리, 즉 『화엄경』의 "마음이 일어나면 갖가지 법이 일어나고 마음이 소멸하면 갖가지

---

199) 『삼국유사』, 「자장정율」.

법이 소멸한다(心生則種種法生心滅則種種法滅)"는 원리를 깨달았다는 것과 대중교화 방법으로 사용한 무애무 무애가(無碍舞無碍歌), 『화엄경』을 주해하다가 「십회향품(十廻向品)」에서 절필하였다는 내용이 있다. 화엄학에 대한 원효의 저서로는 『화엄경소』, 『화엄강목』, 『화엄경종요』, 『화엄경입법계품초』, 『일도장(一道章)』, 『보법기(普法記)』 등이 있었는데 현재 『화엄경소』 일부 외에는 남아 있지 않다. 원효는 이같이 화엄과 관련한 많은 저술을 남겼지만, 『삼국유사』에서는 오히려 그를 분황사의 진나(陳那)[200]라고 하여 유식학자로 또는 불교논리학자로 표현하고 있다.

해동 화엄학의 개조라 말해지는 의상(義湘, 625~702)은 중국 종남산 지상사(至相寺)에서 지엄(智嚴)에게 화엄의 오묘한 이치를 배웠다고 한다. 671년 귀국한 의상은 태백산 부석사 등 화엄사찰을 창건했고, 이곳에서 많은 제자들을 양성하며 교화활동을 폈다. 의상의 저서로는 『화엄일승법계도(華嚴一乘法界圖)』, 『화엄십문간법관(華嚴十門看法觀)』, 『입법계품초기(入法界品抄記)』, 『아미타경의기(阿彌陀經義記)』, 『백화도량발원문(白花道場發願文)』, 『화엄일승발원문(華嚴一乘發願文)』, 『투사례(投師禮)』 등이 있다.

의상의 『화엄일승법계도』는 스승 지엄이 제작한 73인(印)의 사상을 종합하여 7언 30구 210자로 된 도인(圖印)으로 만들어 그것을 하나의 근본인(根本印)으로 한 것이다. 근본인이란 해인삼매(海印三昧)가 현현함을 천명하는 법문이다. 의상은 해인을 다음과 같이 설명하고 있다.

---

200) 『삼국유사』, 「원종흥법 염촉멸신」.

인(印)이라는 것은 비유로써 이름한 것이다. 왜냐하면 대해(大海)는 지극히 깊고 밝고 맑아서 밑바닥까지 환하게 보이기 때문이다. 천제(天帝, 제석천)가 아수라와 싸울 때 모든 병사의 무리들과 모든 병기들이 그 속에 분명히 드러나는 모습이 마치 도장에 문자가 나타나는 것과 같다. 그러므로 해인이라 이름한다.201)

해인삼매는 망령된 번뇌의 바람을 없앤 맑고 깨끗한 일심의 경지를 말한다. 해인삼매에 들어가면 삼종세간 즉 기세간(器世間), 중생세간(衆生世間), 지정각세간(智正覺世間)이 남김없이 그대로 대선정(大禪定)이 된다. 그래서 이것을 해인도, 법성게(法性偈)라고도 한다. 의상은 이 『일승법계도』는 일승원교(一乘圓敎)의 대선정을 드러내는 것이기 때문에 언어와 문자로 해석할 수 있는 경지를 초월해 있다고 하였다.

이같이 화엄의 논리는 지혜의 논리이다. 그것은 부처님이 깨달은 내용을 철저하게 이론적으로 조직화하려는 것이며, 진속이제(眞俗二諦)를 원융무애케 하려는 것이다. 그런데 의상의 『법계도』는 화엄의 신·해·행·증(信解行證)을 통하여 이론에 그치지 않고 실천을 통한 증득에 그 목적을 두고 있다. 즉 의상은 난해한 『화엄경』의 이론에 대한 분석적 연구보다는 근본 뜻에 근거한 실천행을 중시하고 있는 것이다.

화엄신앙은 『화엄경』의 수지, 독송, 사경 등과 같은 경전 자체에 대한 신앙과 화엄 불국토 신앙, 화엄 신중(神衆)에 대한 신앙, 화엄보살 등에 대한 신앙 등으로 나타나고 있다. 경전의 수지, 독송, 강경, 사경 등에 의해서 공덕을 얻는다는 신앙은 『법화경』을 시작으로 대승불교 경전에서 일반적으로 나타난다. 『삼국유사』의 경우를 보면, 먼저 경전을 수지하면 공덕을 얻는다는 신앙은

---

201) 의상, 『화엄일승법계도』, 한국불교전서 2, 동국대학교출판부, 1979, 3쪽 하.

「의상전교」 조에 나타나고, 『화엄경』의 독송과 강경에 대한 신앙 형태는 「원성왕」, 「대산오만진신」, 「현유가해화엄」조 등에 나타나고 있다. 그리고 「진정사 효선쌍미」 조에서는 망자의 명복을 빌기 위해서 『화엄경』 강독을 시행하고 있으며, 경문왕이 원성대왕을 추모하기 위해서 곡사(鵠寺 : 숭복사)에서 결언(決言)으로 하여금 5일간 『화엄경』을 강의하게 한 것이나,[202] 정강왕(定康王)이 882년에 헌강왕의 명복을 빌기 위해서 화엄학장 현준(賢俊)에게 『화엄경』을 강의하도록 한 것[203] 등도 『화엄경』을 독송하고 강경하는 신앙이다. 신라가 연화장 세계라는 것은 신라불국토사상을 말하고 있는 것인데, 그것은 오대산의 문수보살 주처신앙, 낙산의 관음보살 주처(住處)신앙 등으로 발전하고 있다.

화엄신중(神衆) 신앙은 『화엄경』에 나오는 신들에 대한 신앙을 말한다. 「대산오만진신(臺山五萬眞身」 조에서 "낮에는 대장경을 읽고, 밤에는 화엄신중을 염송하라"는 것에서 화엄신중 신앙을 볼 수 있다. 『삼국유사』에 등장하는 화엄신중들은 대체로 불법을 지키는 신으로 등장하거나 민중들의 재난을 막아주는 신들로 등장한다. 대표적인 신들로 제석천, 금강역사, 용천팔부(龍天八部)의 신, 장천굴의 신, 도리천의 신, 변재천녀 친의천녀 등이 있다.

4) 밀교신앙

대승불교운동을 근거지우기 위해 대승경전이 제작되고, 이어서 대승경전에 대한 교리화 작업이 진행되게 된다. 그런데 대승불교의

---

202) 최치원, 「숭복사비명」, 『조선금석총람』, 상, 120쪽.

203) 최치원, 「華嚴經社會願文」, 『한국불교전서』 4, 646쪽.

교의체계의 확립과 철학화는 인도민중들을 불교로부터 멀어지게 하는 결과를 초래하였다. 그래서 민중들을 포섭하려는 새로운 불교 운동이 일어났는데 그것이 밀교운동이다. 즉 밀교는 4세기경 힌두교의 민중화에 자극받아 현실생활에서의 적응이라는 과제 아래 다양한 민중적, 주술적 요소를 받아들여서 성립한 것이다. 밀교경전에서는 민중의 현실적인 요구를 설하는 다라니와 제존(諸尊)을 대상으로 하여 공양하고 관상하는 내용이 포함된다. 이렇게 해서 성립한 밀교는 7세기경에는 인도에서 가장 큰 불교세력이 되었다.

인도밀교의 발달은 3시기로 구분되는데, 초기밀교인 잡밀(雜密)은 4~6세기경에 시작된 새로운 민중불교로 다라니가 중심이 되며 아직 체계가 잡히지 않는 밀교이다. 석가모니는 주술을 금하고 있지만,[204] 대승경전에서는 그것을 부분적으로 받아들였고, 밀교시대가 되면 주구(呪句)를 진언(眞言), 만트라(mantra)라고 하여 이것을 암송하여 마음이 통일되면 궁극적으로 부처가 될 수 있다고 가르친다. 초기밀교에서는 주로 몸을 보호하고, 복을 빌며, 재앙을 물리치기 위해서 주문을 외우는 의례가 발달했다.

중기밀교는 7세기경에 제작된 『대일경(大日經)』과 『금강정경(金剛頂經)』이 중심이 되는 밀교이다. 이것을 순밀(純密) 또는 진언승(眞言乘)이라 한다. 법신불인 비로자나부처(大日如來)가 본불로 대일여래의 몸(身)과 말(口)과 마음(意)으로 표현되는 진실(三密)을 수행자의 몸과 말과 마음에 일치시켜 성불을 도모한다. 이 세계의 모든 현상은 부처의 눈으로 보면 모두 부처의 세계가 된다.[205] 『대일경』과 『금강정경』에서는 제불(諸佛), 제존(諸尊)

---

204) 『숫타니파타』에 의하면 붓다는 "나의 신봉자는 『아타르바 베다』의 주법, 해몽, 관상, 혹은 점성술을 행해서는 안된다. 새나 짐승의 소리로 점을 치고, 요술을 하거나 그것으로 치료를 해서도 안 된다"라고 하였다.(『숫타니파타』 927.)

외에 여러 신들, 여신, 성자, 민간신앙까지 포함하여 대만다라를 구성하고 있다. 중생들은 본래 불성을 구비하고 있기 때문에 다라니를 암송하고 의식에 참여하면 모두 부처가 될 수 있다고 주장한다.

후기밀교에서는 샤크티사상이 도입된다. 샤크티(śakti)는 활동, 창조, 생식 등의 능력을 나타내는 여성명사로 보통 성력(性力)으로 번역된다. 이것은 고대 인도 원주민의 성기숭배, 여신숭배 풍습에서 전개된 것이다. 후기밀교는 인도에서 가장 민중적이었던 샤크티사상을 도입함으로써 현세의 행복과 쾌락을 인정하고, 인간의 번뇌와 정욕도 반드시 나쁜 것이 아니라 잘 승화시켜 일체중생을 위한 자비로 사용하면 이상세계가 이루어질 수 있다고 주장한다.

『삼국유사』에서는 전반에 걸쳐 금기, 주술, 주부(呪符), 주법(呪法) 등이 널리 말해지고 있지만, 본격적인 밀교사상은 신주편의 「밀본최사(密本摧邪)」, 「혜통항룡(惠通降龍)」, 「명랑신인(明朗神印)」조와 기이편의 「문호왕 법민(文虎王法敏)」조에 나타나고 있다. 「명랑신인」조에서는 신라에 명랑을 종조로 하는 신인종(神印宗)이 있었다고 하고, 명랑, 안혜(安惠), 낭융(朗融), 광학(廣學), 대연(大緣) 등의 신라와 고려 승려들이 신인종의 승려라 하여[206] 신인종이 매우 유력한 종파였음을 말하고 있다.

신라에 밀교가 전래된 이래 밀교가 사회, 국가와 일반 민중에게 미친 영향은 매우 크지만, 대일여래(大日如來)를 중심으로 하는 순밀(純密)의 정통밀교가 발전한 흔적은 찾아보기 어렵고 주로 잡밀(雜密)이 유통된 것으로 보인다. 『삼국유사』에 나타나고 있는 밀교사상은 진호국가(鎭護國家)의 호국사상과 제환유병 양재여락(除

205) 밀(密)은 비밀이라 뜻으로 우리 인간에게는 보이지 않는 세계를 여래의 가지(加持)를 얻어 지혜에 통달한 보살에게만 개시된다는 의미이다.

206) 『삼국유사』, 「명랑신인」.

患愈病 禳災與樂)으로 나누어 볼 수 있다.

첫째, 진호국가의 호국사상은 「문호왕 법민」조에 나타난다. 명랑(明朗)법사는 당나라에 가서 도를 배우고 돌아오는 길에 용왕의 청에 의해 용궁에 들어가 비법을 전하고, 자기 집 우물 밑에서 솟아났다고 하고 있다. 또한 명랑은 용왕이 준 황금으로 자기 집을 절로 만들어 금광사라 하였다. 그는 당나라가 신라를 치려 할 때 신유림(神遊林)에 오방신장(五方神將)을 만들어 유가명승 12명과 함께 문두루비법을 행하여 당병을 물리치고 그곳에 사천왕사를 세웠다.[207] 문두루법(Mudra=印契=神印)은 동진 때 백시리밀다라(帛尸梨密多羅)가 번역한 『관정경(灌頂經)』의 「불설관정복마봉인대신주경(佛說灌頂伏魔封印大神呪經)」에 나오는 개념이다.[208]

둘째, 제환유병 양재여락(除患愈病 禳災與樂)의 신앙은 「밀본최사」조에 선덕왕이 병이 났을 때 밀본이 『약사경』으로 마괴를 물리쳐 병을 낳게 하고, 또 승상 김양도가 병이 났을 때 밀본이 병을 고쳐주었다는 것에서 잘 나타난다.

> 또 승상 김양도가 어릴 때 홀연히 말을 못하고 전신이 마비되어 움직이지 못하였다. 그런데 보면 큰 귀신 하나가 여러 작은 귀신 데리고 와서 집안에 있는 모든 음식의 맛을 보며 무당이 제를 지내면 뭇귀신이 모여서 다투어 가며 무당을 모욕하니 양도가 제사를 치우도록 말하고 싶었지만 말을 할 수 없었다. 양도의 아버지가 법류사의 중 망명을 청하여 경을 외게 하니 큰 귀신이 작은 귀신을 시켜 철퇴로 중의 머리를 때려 땅에 쓰러져 피를 토하여 죽게 했다.

---

207) 『삼국유사』, 「문호왕 법민」.

208) 『관정경』 제7, 「불설관정복마봉인대신주경」 권 제7에는 95가지 도법(道法) 가운데 문두루(文豆婁)법을 말하고 있다.(대정, 21, 515쪽).

그 뒤 며칠 지나 사람을 보내어 밀본을 청했더니 심부름한 자가 와서 "밀본법사가 우리의 청을 받고 오려고 했습니다."라고 하였다. 여러 귀신들이 모두 실색하였다. 작은 귀신들이 말하기를 "밀본법사가 오면 우리가 장차 불리할 것이니 피하는 것이 좋겠다."라고 하였다. 그러나 큰 귀신은 태연자약하게 거만을 떨며 "무슨 해가 있겠느냐"라고 하였다. 조금 있다가 사방에서 대력신들이 모두 금 갑옷을 입고 장창을 들고 와서 여러 귀신들을 잡아 묶어가고 그 다음에는 무수한 천신들이 와서 손을 모아 기다리니 곧 밀본법사가 와서 경을 읽지도 않았는데 병이 나아서 양도는 말을 하고 몸이 풀렸다. 병중에 보았던 일을 낱낱이 말하였다. 이로부터 양도는 불교를 독실하게 믿어 일생토록 게을리 하지 않았다. 흥륜사의 오당주 미타존상과 좌우의 보살을 조성하고 아울러 금으로 그 당을 그렸다.[209]

여기서는 토속신앙을 원인으로 병이 났고, 불교와 무속에 의해 병을 고치려 하였지만 고치지 못한 것을 밀교의 밀본법사에 의해 고치게 되었다고 한다. 밀교가 밀교외의 다른 불교 신앙이나 토속 신앙보다 더 큰 위신력을 가지고 있음을 나타내고 있다.

「혜통항룡」조에서도 혜통이 당에 가서 무외삼장(無畏三藏)에게 법을 청하여 인결(印訣)을 전해 받은 후 공주의 병을 고쳐주고 665년에 귀국하였다고 하고 있다. 그 과정에서 공주에게 병을 일으킨 교룡(蛟龍)을 내쫒았는데, 이 교룡이 원한을 품고 신라에 와서 사람들을 해쳤다. 신라로 돌아온 혜통은 다시 교룡을 쫓아내고, 효소왕의 왕녀의 병과 신문왕의 병을 치료해 주는 이적을 보이고 있다. 이같이 밀교는 불가사의한 부처님의 힘으로 질병 등의 재앙을 물리치고 복을 구할 수 있다고 한다. 밀교의 이러한 신이적인 능력이

---

209) 『삼국유사』, 「밀본최사」.

민중들의 큰 지지를 받았던 것으로 볼 수 있다.

5) 아미타불신앙

우리나라에 전래된 불교는 교리의 난해함과 실천의 어려움 등으로 인하여 민중에 쉽게 정착될 수 없었다. 민중들을 불교에로 귀의할 수 있게 한 것은 정토신앙이다. 정토(淨土)사상에는 『유마경』의 "마음이 청정하면 세계가 청정하다"[210]라는 심정토설(心淨土說)과 정토는 현실의 예토(穢土)와는 다른 객관세계로서 존재한다는 객관적 정토설이 있다. 객관적 정토는 그 국토에 계시는 부처가 보살이었을 때의 서원에 의해서 성립된 보신불(報身佛)의 세계이다. 약사여래의 정유리광정토, 동방 아촉불의 묘희정토, 서방 아미타불의 극락정토 등이 여기에 해당된다. 우리나라의 정토신앙은 도솔천에서 수행하고 있는 미래불인 미륵에 대한 신앙과 극락정토를 장엄하고 있는 보신불인 아미타불에 대한 신앙으로 크게 나누어진다.

아미타불 신앙에 대해서는 원효, 경흥, 태현 등의 저서가 남아 있고, 자장의 저술도 있었음이 전해지고 있다. 이러한 저술활동을 통해서 보면 신라에서는 정토신앙이 매우 활발하게 연구되고 또 신앙되었다고 할 수 있다.[211] 아미타불에는 아미따바(Amitābhā : 無

---

210) 『維摩詰所說經』, 「불국품」, 대정, 권14, 538쪽 하.

211) 신라시대 정토관계 연구는 다음과 같은 것들이 있다. 자장, 『阿彌陀經義記』 1권, 『阿彌陀經疏』 1권, 원측, 『阿彌陀經疏』 1권, 『無量壽經疏』 1권, 원효, 『無量壽經疏』 1권, 『無量壽經私記』 1권, 『無量壽經宗要』 1권, 『阿彌陀經義疏』 1권, 『阿彌陀經通讚疏』 2권, 『遊心安樂道』 1권, 『彌勒上生經宗要』 1권, 『般舟三昧經疏』 1권, 『般舟三昧經略記』 1권, 의상, 『阿彌陀經義記』 1권, 憬興, 『無量壽經連義述文贊』 3권, 『阿彌陀經略記』 3권, 『觀無量壽經疏』 1권, 『無量壽經疏』 3권,

量光)와 아미따유(Amitāyus：無量壽)의 2가지 의미가 있다. 즉 아미타불은 지혜의 빛이 헤아릴 수 없고, 수명이 헤아릴 수 없는 부처님으로 시간적, 공간적으로 부처의 절대성을 상징한다. 세자재왕여래(世自在王如來) 때 법장(法藏)보살이 중생구제를 위한 48가지 서원을 세우고 수행한 결과 부처가 되어 아미타불이라 하고, 그 국토를 극락(極樂)이라 하였다. 법장보살이 세원 48대원 중 중요한 서원은 정토 또는 붓다의 이상적 상태를 실현하겠다는 것, 자신이 이를 극락에 왕생하고자 하는 사람은 누구든지 인도시키겠다는 것, 극락에 왕생하는 사람은 육체적, 정신적으로 모두 이상적인 인격으로 실현시키고, 중생으로 하여금 아미타불의 이름을 듣고 발심수행하게 하여 깨달음에로 나아가게 하겠다는 것 등이다.[212] 이러한 서원에 의해서 중생이 극락왕생을 원하면 아미타불이 모두 극락으로 인도한다는 것이다.

『삼국유사』에 나타나는 아미타불의 극락정토 신앙에 대한 기록은 거의 신라 중심으로 모두 삼국 통일 이후의 자료들이다. 『삼국유사』의 극락정토 관계 자료로는 「문호왕 법민(文虎王法敏)」, 「욱면비 염불서승(郁面婢念佛西昇)」, 「광덕과 엄장(廣德嚴莊)」, 「포산이성(包山二聖)」, 「무장사미타전(鍪藏寺彌陀殿)」, 「남백월이성 노힐부득과 달달박박(南白月二聖努肹夫得怛怛朴朴)」, 「오대산 오

義寂, 『無量壽經疏』 3권, 『無量壽經述義記』 3권, 『觀無量壽經綱要』 1권, 『觀無量壽經疏』 1권, 道證, 『西方極樂要讚』 1권, 太賢, 『阿彌陀經古迹記』 1권, 『無量壽經古迹記』 1권, 『觀無量壽經古迹記』 1권, 『稱讚淨土經古迹記』 1권, 『淨土總料簡』 1권, 法位, 『無量壽經義疏』 2권, 玄一, 『無量壽經記』 2권, 『觀無量壽經記』 1권, 『阿彌陀經疏』 1권, 『隨願往生經記』 1권, 道(遁)倫, 『阿彌陀經疏』 1권이 있다. 이중 현존하는 것은 원효의 『無量壽經宗要』 1권, 『阿彌陀經疏』 1권, 『遊心安樂道』 1권, 경흥의 『無量壽經蓮義述文贊』, 현일의 『無量壽經記』 2권이며, 의적의 『無量壽經疏』 3권은 복원되었다.

212) 조수동, 『불교사상과 문화』, 세종출판사, 2003, 169쪽.

만진신(五臺山五萬眞身)」, 「명주 오대산 보질도태자 전기(溟州五臺山寶叱徒太子傳記)」, 「밀본최사(密本摧邪)」, 「월명사 도솔가(月明師兜率歌」, 「염불사(念佛師)」. 「포천산 오비구 경덕왕대(布川山五比丘景德王代)」 등이 있다.

아미타불의 극락정토 신앙이 신라에 수용된 시기에 대해서는 아직까지 정설이 없다. 혜숙(惠宿)이 미타사를 지었다는 「욱면비염불서승」조를 근거로 하여 진평왕(眞平王) 시대의 혜숙에 기원을 두는 설[213]과 그것을 부정하는 입장,[214] 그리고 동명이인(同名異人)의 혜숙을 상정하는[215] 설 등이 있다. 신라의 극락정토 신앙은 삼국통일을 전후한 시기에 크게 유행한 것으로 보이는데, 최초의 극락정토 왕생 설화인 「광덕 엄장」조에 의하면 문무왕대에 이미 서방극락세계에로의 왕생을 원하여 만일염불회를 만들어 아미타불을 염(念)하고 16관을 닦던 수행자들이 있었다고 한다. 신라 정토신앙의 특징은 재가자들이나 욱면과 같은 최하층의 노비들에게까지 극락정토 신앙이 파급되고 있었다는 것이다. 이러한 극락왕생신앙은 7세기에 매우 성행하였다. 그것은 원효 등에 의해 나무아미타불의 염송이 민중들에게 크게 보급되었고, 국가를 위해 전쟁에 동

213) 이러한 주장은 金在庚,(「신라아미타신앙의 성립과 그 배경」, 『한국학보』 제29집, 1982, 3쪽~8쪽), 金東旭,(「신라정토사상의 전개와 원왕생가」, 『한국가요의 연구』, 을유문화사, 1961, 83쪽~84쪽), 李基白(「신라 정토신앙의 기원」, 『학술원논문집』, 인문사회과학편 제19집, 1980, 144쪽~146쪽), 江田俊雄,(「신라불교에 있어서 정토불」, 『조선불교사의 연구』, 국서간행회, 동경, 1977, 144쪽) 등이 하였다.

214) 김영태, 「신라백월산 二聖 설화의 연구」, 『효성조명기박사화갑기념불교사학논총』, 동국대학교출판부, 1965, 52~53쪽. 金煐泰는 康州와 안강의 거리 문제, 진평왕대의 혜숙이 미타사를 창건했다 하더라도 창건 때부터 미타도량이었는지 알 수 없기 때문에 혜숙에게 기원을 두기는 어렵다고 하였다.

215) 문명대, 「경덕왕대의 아미타조상문제」, 『이홍식박사기념한국사학논총』, 신구문화사, 1969, 658쪽.

원되어야 했던 신라인들에게 그들을 죽음의 공포로부터 구원해 줄 수 있는 신앙이 바로 아미타불 신앙이었기 때문이다.

『삼국유사』에 나타나고 있는 극락왕생신앙의 특징을 살펴보면 그것은 추선의례(追善儀禮), 현실에서의 극락왕생(往生)이라는 원생적(願生)적 정토신앙, 인간평등사상 등을 들 수 있다.

망자의 명복을 비는 추선의례는 죽은 자의 극락왕생을 기원하기 위해 사찰을 창건하거나 아미타상을 봉안하는 등 사후(死後)의 추선(追善)을 위해 아미타불을 신앙하는 것이다. 「문호왕 법민」조의 인용사, 「남월산 감산사」조의 감산사, 「무장사 미타전」조의 미타전, 황복사 삼층석탑의 아미타상 봉안 등이 그것이다. 이것은 사후에 행해지는 가족들의 기원을 통해 죽은 자가 극락에 갈 수 있도록 추선하고 있는 것이다. 아미타불의 중생구제의 본질은 극락에 왕생하기를 원하는 모든 중생을 왕생시키는 것이다. 따라서 신라의 정토경전의 주석서들에서는 주로 극락왕생하는 사람들의 근기와 수행에 따른 구분 즉 삼배(三輩) 및 구품(九品), 그리고 왕생하는 방법으로서의 10념(十念)의 문제 등을 주로 다루고 있다.

아미타불 신앙에서는 사후의 극락왕생뿐만 아니라 더 나아가 수도자가 현실에서 극락왕생하거나 성불하여 아미타불이 되기도 한다. 이러한 원생적(願生)적 정토신앙은 「남월산 이성 노힐부득과 달달박박」조, 「욱면비 염불서승」 조, 「광덕과 엄장」 조, 「포천산 오비구 경덕왕대」 조, 「염불사」 조 등에 나타나고 있다. 「광덕과 엄장」 조에 의하면 수행승인 광덕과 엄장은 극락세계에 왕생하기 위해 노력하였다. 그 결과 대처승인 광덕이 먼저 서방 극락정토에 왕생하였는데, 엄장은 원효법사가 준 쟁관법(錚觀法)으로 극락정토에 왕생하였다고 한다. 「포천산 오비구 경덕왕대」 조에 의하면 포천산에서 수행하던 5비구가 아미타불을 외우면서 서방 극락왕생을 구하였는데, 성중(聖衆)이 서쪽으로부터 와서 그들을 맞이했다고 한다. 「염불사」 조에 의하면 경주 남산 동쪽 산기슭의 피리촌에 있는 피리사에 있던 중이 항상 아미타불을 염송하였는데, 그 소리가 성 안에까지 들렸다고 하였다. 그가 죽은 뒤에 소상(塑像)을 만들어 민장사 안에 모시고 그가 본래 살던 피리사를 염불사로 이름을 고쳤다고 한다.

또한 「남백월 이성 노힐부득과 달달박박」조에 의하면 처자를 데리고 있었던 노힐부득은 미륵불, 달달박박은 아미타불을 칭념하며 수행하던 중 관음보살의 도움으로 각각 미륵불과 무량수불로 성불한다.[216] 두 수행자들이 현실에서 부처가 된다는 것은 신라가 바로 부처들이 주거하는 땅이라는 의식을 나타낸 것이다. 즉 신라는 불국토라는 것이며 그것은 바로 이 현실이 정토라는 현실정토 사상을 나타내는 것이다.

재가자의 원생적 정토신앙의 경우는 「욱면비 염불서승」 조에 나타난다. 그것에 의하면 강주의 남자신도 수십 명이 서방 극락왕생을 위해서 고을 경계에 미타사를 세우고 만일(萬日)을 기약하면서 계(契)를 만들었다. 이중 여성노비 출신인 욱면(郁面)이 열심히 염불하여 극락왕생하였다고 한다.

> 경덕왕 때 강주에서 남자신도 수십 명이 서방에 뜻을 두고 고을 경계에 미타사를 세우고 만일을 기약하여 계(契)를 만들었다. 이때 아간 귀진(貴珍)의 집에 계집종 한 명이 있었는데 이름을 욱면(郁面))이라 하였다. 그 주인을 따라 절에 가서 마당에 서서 중을 따라 염불하였다. 주인은 그녀가 직분에 맞지 않는 짓을 하는 것이 미워 매양 곡식 두 섬을 주어 하룻밤 동안에 다 찧으라고 하였다. 계집종은 초저녁에

216) 『삼국유사』, 「남백월 이성 노힐부득 달달박박」.

다 찍어놓고 절에 가서 염불하기를 밤낮으로 게을리 하지 않았다.

그녀는 뜰 좌우에 기다란 말뚝을 세워 두 손바닥을 뚫어 노끈으로 꿰어 말뚝 위에 메고는 합장하면서 좌우로 흔들어 자기를 격려했다. 그 때 하늘에서 "욱면랑은 당에 들어가 염불하라"고 말하였다. 절의 중들이 듣고 계집종에게 권해서 당에 들어가 전처럼 정진하게 하였다. 얼마 되지 않아 하늘의 음악소리가 서쪽에서 들려오더니 욱면은 몸을 솟구쳐 집 대들보를 뚫고 올라가 서쪽 교외로 가더니 해골을 버리고 부처의 몸으로 변하여 연화대에 앉아 큰 광명을 발하면서 서서히 가버렸다. 하늘에서 음악소리가 한참 동안 그치지 않았다. 그 당에는 지금도 구멍이 뚫어진 곳이 있다고 한다.217)

이 이야기는 수행승이 아닌 일반인들이 극락왕생을 위해 미타도량을 세워 염불만일회라는 신앙공동체를 설립했다는 사실과 여성 노비인 욱면이 성불하여 극락왕생했다는 것이다.

종의 신분으로 극락왕생한 욱면의 예를 통해서 보면 극락왕생에는 신분이나 남녀의 차별이 없다는 것이다. 또한 이량공의 종이었던 지통(智通)이 보현보살로부터 계를 받았다는 것이나218) 가난한 품팔이 생활로 어머니를 봉양하던 대성이 재상으로 환생하였다는 것219)도 모두 신분에 관계없이 불교를 지성으로 신앙한다면 그 응보를 받는다는 것에 근거하고 있다. 그리고 극락왕생에는 승속의 차별도 없다. 전문적인 출가 승려가 아닌 재가의 수행자들이 극락왕생할 수 있다는 것은 출가자와 재가자라는 신분에 관계없이 한마음(一念)으로 불도에 정진한다면 누구나 다 극락왕생할 수 있다

217) 『삼국유사』, 「욱면비 염불서승」.
218) 『삼국유사』, 「낭지승운 보현수」.
219) 『삼국유사』, 「대성효이세부모신문왕대」.

는 것을 나타낸다. 이를 통해 정토신앙에서는 신분을 뛰어 넘어 오로지 아미타불을 지성으로 염송하고 실천하는 자만이 아미타불의 구원을 받는다는 것을 보여준다. 『삼국유사』의 정토신앙에서는 이 같은 인간평등사상이 보편적으로 나타나고 있다.

6) 미륵신앙

우리나라에 불교가 처음 전래된 초창기에는 호국신앙과 현세 이익적 신앙이 주된 신앙 형태였고, 이후 불연국토설, 현실정토 신앙, 민중불교 사상으로 전개되었다. 여러 형태의 불교신앙 중 현실 이익적 사상이 가장 현저하게 나타나고 있는 것은 미륵신앙이다.

미륵신앙은 미륵이 수행하고 있는 도솔천 상생(上生)을 염원하는 미륵상생신앙과 당래(當來) 미륵이 성불하는 국토에 태어나 미륵의 설법을 듣고 깨달음을 얻는다는 미륵하생신앙(下生信仰)으로 나누어진다. 미륵은 바라나국 겁바리촌에서 바바리라는 바라문 집에서 탄생한다. 석존의 설법을 들은 미륵은 12년 뒤 목숨을 마치고 도솔천에 왕생하여 일생보처보살(一生補處菩薩)로 있다. 미륵이 수행하고 있는 도솔천에 왕생하고자 하는 자는 먼저 오계(五戒), 팔재계 등을 지니고 10가지 선(十善)을 닦아야 된다.[220]

미륵하생신앙은 미륵이 하생할 때 염부제에 태어나 미륵의 가르침에 의해 성불한다는 신앙이다. 『미륵하생경』에 의하면 미륵이 태어날 때의 염부제는 동서남북이 천만유순이나 되는데, 더러운 것이 없고, 감미로운 과수와 향기롭고 아름다운 풀과 나무들만이 있으며, 세상의 기후는 아주 알맞고, 사시의 계절이 순조로워 118가

---

220) 『미륵상생경』, 대정 14, 420쪽 중.

지 질병이 없다. 이곳에 사는 사람들에게는 탐욕과 성냄, 어리석은 마음(貪瞋癡)이 일어나지 않으며, 평화롭고 자유로운 이상세계라고 하고 있다.

신라에서 미륵신앙은 신라 최초의 사찰인 홍륜사에 미륵부처가 모셔지고, 백제 성왕이 일본에 불교를 전할 때 미륵상을 전했다고 하고 있어 우리나라에서는 일찍부터 미륵신앙이 성행했음을 알 수 있다. 미륵신앙은 민중들에게는 이상사회가 현실에 도래할 수 있다는 희망의 구원신앙이었다. 신라의 화랑들에게는 불국토(佛國土)라는 이상사회를 현실에 직접 건설한다는 이상실현의 이념을 제공하였고, 일반인들에게는 계율의 준수라는 실천수행의 덕목을 제시해 주기도 하였다. 이같이 미륵신앙은 지배층의 정치적 의도와 민중의 현실 구원에 대한 염원이 이상적으로 접목되어 이 땅에 뿌리내린 것이라 할 수 있다.

『삼국유사』의 미륵 관계 자료로는 「경덕왕 충담사 표훈대덕(景德王忠談師表訓大德)」, 「무왕(武王)」, 「효소왕대 죽지랑(孝昭王代竹旨朗)」, 「법왕금살(法王禁殺)」, 「생의사 석미륵(生義寺石彌勒)」, 「미륵선화 미시랑과 진자사(彌勒仙花未尸郎眞慈師)」, 「남백월 이성 노힐부득과 달달박박(南白月二聖努肹夫得怛怛朴朴)」, 「낙산사 이성 관음 정취 조신(洛山寺二大聖觀音正趣調信)」, 「남월산 감산사(南月山甘山寺)」, 「진표전간(眞表傳簡)」, 「관동풍악발연수석기(關東楓岳鉢淵藪石記)」, 「현유가 해화엄(賢瑜伽海華嚴)」, 「경흥우성(憬興遇聖)」, 「월명사의 도솔가(月明師兜率歌)」 등이 있다.

『삼국유사』에 나타나는 미륵신앙을 분류하면 다음의 몇 가지 유형으로 나눌 수 있다.

첫째, 죽은 자를 위해서 미륵의 상을 조성하는 것이다. 즉 무덤 앞에 미륵상을 안치하는 것은 죽은 자의 명복을 빌고 그를 추선(追善)하기 위해서 이다. 「남월산 감산사」 조에 의하면 중아찬 전망성(全忘誠)이 돌아가신 아버지 인장 일길간(一吉干)과 돌아가신 어머니 관초리 부인을 위해서 공손하게 감산사를 건립하고 석미륵 하나를 만들었다고 하고 있다. 죽은 자를 위해 미륵상을 조성하는 것은 미륵 상생신앙이나 하생신앙이 아니라 오로지 미륵신앙의 현실적 적응이다.

둘째, 현실에 다시 태어나기 위해서 미륵을 신앙한다. 「효소왕대 죽지랑」 조의 죽지랑의 설화는 현실에 다시 태어나는 것을 목적으로 미륵을 신앙하고 있는 경우이다.

> 술종공(述宗公)이 삭주 도독사가 되어 장차 임소로 갈려고 할 때 마침 삼한에 병란이 있었으므로 기병 삼천으로 호송하게 되었다. 일행이 죽지령(竹旨嶺)에 이르렀을 때 한 거사가 고갯길을 닦고 있었다. 공이 이것을 보고 감탄하여 칭찬하니 거사도 공의 위세가 놀라운 것을 보고 좋게 여겨 서로 마음이 감동되었다. 공이 고을의 임소(任所)에 부임한지 한 달 뒤 꿈에 거사가 방에 들어오는 것을 보았는데, 공의 아내도 똑같은 꿈을 꾸었다. 이상히 여겨 이튿날 사람을 시켜 거사의 안부를 물었더니 그곳 사람들이 "거사가 죽은 지 며칠 되었다"고 하였다. 사자가 돌아와 아뢰니 그가 죽은 날이 꿈을 꾼 날과 같은 날이었다. 공은 거사가 우리 집에 태어날 것이라 말하고 군사들을 보내어 고개 위 북쪽 봉우리에 장사지내게 하고, 돌미륵 하나를 만들어 무덤 앞에 세웠다. 공의 아내는 꿈을 꾸던 날로부터 태기가 있어 아들을 낳으니 이름을 죽지라 하였다.[221]

221) 『삼국유사』, 「효소왕대의 죽지랑」.

여기서는 거사의 새로운 생명에 대한 염원이 나타나 있다. 그것은 미륵사상에 나타나고 있는 도솔천 왕생의 의미가 아니라 현생에 다시 태어나기를 원하는 것이다.

셋째는 미륵보살이나 미륵부처를 현실에서 감응하기 위해서이다. 삼화령의 미륵세존은 신앙의 대상이었다. 이것은 신라인들이 미륵을 도솔천에 있는 미륵보살로 생각하지 않고 미륵불로 현실화시킨 것이다. 「생의사 석미륵」 조에서는 생의라는 승려가 어느 스님이 가르쳐주는 꿈을 꾸고 나서 돌미륵상을 발견했다고 하고 있다.[222]

> 선덕왕 때에 생의(生義)가 항상 도중사(道中寺)에 살았는데, 꿈에 어느 중이 남산으로 끌고 가면서 풀을 꺽어 길을 표해 두라 하고 산의 남쪽 골짜기에 가서 말하기를, "내가 여기에 묻혔으니 청컨대 스님이 파내어서 이 고개 위에 앉혀 달라."라고 하였다. 꿈을 깨어 친구들과 표시한 곳을 찾아 골짜기에 이르러 땅을 파니 돌미륵이 있었다. (돌미륵을) 갖고 가서 삼화령(三花嶺) 위에 두었다가 선덕왕 13년 갑진에 절을 세우고 뒤에 생의사(生義寺)라 하였다. <지금은 잘못되어 성의사(性義寺)라고 한다. 충담사가 매년 3월 3일과 9월 9일에 차를 달여서 공양한다는 부처가 바로 이 부처이다.>[223]

꿈을 꾸고 나서 돌미륵 상을 발견했다는 것은 꿈이 현실 즉 이상이 현실화된다는 의미이다. 「미륵선화 미시랑과 진자사」 조에서는 진지왕(眞智王) 때 홍륜사의 중 진자(眞慈)가 미륵상 앞에 나아가 미륵이 화랑으로 화현하게 해달라고 기원하여 미륵이 미시랑

222) 『삼국유사』, 「생의사 석미륵」.
223) 『삼국유사』, 「생의사 석미륵」.

(未尸郞)으로 화현했다고 하고 있다.

이외에도 미륵을 현실에서 감응한다는 이야기는 「진표전간」이나 「관동풍악발연수석기」에서도 보이고 있다.[224] 진표가 미륵을 찾은 이유는 미륵이 계신 도솔천에 상생하고자 하는 것이 아니라 오직 현실에서 미륵을 감응하여 미륵에게서 직접 계율을 받아 세상을 제도하려고 하는 이유에서 이다. 더 나아가 신라인들은 자신이 수행하여 직접 미륵불이 되고자 하였다. 「남백월 이성 노힐부득과 달달박박」 조에 의하면 노힐부득과 달달박박이 각각 미륵불과 아미타불로 성도하고 있는데,[225] 이들이 미륵불과 아미타불이 되었다는 것은 현실의 우리들이 수행을 통하여 성불할 수 있음을 말한 것이다.

미륵신앙은 민중들에게는 현세 이익적 복락을 제공하는 신앙이다. 상생신앙은 참회와 계율의 실천을 강조하고, 하생신앙은 이상세계 및 전륜성왕이라는 바람직한 인군(仁君)의 상을 제시한다. 미륵 상생신앙에 나타나고 있는 이러한 계율 중심의 입장은 통일신라시대 진표(眞表)에 이르러 점찰참회법(占察懺悔法)으로 발전하였다. 「진표전간」과 「관동풍악발연수석기」에 의하면 진표는 미륵신앙을 통해서 참회와 계법(戒法)을 말하고 있다. 진표가 계율의 근거로 삼은 것은 『점찰경』인데, 이 경의 상권에서는 목륜상(木輪相)[226]에 의해 과거의 선악업과 현재의 길흉화복을 점찰(占察)하는 법을 말하고, 하권에서는 대승의 진실한 뜻을 밝히는 것을

224) 『삼국유사』, 「진표전간」.

225) 『삼국유사』, 「남백월 이성 노힐부득과 달달박박」.

226) 목륜상에는 과거세에 지은 업의 선악 차별을 점치는 십륜상(十輪相, 宿業差別), 과거세에 지은 업의 차별을 점치는 삼륜상(三輪相, 業力差別), 삼세에 받는 과보의 차별을 점치는 육륜상(六輪相, 受報差別) 등이 있다.

그 주요 내용으로 하고 있다. 특히 악업이 많고 두터운 사람들은 선정과 지혜를 배우기 앞서 참회의 법을 닦아야 된다고 하고 있다. 『점찰경』에 의한 점찰법회는 원래 원광에서부터 시작되었는데, 그 목적은 사람들을 참회시켜 선(善)으로 이끌고 불법의 참뜻을 전달하기 위해서였다. 신라에서는 이 점찰법회가 발달하여 대중 집회 형식을 띄고 있었다.

진표는 『점찰경』에서 말하고 있는 목륜(木輪) 대신 189개의 간자(簡子)를 사용하고, 이 점찰법을 미륵신앙에 연계시키고 있다. 진표가 미륵신앙을 점찰법회에 도입한 것은 미륵사상과 점찰의 참회법, 그리고 계율을 융합시키려고 하는 진표의 독창적인 견해라 할 수 있다. 진표의 점찰 참회법은 그의 제자 영심(永深)이 이어받아 속리산 길상사에서 점찰법회(果證法會)를 열었다고 하고 있고[227], 또 심지(心地)가 영심으로부터 간자를 받아 점찰법을 행했다고 하고 있다.[228] 이것을 통해서 보면 점찰법회는 단순한 무속적 행위가 아니라 불법을 대중들에게 전하려는 참회법이었다고 할 수 있다.

---

227) 『삼국유사』, 「관동풍악발연석기」.

228) 『삼국유사』, 「심지계조」.

<삼화령 미륵3존불 : 경주 남산 장창골에 있던 불상을 경주 박물관으로 옮겼다. 충담사가 차를 공양하였다고 하는 삼화령 미륵부처로 추정된다.>

7) 관음신앙

관세음보살(觀世音菩薩)은 고통 받고 있는 사바세계의 중생이 그를 일심(一心)으로 부르면 그 음성을 관하여 서원을 들어주는 자비의 보살이다. 이 때문에 관음신앙은 현실의 괴로움을 극복하고 개인의 소원을 들어주는 이상적 신앙으로 발전하였다.

관세음(Avalokiteśvara)보살의 다른 명칭으로는 관자재보살(觀自在菩薩), 광세음(光世音)보살, 관세자재(觀世自在)보살, 관세음자재(觀世音自在)보살, 현음성(現音聲)보살 등이 있으며, 이외 보문(普門), 남해대사(南海大師), 대비존(大悲尊), 시무외자(施無畏者), 원통존(圓通尊) 등으로도 불려진다. 또한 천수(千手)관음, 백의(白衣)관음, 십일면(十日面)관음, 수월관음(水月觀音) 등의 명칭은 밀교경전의 관음신앙에서 불리고 있는 호칭들이다.229)

관음신앙은 대승불교 초기 제불과 보살에 대한 신앙이 일어나면서 민간신앙적인 신격(神格)이 불교에 흡수될 때 도입되었다. 대자대비(大慈大悲)한 구원의 화신으로서의 관음보살은 『법화경』「보문품」에서 가장 구체적으로 묘사되고 있다. 「보문품」의 관세음보살은 고통 받는 일체 중생이 한 마음으로 그 이름을 부르면(一心稱名), 그 음성을 관하고 그들을 구제한다. 일체의 고뇌를 해탈케 해준다는 관음보살의 자비에 근거한 구원사상은 자연스럽게 민중들에게 받아들여져 신앙의 대상이 되었다.

관음신앙이 신라에 크게 유포되게 된 것은 통일 전후 전란 속에서 민중들이 겪게 되는 죽음, 불안, 공포 그리고 갖가지 재난 때문이다. 신라인들은 전란의 처참한 현실 속에서 자신들을 구원해 줄 수 있는 귀의처를 찾았는데, 그 중의 하나가 바로 관음보살이었다. 현실생활에서 일어나는 물이나 불 등에 의한 자연적 재난(災難)이나 도적, 강도, 전쟁, 형벌에 이르는 갖가지 재앙, 자신의 내면에서 생겨나는 탐욕과 분노, 어리석음, 또는 자식 낳기를 원하는 간절함이나 병의 치료나 그 외 다른 간절한 소망 등 온갖 현실적 상황에서 탁월한 구제력을 다양하게 구사하여 신앙에 응답하는 관음보살에 대한 신앙은 사회적 신분에 구애되지 않고 자연스럽게 전개되었다고 할 수 있다.

『삼국유사』에는 12종의 관음신앙 사례를 전하고 있다. 즉「자장정률(慈藏定律)」, 「낙산 이대성 관음정취 조신(洛山二大聖觀音正趣調信)」, 「광덕과 엄장(廣德嚴莊)」, 「경흥우성(憬興遇聖)」, 「문

58) 後藤大用, 『관세음보살의 연구』, 산희방불서림, 1958, 3쪽~4쪽.

호왕 법민(文虎王法敏)」, 「백률사(栢栗寺)」, 「남백월이성 노힐부득과 달달박박(南白月二聖努肹夫得怛怛朴朴)」, 「민장사(敏藏寺)」, 「분황사 천수대비맹아득안(芬皇寺 千手大悲盲兒得眼)」, 「대산 월정사의 오류성중(大山月精寺五類聖衆)」, 「삼소관음 중생사(三所觀音衆生寺)」, 「욱면비 염불서승(郁面婢念佛西昇)」조 등에서 관음신앙이 나타난다.

『삼국유사』에 나타나고 있는 관음신앙의 특징은 민중구원사상, 평등사상, 진신주처사상, 극락왕생 사상 등이다. 관음보살은 자비의 화신으로 민중의 고난을 구제하기 위해서 33가지 변화신을 나타낸다. 예컨대 자장은 아버지가 관음탱화 천부를 조성하여 낳았고, 김인문의 무사귀환을 위해 인용사에 관음도량을 설치한 후 김인문이 풀려났으며, 백률사의 대비상은 여진에 납치된 부예랑과 안상을 무사 귀환시켰고, 또 나라의 보배를 찾아주었다. 민장사의 관음상은 바다에서 실종된 장춘랑을 고향으로 데려오고, 낙산사의 관음은 욕정에 시달리는 어리석은 승려 조신을 깨우쳐 주고, 수도할 곳을 찾는 신효거사에게는 노부인으로 나타나 그 주처를 알려준다. 분황사의 천수대비상은 맹아의 눈을 뜨게 하였으며, 중생사의 대비상은 아이를 낳게 해주고, 전쟁 중에 그 아기를 돌보아 주고 있다. 먼저 승려 조신의 예를 살펴보자.

> 조신이라는 중이 농장 감독으로 가서 김흔공의 딸을 사모하여 낙산사 대비관음 앞에 나아가 그 여자와 인연 맺어 주기를 가만히 빌었지만 그 여자는 이미 배필을 갖게 되었다. 조신이 법당에 가서 대비보살이 자신의 소원을 성취시켜 주지 않음을 원망하여 슬피 울며 날이 저물도록 있다가 심정이 노곤하여 잠깐 졸았다. 꿈에 낭자와 만나 40여 년을 같이 살면서 아이를 다섯이나 두었다. 그러나 점점 가난하여

호구가 어렵게 되었다. 명주 해현령(蟹縣嶺)을 지나다가 열다섯인 아이가 갑자기 굶주려 죽으므로 통곡하면서 길가에 묻었다. 그 후 계집애가 밥을 구걸하여 주는 것으로 연명하였다. …… 그의 아내가 각각 헤어지자고 하므로 동의하고 아이 둘을 데리고 남쪽으로 길을 떠나려 하는 중에 홀연히 꿈에서 깨어났다. … 아침에 보니 머리와 수염이 하얗게 세어 있었다. 마침내 마음이 망연하여 세사에 뜻이 없고 삶에 염증이 나서 마치 한평생의 고생을 다 겪고 난 것과 같아 재물을 탐하는 마음도 얼음 녹듯이 깨끗이 없어졌다. 이에 관음보살의 상을 대하기가 부끄러워지고 잘못을 뉘우치는 마음은 참을 길이 없다. 해현에 가서 묻은 아이를 파내어 보니 곧 돌미륵이었으므로 깨끗이 씻어서 이웃 절에 봉안하였다. 서울로 가서 농장의 책임을 사임하고 사재를 털어 정토사(淨土寺)를 짓고 부지런히 착한 일(白業)을 하였다.[230]

조신이 세속적인 욕구충족을 기원했지만, 그가 받은 영험은 세속적인 욕심에서 아예 초탈케 하는 깨우침이었다. 관세음보살은 현실의 허망한 욕망을 버리고 조신으로 하여금 진정한 수행자의 길로 인도하고 있다. 또한 관음보살은 수도할 장소를 찾는 신효거사에게 노부인의 몸으로 나타나 수행할 장소를 알려주고 있다.

신효거사(信孝居士)라는 이가 있었다. 혹은 유동보살(幼童菩薩)의 화신이라고도 했는데, 그의 집은 공주에 있는데, 효성을 다하여 어머니를 봉양했다. 어머니가 고기가 아니면 먹지 않아 거사가 고기를 구하러 산하로 다니다가 길가에서 학이 날아가는 것을 보고 활을 쏘니 그 중 한 마리가 깃 하나를 떨어뜨리고 갔다. 거사가 깃을 집어 눈을 가리고 사람을 보니 사람이 모두 축생으로 보이기 때문에 고기를 얻

230) 『삼국유사』, 「낙산 이대성 관음정취 조신」.

지 못하였다. 자기의 넓적다리 살을 베어서 어머니께 받쳤다. 그 후 출가하여 집을 내놓아 절로 만들었는데 지금의 효가원이다.

거사가 경주 하솔에 이르러 사람을 보니 그곳의 사람들은 사람의 모습을 하고 있어 거기서 살려고 길에서 늙은 부인을 보고 살만한 곳을 물었다. 그 부인은 "서쪽 고개를 넘으면 북쪽으로 향한 골짜기가 있는데 거기가 살 만합니다."라고 말하였는데 보이지 않았다. 거사는 이것이 관음보살의 가르침인 것을 알고 곧 성오평을 지나서 자장법사가 처음 모옥을 지은 곳으로 들어가 살았다.[231)]

신효거사의 지극한 효심이 돋보이는 설화인데, 그 거사가 수행하기에 적당한 장소를 물색하자 관음보살이 그 장소를 정해 주었다는 것이다.

민중들은 일상적으로 일어나는 재난과 괴로움을 해결하기 위해 관음을 신앙한다. 그리고 관음은 민중들의 그러한 소망에 부응하여 현실적인 욕망을 충족시켜 주거나 세속적인 재난을 극복하게 하거나 개인의 번뇌를 극복시키고 있다. 즉 신라인들은 현실의 여러 고난에서 관음에게 간절히 기도함으로써 그 문제를 해결하려고 하는 현실주의적 신앙 형태를 가지고 있었다. 즉 관음을 신앙하는 목적이 현세적 복락의 획득에 치중되고 있는 것이다. 이것은 영혼의 구원이라든가 무상고(無常苦)로부터의 해탈이라는 불교 본연의 목표와는 상당한 거리가 있다.

그런데 재난구호, 치병 등과 같은 이러한 현실구원적인 관음신앙 중 특징적인 것은 관음의 자발적 응현 구제라는 것이다. 즉 관음의 이름을 지칭(持稱)하지 않고, 상념(常念), 예배, 공경, 공양하지 않았음에도 불구하고 관음이 스스로 와서 응현하여 구제한다는 것이

231) 『삼국유사』, 「대산 월정사의 오류성중」.

다. 관음의 자발적인 응현은 관음보살의 무연자비(無緣慈悲)와 자재묘력(自在妙力)을 상징한다.

관음신앙을 설하고 있는 경전에서는 주로 유연(有緣) 구제의 염피관음력(念彼觀音力)을 설하고 있다. 관음을 일심으로 부르면 관음이 그 음성을 듣고 곧바로 문제를 해결한다는 것이다 이것을 『법화경』「보현품」에서는 "관음을 생각하는 힘(念被觀音力)이라 하고 있다.[232] 그에 비해 신라의 관음신앙에서는 관음보살의 무연구제(無緣救濟) 즉 자발적이고, 적극적인 응현의 자재묘력을 오히려 강조하고 있다. 관음이 자발적으로 우리들 앞에 등장하는 경우는 원효 앞에 화현한 관음, 광덕의 처, 경흥의 병을 고친 여승, 백월산 이성을 성도시킨 여인, 신효거사 앞에 나타난 노부인, 욱면을 인도한 팔진 등이 있다.

이같이 관음의 자발적인 응현은 관음보살의 중생에 대한 한없는 자비심을 나타낸 것이라 할 수 있다. 중생이 그를 먼저 찾지 않더라도 중생이 어려운 지경에 있을 때 스스로 응현하여 그에게 도움을 주는 것이 관음보살이다.

관음신앙에서는 중생에 대한 구제력을 상징하기 위하여 갖가지 변화관음이 등장하는데 십일면관음, 천수관음이나 천수천안관자재보살 등이 그것이다. 경덕왕 때(742~764)에 창건된 석굴암(석불사)에 십일면관음상이 모셔졌고, 또 여인 희명이 기도하여 아이의 눈을 뜨게 한 관음은 분황사의 천수대비관음이었다. 즉 경덕왕 때 한기리의 여자 희명(希明)이 아이가 태어난 지 5년 만에 갑자기 눈이 멀었다. 하루는 그 어머니가 아기를 안고 분황사의 좌전 북쪽 벽에 걸린 천수대비관음 앞에서 아기를 위해 노래를 지어 부르며

---

232) 『묘법연화경』 권7, 「보문품」, 대정 9, 57쪽 하~58쪽 상.

빌었더니 눈이 밝아졌다고 한다.[233] 그리고 경흥법사의 병을 고친 관음은 남항사의 십일면원통상이었다.

신문왕 때 대덕 경흥의 성은 수(水)씨인데 웅천주 사람이다. 18세에 출가하여 삼장에 통달하니 명망이 한때 높았다. 개요 원년(681년) 문무왕이 승하하려 할 때 신문왕에게 고명하여 가로되 "경흥법사를 국사로 삼고 짐의 명을 잊지 말라."고 하였다. 신문왕이 즉위하여 그를 국로(國老)로 삼고 삼랑사에 살게 했는데, 갑자기 병이 들어 한 달이나 되었다. 한 여승이 와서 뵙고, 『화엄경』 가운데 착한 친구가 병을 고쳐준다는 말을 하고는 이어서 "지금 스님의 병환은 근심과 노심에서 온 것이니 즐거이 웃으면 나으실 수 있습니다."라고 하고, 열한 가지 모습으로 각각 우스운 춤을 추었다. 씩씩하고 날렵하여 변화무쌍한 모습이 이루 말할 수 없어 모두 웃게 되니 경흥의 병이 알지 못하는 사이에 씻은 듯이 나았다. 여승은 곧 문을 나가 남항사(삼항사 남쪽에 있었다)로 들어가 숨어 버리고, 그가 가졌던 지팡이만 탱화로 그린 11면 관음보살상 앞에 있었다.[234]

11면 관음보살이 여승으로 화현하여 병이 난 경흥 앞에 나타나 병을 치료해 준다는 설화이다. 이같이 신라의 관음은 보문시현(普門示現)하는 원통대비(圓通大悲)의 보살로서 신앙되었고, 또 구세이생(救世利生)의 본원력으로 시공의 제한 없이 응현하였다고 할 수 있다.

관음신앙에서는 이외에도 인간평등을 주장하고 있다. 관음신앙에서는 신분상의 평등, 남녀의 평등, 승속의 평등 등이 말해지는데,

---

233) 『삼국유사』, 「분황사 천수대비맹아득안」.

234) 『삼국유사』, 「경흥우성」.

그것은 천민인 노비들의 성불, 여인의 성불, 관음이 여인으로 응현하여 수행자를 이끌어 가는 경우 등에서 볼 수 있다. 『삼국유사』에는 관음의 8가지 응현 사례가 나오는데 그 중 부예랑, 장춘랑을 구해 온 두 경우만 승려일 뿐 예도녀(刈稻女), 세녀(洗女), 사비(寺婢), 여승(尼僧), 낭자(娘子), 산녀(産女), 노부(老婦) 등 나머지 경우는 모두 여인으로 나타난다. 이러한 사례들은 궁극적인 깨달음을 얻는 데에 있어 승속이나 남녀 간에 차별이 없음을 나타내는 것으로 볼 수 있다.

관음의 진신이 주처하고 있다는 관음 진신주처(眞身住處)사상은 원래 신라 불국토설과도 연관이 있는 것인데, 신라의 관음은 낙산에 주처하고 있다. 「낙산이대성 관음정취 조신」조에 의하면 의상이 관음의 진신을 본 뒤 그 가르침에 따라 낙산 위에 전당을 짓고 관음의 소상(塑像)을 모셨는데 그것은 이 낙산에 관음이 상주하기 때문이라는 것이다.[235] 그런데 원효와 의상이 활동할 때 신라에 유포되어 있었던 『화엄경』은 구역 『60화엄경』인데, 거기서는 관음의 주처가 광명산이라 하고, 또 의상의 입당 이전에 현장이 쓴 『대당서역기』에는 관음의 주처를 포달낙가산(布呾洛伽山)이라 하고 있다. 의상이 당에서 돌아와 신라의 관음 진신도량을 보타낙가산의 이름을 따서 낙산이라 하였다는 것은 『60화엄경』에 의한 것으로는 볼 수 없고 후대에 붙여진 이름일 것이라 생각된다. 관음의 진신주처신앙은 오대산에서도 나타나고 있다. 오대산에는 오류성중이 항상 머물러 있는데,[236] 진신이 상주하는 땅으로 동방의 만원산에 일만의 관음진신이 있다고 하여 동대(東臺)에 관음방을 두고, 원상관음(圓像觀音)과 푸른 바탕에 일만 관음상을 그려 봉안한다고 하

235) 『삼국유사』, 「낙산 이대성, 관음, 정취, 조신」.
236) 『삼국유사』, 「오대산오만진신」, 「명주오대산보질도태자전기」.

고 있다.237)

관음신앙은 현세의 재난에서의 뛰어난 중생 구제력으로 인하여 극락세계에 상주하는 아미타불신앙과 연관되어 아미타불의 협시보살로 된다. 그래서 관음보살은 극락왕생을 원하는 중생을 모두 극락으로 인도하는 자비의 보살로도 묘사된다. 『삼국유사』에서 협시보살로서의 관음보살은 현실세계에서 인간의 재난을 구원할 뿐만 아니라 해탈을 도와주는 보살이다.

<낙산사 관음 : 의상과 원효의 관음보살 친견 전설이 있는 곳에 세워진 관음보살>

237) 『삼국유사』, 「오대산오만진신」.

5 관련 자료

「군위 인각사 보각국존 정조탑비문(軍威 麟角寺普覺國尊靜照塔碑文)」

보각국사비명(普覺國師碑銘)

고려국 의흥(義興) 화산(華山) 조계종 인각사 가지산(迦智山)下 보각국존비와 아울러 序序 元나라 세조로부터 조열태부(朝列太夫)와 한림(翰林)직학사(直學士)의 직을 받았고, 본조(本朝)로부터 정헌대부(正憲大夫) 밀직사(密直司) 좌승지 국학 대사성(大司成) 문한(文翰) 시강(侍講) 학사 충사관(充史館) 수찬관(修撰官) 지제고(知制誥) 지판도사사(知版圖司事) 세자 우유선(右諭善) 대부 사자금어대(賜紫金魚袋) 등의 직을 역임한 신 민지(閔漬)가 왕명을 받들어 비문을 짓고, 문인 죽허(竹虛)는 교칙(敎勅)에 의하여 왕희지(王羲之)의 글씨를 집자(集字)하여 새기다.

대저 맑은 거울과 탁금(濁金)이 원래 이물(二物)이 아니요, 혼파(渾波)와 담수(湛水)가 그 근원의 물은 똑같은 것이다. 그러나 그 근본은 같으나, 지말(枝末)에 있어 다른 것은 거울의 같고 같지 않음과 물의 요동하고 요동하지 않는데 있을 뿐이다. 모든 부처님과 중생의 불성도 또한 거울과 물의 경우와 같아서 다만 미혹하고 깨달은 차별일 뿐이다. 누가 감히 우치하고 슬기로움이 따로 종자가 있다고 말할 수 있겠는가? 그러나 현실에 있어서는 지우(至愚)의 중생으로써 대각인 세존과 비교하면 하늘과 땅보다 더 현격한 차이가 있지만, 한 생각을 돌이켜 전미개오(轉迷開悟)하면 곧 본각인 부처님과 조금도 다름이 없다. 가섭의 미소로부터 달마대사가 서천(西天)에서 중국에 온 이후 법등(法燈)과 법등이 상속하여 지금에까지 이르러 온 것은 모두 이것에 의한 것이다. 스승이 그의 마음을 전함에 제자는 그 골수를 얻었다.

이로부터 혜일(慧日)을 우연(虞淵)에서 회전하여 그 신광(神光)을 상역(桑域)에 비추게 한 분은 오직 우리 보각국사뿐이라 할 것이다. 국존의 휘(諱, 생전의 이름)는 견명(見明)이요, 자(字)는 회연(晦然)이었으나 뒤에 일연(一然)으로 바꾸었다. 속성은 김씨요, 경주 장산군 출신이다. 아버지의 휘(諱)는 언필(彦弼)이다. 벼슬은 하지 않고 교사로만 일생을 살았으므로 죽은 후에 좌복사(左僕射)직을 추증받았다. 어머니는 이씨로 낙랑군부인으로 봉하였다. 어느 날 어머니의 꿈에 태양이 방안에 들어와 그 빛이 복부에 비추기를 사흘 밤을 계속하는 태몽을 꾸고 임신하여 태화(泰和) 병인년 6월 신유일(辛酉日)에 탄생하였다. 태어날 적부터 준매(俊邁)하여 의표(儀表)가 단정하고 풍준(豊準)한 몸매에 입은 방구(方口)이고, 걸음은 우행(牛行)이며, 살핌은 호시(虎視)와 같았다.

어릴 적부터 세진(世塵)을 벗어나려는 뜻이 있어 나이 9살 때 해양(海陽) 무량사로 가서 취학하여 공부를 시작하였는데, 그 총명함이 비길 자가 없었다. 유시(有時)에는 밤이 새도록 마치 말뚝처럼 정좌하고 있었으므로 사람들이 특이하게 여겼다. 홍정(興定) 기묘(己卯)년에 진전사(陳田寺)의 대웅(大雄)장노를 은사로 하여 득도한 다음 구족계를 받았다. 이로부터 선방을 다니면서 참선하여 명성이 점차 높아져서 당시 사람들이 추대하여 9산 중 사선(四選)의 수장으로 삼았다. 정해(丁亥)년 겨울 선불장(選佛場)에 나아가 승과에 응시하여 상상과(上上科)에 합격하였다. 그후 포산(包山) 보당암(寶幢庵)에 주석하면서 마음에 간절히 선관(禪觀)을 닦았다. 병신(丙申)년 가을에 병란이 있어 스님께서 피할 곳을 찾고자 하여 곧 문수(文殊)의 오자주(五字呪)를 염하면서 감응을 기약하였더니 홀연히 벽간(壁間)으로부터 문수보살이 현신하여 이르시기를 무주난약(無住蘭若)에 주석하라고 계시하였다.

그 다음해 여름 다시 포산 묘문암(妙門庵)에 거주하였다. 암자 북쪽에 난야(蘭若)가 있었는데, 그 이름이 무주(無住)이므로 곧 전일 문수보살이 현신하여 기별함을 깨닫게 되었다. 이 암자에서 주석하면서 항상 생계(生界)가 불감(不減)하고 불계(佛界)가 부증(不增)이라는 부처님의 말씀을 참구하다가 어느 날 홀연히 활연대오하고 사람들에게 이르기를 금일에야 비로소 삼계가 환몽임을 알고 보니 모든 대지가 조금도 장애함이 없다고 하였다.

이 해에 삼중(三重)대사의 법계를 비수(批授)받았으며, 병오(丙午)년에는 이어 선사(禪師)의 법계를 받았다. 기유(己酉)년에 상국(相國)이었던 정안(鄭晏)이 남해에 있는 사택을 희사하여 절을 만들어 정림사(定林寺)라 이름하고, 스님을 청하여 주지로 추대하였으며, 기미(己未)년에 이르러 대선사의 법계를 받았다. 중통(中統) 신유(辛酉)년에 왕명을 받들어 개경으로 가서 선월사(禪月寺)에 주석하면서 개당(開堂)하고, 목우화상(牧牛和尙) 지눌(知訥)의 법통을 요사(遙嗣)하였다.

지원(至元) 원년 가을에 이르러 여러 차례 남쪽으로 돌아오기를 요청받아 오어사에 우거(寓居)하였다. 그 후 얼마 되지 않아 인홍사(引弘寺) 주지 만회(萬灰)가 일연에게 주석(主席)을 넘겨주었는데, 학려(學侶)가 구름처럼 모여들었다. 임진(壬辰)년 여름 왕명에 의해 이름이 높은 禪師와 講師 등 100명을 초청하여 대장경 조조

(彫造) 낙성법회를 운해사(雲海寺)에 개설하고, 스님을 청하여 주맹(主盟)으로 모시고 낮에는 금문(金文)을 독송하고, 밤에는 종취(宗趣)를 담론하니, 제가들이 의심하던 것을 스님께서 모두 해박하게 부석(剖釋)하였다. 마치 흐르는 물과 같이 유연하여 핵심적인 뜻이 귀에 속속 들어와서 경복(敬服)하지 않는 이가 없었다.

스님께서 인홍사에 주석한지 11년 만에 이 절이 창건한지 오래되어 전당이 퇴락할 뿐 아니라 또 추애(湫隘) 즉 지반이 내려앉고 너무 비좁아서 중수하거나 신건(新建)하여 회곽(恢廓)하게 확장하고, 조정에 주청하여 인홍사를 고쳐 인흥사(引興寺)라 이름하고, 어필(御筆)로 제액(題額)을 하사받았다. 또 포산(包山)의 동쪽 기슭에 있는 용천사(涌泉寺)를 중수하여 불일사(佛日寺)로 개칭하였다. 충렬왕이 즉위한지 4년 정축(丁丑)에 임금이 운문사(雲門寺) 주지로 추대하여 현풍(玄風)을 크게 천양하였다. 이로 말미암아 임금께서는 스님을 공경하는 마음이 날로 깊어져 다음과 같은 찬시를 지어 보냈다.

> 밀전(密傳)함에 어찌 구의(摳衣)를 필요하랴?
> 금지(金地)에서 서로 만남 기이할 뿐일새
> 연공(璉公)도 왕의 청을 받아 궐내로 갔거늘
> 스님은 어찌 백운(白雲)만 그리십니까?

신사(辛巳)년 여름에 왕이 동정(東征)으로 인하여 동도(東都 : 경주)로 행차하여 스님께 동행하기를 청하여 머무르는 중에 법문을 듣고 크게 존경심을 일으켜 불일사(佛日寺)에서 맺은 그 결사문에 제압(題押)하여 불일사에 보관토록 하였다.

다음해 가을 가까이에서 호위하는 신하 김균을 보내어 조서(詔

書)를 가지고 궐하(闕下)로 나가 맞이하여 대전에서 선(禪)법문을 청해 듣고 용안(龍顔)에 기쁨 가득하였다. 이에 왕명으로 유사(有司)에게 시켜 광명사(廣明寺) 내에 원관(院館, 별관)을 짓게 하여 스님으로 하여금 입원(入院)케 한 날 밤중에 어떤 사람이 방장실 밖에 서서 이르기를 "저 왔습니다"라고 하므로 세 번이나 문을 열고 살펴보았으나 아무도 없었다. 겨울 12월에는 충렬왕이 수레를 타고 친히 스님을 방문하여 법문을 들었다. 다음해 봄 임금께서 군신들에게 이르기를 나의 선왕들은 모두 석문(釋門) 중에 덕이 높은 스님은 왕사로 모시고, 또 더 큰 스님은 국사로 추대하였거늘 부덕(否德: 왕)만이 홀로 그렇게 하지 않는다면 어찌 옳다고 할 수 있겠는가? 지금 운문(雲門)화상은 도가 높고, 덕이 커서 모든 국민이 함께 숭앙하거늘 어찌 과인이 스님의 자택(慈澤)을 크게 입었음이랴! 마땅히 모든 국민들과 함께 존숭하리라 하였다.

그리하여 우승지인 염승익(廉承益)을 보내어 윤지(綸旨)를 받들어 청하여 합국(闔國)존사의 예를 행하려 하였으나 스님은 표상(表狀)을 올려 굳게 사양하였다. 그러나 임금은 사신을 보내서 세 번이나 반복하면서 간청하여 마침내 허락을 받고, 상장군 나유(羅裕) 등을 보내어 책봉하여 국존으로 삼고, 호를 원경충조(圓徑冲照)라 하였다. 4월 신묘(辛卯)일에 대내(大內: 대궐 내)로 맞이하여 왕이 몸소 백료(百僚)를 거느리고 구의(摳衣)의 예를 행한 다음 국사를 고쳐 국존(國尊)이라 하게 된 것은 대조(大朝:元)의 제도인 구사란 칭호를 피하기 위해서이다.

스님은 평소에 경련(京輦)을 좋아하지 않았으며, 또 노모를 곁에서 모시기 위해 구산(舊山)으로 돌아가도록 허락을 비는 그 사의(辭意)가 심히 간절하여 임금께서 거듭 그 뜻을 어기고 받아들이지 않다가 마침내 윤허하시고, 근시(近侍) 좌랑(佐郎) 황수명(黃守命)

에게 명해서 귀산(歸山)을 호행(護行)하여 영친(寧親)토록 하였으나 조야(朝野)가 모두 출가자로써 희유한 효심이라고 칭찬이 자자하였다. 그 다음해에 노모께서 96세로 별세하셨다. 그 해에 바로 조정에서는 인각사(麟角寺)를 스님의 하안지지(下安之地)로 삼고, 근시(近侍) 김용검에게 명하여 절을 중수케 하고, 또 토지 100여경(頃)을 헌납하여 상주(常住)를 갖추도록 하였다. 스님께서 이 절에서 구산문의 도회(都會)를 개설하니 총림의 성황이 근고에 비길데 없었다.

기축(己丑)년 6월에 병이 났고, 7월 7일에 이르러 손수 대내(大內)에 올릴 편지를 쓰고, 또 시자를 시켜 편지를 써서 상국(相國)인 염승익에게 보내어 장왕(長往)을 알리도록 하고는 모든 선노(禪老)들과 더불어 날이 저물도록 문답하였다. 이날 밤 일척이나 되는 큰 별이 방장실 후원에 떨어지는 징후가 있었다. 다음날 을유(乙酉)일 새벽 일찍이 일어나 목욕하고 단정히 앉아 대중에게 이르기를, 내가 오늘 떠나려 하는데, 혹시 중일(重日)이 아닌지? 하고 물었다. 시자가 대답하여 "중일은 아닙니다."라고 하였다. 그러면 좋다 하고, 대중으로 하여금 법고(法鼓)를 치게 하고, 스님께서는 선법당 앞에 이르러 선상(禪床)에 걸터앉아 인보(印寶)를 봉함하여 장선별감(掌選別監)인 김성고(金成固)에 명하여 다시 거듭 봉필(封畢)하고, 천사(天使: 임금이 보낸 사신)가 오거든 노승의 말후사(末後事)를 알리라 하였다.

어떤 스님이 국존 앞에 나타나 묻기를 "석존께서는 학림에서 열반에 드셨고, 화상은 인령(麟嶺)에서 입적하시니 그 상거(相去: 차이)가 얼마나 되는지 알 수 없습니다."라고 반문하였다. 스님께서 주장자를 한 번 내리치고 이르되, "상거(相去)가 얼마냐?"고 반문하셨다. 나아가 이르기를 "그렇다면 금(今)과 고(古)가 마땅히 변천

함이 없어 분명하게 목전에 있습니다."라고 하니, 스님께서 또 주장자를 잡고 한 번 내리치고 이르시기를 "분명히 목전에 있다."라고 하였다. 나아가 이르기를 "뿔을 세 개 가진 기린이 바다에 들어가고 공중에 달린 조각달이 물속에서 나오다."라고 하니, 스님께서 이르시기를 "훗날 다시 돌아오면 상인(上人)과 더불어 거듭 한 바탕 놀자."라고 하셨다.

또 어떤 스님이 묻기를 "화상께서 백년 후에 구하는 것이 무엇입니까?" 하니, 스님께서 이르되 "다만 일상생활 이것뿐이다."라고 하였다. 나아가 이르기를 "군왕과 더불어 일개 무봉탑(無縫塔)을 조성하더라도 무방하시겠습니까?"하니, 스님께서 이르시기를 "어느 곳으로 왔다 갔다 하는가?"라고 하였다. 나아가 이르기를 "법을 묻고자 하기 위해서입니다."라고 하니, 스님께서 이르시기를 "이 일은 모두 아는 사실이니, 더 이상 묻지 말라."라고 하였다. 또 어떤 스님이 화상에게 묻기를 "스님은 세상에 살아 있는 것이 마치 세상에 없는 것과 같으며, 몸을 보되 또한 몸이 없는 것과 같으니 더 오래도록 세상에 살아 계시면서 대법륜을 전하는 것이 좋지 않겠습니까?" 하니, 스님께서 이르되, "이 세상에 있거나 저 세상에 있거나 가는 곳마다 불사(佛事)를 하고 있느니라."라고 하셨다.

이와 같이 문답이 끝난 다음 스님께서 모든 선덕(禪德)에게 이르시되, "날마다 공부하는 경지를 보고하라. 가려운 통양지(痛痒之:有念)와 가렵지 않는 불통양지(無念)가 모호하여 구분이 되지 않는다."라고 하고는 주장자를 들어 한 번 내리치고 이르되 "이것이 곧 통양이다." 하고, 또 한번 내리치고 이르되 "이것은 불통저(不痛底)이다."하며 세 번째 내리치고는 "이것은 통(痛)이나 불통(不痛)이냐? 시험삼아 자세히 살펴보라."하고는 법상에서 내려와 방장실로 돌아가서 조그마한 선상(禪床)에 앉아서 담소함이 평소와 같았다.

잠시 후 손으로 금강인을 맺고 조용히 입적하시니 오색광명이 방장실 뒤쪽에서 일어났는데, 곧은 것이 당간(幢竿)과 같고, 그 단엄하고 욱욱(煜煜)함은 불꽃과 같으며, 화염상(火炎上)에는 白雲이 일산과 같이 덮인 속으로 하늘을 가리키면서 떠나갔다. 그 때 가을 늦더위가 기승을 부렸다.

얼굴 모양은 생전과 같이 선백(鮮白)하고, 지체는 윤택하며, 굴신 작용은 생시와 같이 유연하였다. 원근으로부터 참관하러 찾아온 사람이 운집하여 마치 담장처럼 주변을 가득 메웠다. 정해(丁亥)일에 다비를 하고, 영골(靈骨)을 수습하여 선실 중에 안치하고, 문인이 유상(遺狀)과 인보(印寶)를 가지고 역마를 타고 화급히 임금께 주문(奏聞 : 천자에게 아룀)하였다. 부음을 접한 왕은 크게 진도(震悼)하시고, 판관후서사(判觀候署事)를 보내어 척연(倜然)하게 식종(飾終)의 예식을 거행토록 하고, 또 안렴사(按廉使)에 명하여 장례를 감호(監護)케 하고는 이어 제조(制詔)를 내려 시호를 보각(普覺), 탑호를 정조(靜照)라 하였다. 10월 신유(辛酉)일에 탑을 인각사의 동쪽 산등성이에 세웠는데, 세수는 84살 이고, 법랍은 71세였다.

스님은 사람 됨됨이가 말할 때에는 농담하는 일이 없고, 천성은 가식하는 일이 없다. 항상 진정으로 사람을 대하고, 많은 대중과 같이 있으나 마치 홀로 있는 것과 같이 조용하였다. 국존의 위치에 있으나 항상 자신을 낮추었으며, 배움에 있어서는 스승으로부터 수학하지 아니하고 스스로 통달하였다. 이미 도를 깨닫고는 온실(穩實)하고 자유자재하여 무애변재(無礙辯才)를 갖추어 고인(古人)들의 기연어구(機緣語句)가 반근(盤根)과 착절(錯節)처럼 얽히고설키며, 와선(渦旋)과 파험(波險)같이 복잡한 부분을 해박하게 결척(抉剔)하여 막힌 부분을 통달케 함으로써 마치 거울처럼 훤히 보게 하여 주시니 그 회회언(恢恢焉)하며, 유인유여(遊忍有餘)한 솜씨를 탄복하지 않는 이가 없었다. 또 참선하는 여가에는 다시 장경을 열람하여 제가의 장소(章䟽)를 연구하고, 곁으로 유가의 서적을 섭렵하는 한편 백가제서(百家諸書)를 겸수(兼修)하여 곳에 따라 중생을 이롭게 하되, 그 연마한 묘용이 종횡 무애하였다. 무려 50년 동안 닦은 법도(法道)가 고매하여 있는 곳마다. 서로 다투어 경모(景慕)하였다. 그리하여 많은 사대부들이 스님의 당하(堂下)를 참방하지 못한 것을 부끄럽게 여겼으며, 비록 저마다 괴걸(魁傑)이라 자부하던 자라도 다만 스님의 유방여윤(遺芳餘潤) 곧 법문을 들으면 모두 심취하여 망연자실하지 않는 이가 없었다.

어머님을 봉양하는 지극한 효심은 목주(睦州) 진존숙(陳尊宿)의 가풍을 흠모한 것이다. 자호를 목암(睦庵)이라 하였고, 나이 노년기에 이르러서도 총명은 조금도 쇠퇴하지 아니하여 학인을 가르침에 조금도 권태를 느끼지 않았으니 지덕(至德)과 진자(眞慈)를 갖춘 이가 아니면 누구 이와 같을 수 있겠는가!

처음 김용검이 인각사를 중수하라는 명을 받고 오는 도중 마산역리(馬山驛吏)의 꿈에 어떤 사람이 나타나 말하기를 "내일 천사가 담무갈보살(曇無竭菩薩)의 주처를 보수하기 위해 이 길을 지나갈 것이다."라고 하였다. 그 다음 날 과연 지나갔으니, 스님의 덕행이 이미 사람들을 이롭게 한 것이다. 관(觀)하건데 김용검의 꿈이 허황되지 않음을 알겠도다. 그 나머지 이적과 기이한 꿈이 매우 많으나 어괴(語怪)하다고 여길까 염려되어 이들은 모두 생략하는 바이다.

저서는 『어록(語錄)』 2권, 『게송잡저(偈頌雜著)』 3권이 있고, 그가 편수한 것으로는 『중편조동오위(重編曹洞五位) 2권』, 『조파도(祖派圖)』 2권, 『대장수지록(大藏須知錄)』 3권, 『제승법수(諸

乘法數)』 7권, 『조정사원(祖庭事苑)』 30권, 『선문염송사원(禪門拈頌事苑)』 30권 등 100여권이 세상에 유행하고 있다.

문인 운문사 주지 대선사 청분(淸玢)이 스님의 행장을 엮어 임금께 주문(奏聞)하였다. 행장을 전해 받은 임금께서 저로 하여금 비문을 지으라고 명하시었으나 신은 학식이 황천(荒淺)하여 스님의 지극한 덕을 제대로 드날릴 수 없어 미적미적 미루어 수년이 지났는데, 문도의 간청이 계속될 뿐만 아니라 왕명 또한 끝까지 거역하기 어려워 부득이 하여 삼가 비문을 짓고 송명(頌銘)하여 말하기를,

서천에서 깃발을 높이 세우고
대천세계 두루한 광장설(廣長舌)이여
제법 중에 으뜸인 심인법(心印法)이여
이심전심 비밀히 단전(單傳)하였네!
축건(竺乾)엔 28숙 별과 같으며,
중하(中夏: 당)엔 오조(五祖)까지 전하였으니
시간은 전후이나 사람은 같아
법등의 그 광명은 상접(相接)하였다.
6조의 가풍이신 조계 일파가
동쪽 나라 부상(扶桑:신라)에 유입한 이후
혁혁한 지일(智日) 성천(性天)에 떠오르니
우리 스님 그 광명 융창(隆昌)시켰네!
불타께서 열반한 말법세상에
각박한 세상인심 흉악만 하니
덕 높으신 지인(至人)이 있지 않으면
불쌍한 중생들 의지할 곳 없다.
국존께서 세상에 출현한 것은

서원코 모든 중생 구함이었네!
학문은 깊고 깊어 백가에 정통하고
천차의 방편으로 제도했도다.
남김없이 섭렵한 제자백가의
현묘한 그 진리를 탐구하여서
반근착절 그 의심 풀어주시니
밝은 거울 비추듯 명석하도다.
선림에선 그 조령(祖令) 호소(虎嘯)와 같고
교해(敎海)에는 그 변재 용음(龍吟)과 같네!
갑자기 일어나는 구름과 같이
학인들은 침침(駸駸)히 모여든다.
고해 중생 모두를 구제하시니
빛나는 그 공덕은 영원하리라.
오십년간 온 국민의 추앙을 받아
국존으로 불교 위상 크게 높였네!
임금께서 정성껏 법을 청하니
백성들도 모두가 뜻이 같도다.
여러 차례 청하여 국존이 되니
높고 높은 그 도덕 국 중에 제일
개발한 귀한 보물 높이 쳐들고
자선(慈船)으로 고해 중생 건지시도다.
방황하는 궁자(窮子) 고향을 찾게 하니
미한 길 어찌 다시 걸어 가리요.
고요한 한 밤중 방장실 뒤쪽에
떨어진 별의 크기 한 자나 되고
웅장한 큰 법당이 무너지시니
오고 감에 자유로운 스님의 경지

진공(眞空)이란 그 공은 공이 아니고
묘유(妙有)라는 그 유는 유가 아닐새
자취와 명상 모두 없어지고야
영원한 열반상에 오를 수 있네!
박촉(迫促)하신 왕명은 갈수록 지엄하여
신하된 입장에서 피할 길 없어
마지못해 귀수필(龜手筆) 손에 잡고서
무형의 몰자비문(沒字碑文) 쓰게 되었다.
괴겁의 맹화가 대천계를 태워
산하대지 모두가 소진(燒盡)하여도
위대한 이 비석만 홀로 남아서
이 비문도 영원히 남아지어다.

원정(元貞) 원년(1295) 을미(乙未) 8월일에 문인 사문 죽허(竹虛)가 왕명을 받들어 진(晉)의 우군(右軍)이었던 왕희지의 글씨를 집자(集字)하고, 문인 내원당 겸 주지 통오(通奧) 진정(眞靜)대선사 청분(淸玢)이 비석을 세우다.[238)]

238) 이지관, 『교감역주 역대고승비문』, 고려편 4, 가산불교문화연구원, 2000년 190쪽~260쪽. 이 글은 지관 스님의 번역을 그대로 옮겼다. 필요에 따라 문맥을 약간 현대어로 고쳤음을 밝힌다.

〈참고문헌〉

『묘법연화경』
『대방광불화엄경』
『대반열반경』
『무량수경』
『미륵상생경』
『유마힐소설경』
『관정경』
『숫타니파타』, 법정 역, 정음사, 1989.
『디가니까야』, 각묵 역, 초기불전연구원, 2006.
『삼국사기』
『고려사』
일연,『삼국유사』, 한국불교전서 6, 동국대학교출판부, 1994,
원효,『금강삼매경론』중, 은정희 역, 일지사, 2000.
원효,『대승기신론소기회본』, 한국불교전서 1, 동국대학교출판부, 1979.
원효,『발심수행장』, 한국불교전서 1, 동국대학교출판부, 1979.
원효,『열반종요』, 한국불교전서 1, 동국대학교출판부, 1979.
원효,『무량수경종요』, 한국불교전서 1, 동국대학교출판부, 1979.
원효,『법화종요』, 한국불교전서 1, 동국대학교출판부, 1979.
원효,『십문화쟁론』, 한국불교전서 1, 동국대학교출판부, 1979.
원효,『화엄경소』, 한국불교전서 1, 동국대학교출판부, 1979.
원효『대승기신론 회본』, 한국불교전서 1, 동국대학교출판부, 1979.
원효,『유심안락도』, 한국불교전서 1, 동국대학교출판부, 1979.
의상,『화엄일승법계도』, 한국불교전서 2, 동국대학교출판부, 1979.
표원,『華嚴經文義要決問答』, 한국불교전서 2, 동국대학교출판부, 1979.

見登之,『大乘起信論同異略集』, 한국불교전서 3, 동국대학교출판부, 1980.
최치원,『華嚴經社會願文』, 한국불교전서 4, 동국대학교출판부, 1982.
順高,『起信論本疏聽集記』, 대일본불교전서.
연수,『종경록』
각범혜홍,『임간록』
찬녕,『송고승전』
이규보,『동국이상국집』
『『조선금석총람』
『해동고승전』
『본조고승전』
『일본서기』
고영섭,『분황 원효의 생애와 사상』, 운주사, 2016.
고익진,『한국고대불교사상사』, 동국대학교출판부, 1989.
김복순,『신라화엄종연구』, 민족사, 1990.
김영태,『역사로 읽는 원효』, 고려원, 1994.
김종국·이동근·정호완,『삼성현 원효·설총·일연 스토리텔링연구』, 대구대학교출판부, 2010.
김형효 외,『한국문화와 역사인물 탐구』, 한국정신문화연구원, 경산시청, 2001.
박진태 외,『삼국유사의 종합적 연구』, 박이정, 2002.
윤사순·고익진 편,『한국의 사상』, 열음사, 1985.
원효전서국역간행회,『국역원효성사전서』, 보연각, 1987.
은정희,『원효의 대승기신론소·별기』, 일지사. 1991.
은정희·송진현,『원효의 금강삼매경론』, 일지사. 2000.
이지관,『역대고승비문』, 신라편, 가산불교문화연구원 출판부, 1994.
이지관,『역대고승비문』, 고려편, 가산불교문화연구원 출판부, 2000.
일연,『삼국유사』, 권상노 역, 심원사, 1996.

일연, 『삼국유사』, 이민수 역, 을유문화사, 1997.
조명기, 『신라불교의 이념과 역사』, 경서원, 1982.
조명기 외, 『한국사상의 심층연구』, 우석, 1986,
조수동, 『인도철학사』, 이문출판사, 1995.
조수동, 『불교사상과 문화』, 세종출판사, 2003.
최남선, 『증보삼국유사』, 민중서관, 1973.
최희욱 외, 『삼성현(원효·설총·일연)의 생애와 학문』, 경산대학교출판부, 1997.
한국철학회, 『한국철학사』, 동명사, 1987.
토오도오교순·시오이리 료오도, 『중국불교사』, 차차석 역, 대원정사, 1992.
키무라 키요타카, 『중국불교사상사』, 장휘옥 역, 민족사, 1989.
後藤大用, 『관세음보살의 연구』, 산희방불서림, 1958.
김상영, 「일연의 저술과 불교사상」, 『경산지역 삼성현 유적조사 및 정비계획 보고서』, 경산대학교 국학연구원·경상북도, 1998.
김상현, 「원효행적에 관한 몇 가지 신자료의 검토」, 『원효연구논선집』 5, 중앙승가대학 불교사학연구소. 1993.
김영태, 「원효의 신라말 이름 '塞部'에 대하여」, 『원효연구론선집』 5, 중앙승가대학 불교사학연구소. 1993.
김영태, 「신라백월산 二聖 설화의 연구」, 『효성조명기박사화갑기념불교사학논총』, 동국대학교출판부, 1965.
문명대, 「경덕왕대의 아미타조상문제」, 『이홍식박사기념한국사학논총』, 신구문화사, 1969.
민영규, 「삼국유사해제」, 『한국의 고전백선』, 1969.
민영규, 「일연의 重編曹洞五位二券과 그 日本重刊本」, 『인문과학』 31, 연세대학교 인문과학연구소, 1974.
민영규, 「新羅章疏錄」, 『백성욱송수기념불교학논집』, 1979.
서수생, 「薛弘儒候와 花王戒 硏究」, 『삼성현의 생애와 학문』, 경산대학교출판부, 1997.
조수동, 「유마경의 공사상」, 『인간과 사상』 제26집, 한국동서철학연구원, 2014.
조수동, 「원효의 열반사상」, 『철학논총』 제21집, 새한철학회, 2000.
조수동, 「삼국유사의 정토신앙」, 『인간과 사상』 제12집, 한국동서철학연구원, 2000.
조수동, 「일연의 화회사상」, 『철학논총』 제29집, 새한철학회, 2002.
조수동, 「원효의 불성이론과 화쟁」, 『철학논총』 제58집, 새한철학회, 2009.
조수동, 「원효의 교판설과 일승설」, 『동아시아불교문화』 제5집, 동아시아불교문화학회, 2010.
조수동, 「원효의 본각과 여래장」, 『동아시아불교문화』 제10집, 동아시아불교문화학회, 2012.
채상식, 「일연의 사상적 경향」, 『고려후기불교사연구』, 일조각, 1991.
최남선,「三國遺事 解題」, 『삼국유사연구론선집(1)』, 백산자료원, 1986.